国家社科基金
后期资助项目

中国英语使用者语言态度与认同

基于国际活动跨文化志愿者的考察

Language Attitudes and Identities
Among Chinese Users of English

Focusing on Intercultural Volunteers of International Events

高一虹　等著

图书在版编目（CIP）数据

中国英语使用者语言态度与认同：基于国际活动跨文化志愿者的考察／高一虹等著 . —北京：北京大学出版社，2021.8
国家社科基金后期资助项目
ISBN 978-7-301-32336-6

Ⅰ. ①中… Ⅱ. ①高… Ⅲ. ①英语—语言学习—研究—中国 Ⅳ. ①H319.3

中国版本图书馆 CIP 数据核字（2021）第 146009 号

书　　名	中国英语使用者语言态度与认同
	——基于国际活动跨文化志愿者的考察
	ZHONGGUO YINGYU SHIYONGZHE YUYAN TAIDU YU RENTONG
	——JIYU GUOJI HUODONG KUA WENHUA ZHIYUANZHE DE KAOCHA
著作责任者	高一虹　颜静兰　陈建平　刘　毅　许宏晨　郑　萱　等著
责任编辑	刘文静
标准书号	ISBN 978-7-301-32336-6
出版发行	北京大学出版社
地　　址	北京市海淀区成府路 205 号　100871
网　　址	http://www.pup.cn　新浪微博：@ 北京大学出版社
电子信箱	liuwenjing008@163.com
电　　话	邮购部 010-62752015　发行部 010-62750672　编辑部 010-62754382
印　刷　者	北京鑫海金澳胶印有限公司
经 销 者	新华书店
	165 毫米 ×238 毫米　16 开本　20 印张　360 千字
	2021 年 8 月第 1 版　2021 年 8 月第 1 次印刷
定　　价	88.00 元

未经许可，不得以任何方式复制或抄袭本书之部分或全部内容。
版权所有，侵权必究
举报电话：010-62752024　电子信箱：fd@pup.pku.edu.cn
图书如有印装质量问题，请与出版部联系，电话：010-62756370

国家社科基金后期资助项目
出版说明

后期资助项目是国家社科基金设立的一类重要项目，旨在鼓励广大社科研究者潜心治学，支持基础研究多出优秀成果。它是经过严格评审，从接近完成的科研成果中遴选立项的。为扩大后期资助项目的影响，更好地推动学术发展，促进成果转化，全国哲学社会科学工作办公室按照"统一设计、统一标识、统一版式、形成系列"的总体要求，组织出版国家社科基金后期资助项目成果。

全国哲学社会科学工作办公室

项目负责人：高一虹

子项目负责人：

北京奥运会：高一虹
上海世博会：颜静兰
广州亚运会：陈建平
深圳大运会：刘　毅
数据整合分析：许宏晨
语言态度教育：郑　萱

项目组成员（拼音为序）：

陈　叙　邓婷婷　姜叶飞　梁　波　林梦茜
史凭阳　赵玉超

目 录

序 言 ·· 1

第一章 引 言 ··· 1
  1.1 研究背景 ·· 1
  1.2 文献综述 ·· 2
  1.3 研究问题 ·· 20
  1.4 研究方法 ·· 21
  1.5 全书结构 ·· 24

第二章 北京奥运篇 ·· 26
  2.1 奥运篇引言 ··· 26
  2.2 奥运前、后志愿者对世界英语的态度与身份认同 ········· 32
  2.3 奥运志愿者口号变化与身份认同建构:民族志个案 ······· 58
  2.4 奥运篇小结 ··· 76

第三章 上海世博篇 ·· 78
  3.1 世博篇引言 ··· 78
  3.2 世博前、后志愿者对世界英语的态度与身份认同 ········· 83
  3.3 两年后的回访:世博文化实践对志愿者的持续影响 ······ 114
  3.4 世博篇小结 ··· 116

第四章 广州亚运篇 ·· 118
  4.1 亚运篇引言 ··· 118
  4.2 亚运志愿者和非志愿者对世界英语的态度 ················ 120
  4.3 对世界英语变体的交际意愿 ··································· 133
  4.4 亚运篇小结 ··· 139

第五章　深圳大运篇 ……………………………… 141
- 5.1 大运篇引言 ……………………………………… 141
- 5.2 大运前、后学生志愿者对世界英语的态度 ……… 148
- 5.3 教师与学生志愿者的语言态度比较 ……………… 176
- 5.4 大运篇小结 ……………………………………… 189

第六章　四地整合篇 ……………………………… 191
- 6.1 四地整合篇引言 ………………………………… 191
- 6.2 活动前、后大学生志愿者对世界英语变体的识别率 … 192
- 6.3 活动前、后大学生志愿者对世界英语变体的态度 … 195
- 6.4 四地整合篇小结 ………………………………… 210

第七章　教育探索篇
——语言态度的觉察、解构与重构 …………………… 212
- 7.1 语言态度教育的目标及理论依据 ………………… 212
- 7.2 研究问题与方法 ………………………………… 215
- 7.3 语言态度教育的教学步骤 ……………………… 215
- 7.4 语言态度教育的效果与挑战 …………………… 257
- 7.5 教育探索篇小结 ………………………………… 263

第八章　结论
——从"忠实的模仿者"到"对话的交流者"之路 ……… 265
- 8.1 现状:"忠实模仿者"的主导认同 ………………… 266
- 8.2 现状的改变:培养"对话的交流者" ……………… 272
- 8.3 对未来的建议 …………………………………… 274

参考文献 ……………………………………………… 277

附录Ⅰ 录音文字稿和语义区分量表 ………………… 290

附录Ⅱ 录音样本的音段和超音段特征 ……………… 296

附录Ⅲ 各地活动补充工具及培训材料 ……………… 300

附录Ⅳ 课堂话语标注方法 …………………………… 306

序　言

全球化时代,各国教育的跨文化属性日益彰显。从基础教育到高等教育,教育的全过程日益全球化;跨文化教育不仅是全球化时代一个引人注目的教育理念,而且是正在展开的丰富生动的全球教育实践。与此同时,旨在促进跨文化能力发展的跨文化交际研究渐渐发展为中国高校外语学科的一门显学。参与的学者越来越多,发表的成果越来越多,当下的景象和发展的前景都令人鼓舞。

在相当长一段时间里,我们不无遗憾地发现国内跨文化交际研究领域的成果多为译介或直接搬运国外的著述,原创性不够。可喜的是,近年来中国跨文化交际研究开始了扎扎实实的本土探索,问题意识与实践导向不断增强,理论创新开始萌芽,与国外学者的平等对话正在展开。展现在读者面前的这部专著就是中国跨文化交际研究学者的原创之作,其研究问题具有本土特色,其研究方法符合国际范式,其理论发现具有普遍意义。

高一虹教授和她的研究团队十分敏锐地关注到国际跨文化交际研究领域的一个前沿问题,这就是全球化背景下外语使用者的语言态度和身份认同,以及如何在外语教育中促成学生语言态度的转变从而有效提高跨文化交际能力。众所周知,全球范围内英语的学习和使用传统上以英、美"本族语者"变体为标准,这种英、美"标准变体"中心实际上也意味着英、美文化中心主义,或文化霸权。随着20世纪中叶以来多元文化价值观的全球传播,"世界英语"作为一种跨文化交际研究理论和跨文化交际实践日益受到关注。

中国英语教育长期以来以英、美"本族语者"变体为中心,追求"地道的"英国英语或美国英语,对包括"中国英语"在内的非本族语变体持有明显的歧视态度。这种相对保守的语言态度与世界全球化趋势相背离,也与我国构建人类命运共同体的倡导相矛盾,不利于我国政府和公民在全球范围内全方位的跨文化沟通。高一虹等学者对此问题的实证研究因此具有十分迫切的现实意义。

首先,该书的一项重要学术贡献是把语言态度教育纳入跨文化交际能力培养的考量之中,揭示了英语教育中长期存在的"本族语者"中心的问题。其次,该书从跨文化交际能力培养视角开拓性地考察了语言态度教育的可行路径,为跨文化外语课堂教学提供了可资借鉴的操作方法。再次,该书基于理想的英语学习者身份认同类型,探索了身份认同的变化规律。

中国跨文化交际研究的本土创新方兴未艾,高一虹等学者的专著问世,为全球化背景下的英语使用者语言态度与认同研究提供了独特的中国视角。我要向作者们表示由衷的敬意和祝贺,并热切期待中国跨文化交际研究更加灿烂的明天。

孙有中
2019 年春于北京外国语大学

第一章 引 言*

1.1 研究背景

英语的学习和使用传统上以英、美"本族语者"变体为标准,这种英、美"标准变体"中心实际上也意味着英、美文化中心主义,或文化霸权。随着英国殖民地在世界范围的土崩瓦解、美国民权运动的兴起,以及世界各国人民平等权利意识的增强,英、美变体的霸权地位受到挑战,英语越来越多地成为表述不同文化的多元变体。Kachru(1982/1992)提出"世界英语"(World Englishes, WE)理论,将世界上的英语变体划为"内圈"(本族语变体)、"外圈"(传统上的"二语"中介语变体)、"扩展圈"(传统上的"外语"中介语变体),认为不同变体之间地位平等,变体内部各有自己的标准。与"世界英语"概念相关的,还有"作为国际语言的英语"(English as an International Language, EIL)、"作为共同语的英语"/"英语通用语"(English as Lingua Franca, ELF)、"全球英语"(global Englishes)等(Jenkins, 2007)。

随着英语标准的多元化以及变体描写的增加,对世界英语态度的考察也成为社会语言学的重要领域。这是由于语言态度是文化多元意识的表现方面,也是文化认同的一部分(Garrett, 2007)。在有着众多"外圈"和"扩展圈"国家的亚洲,学者对英语变体的语言态度以及文化认同研究不断增加(高一虹、苏新春、周雷,1998;Yoshikawa, 2005;周榕、陈国华,2008)。许多研究采用了主观反应测试(Llamas et al., 2007)的一种——"配对变语"法(Lambert et al, 1960),以减少问卷、访谈等方法的效度局限,即研究对象可能有意无意地掩饰负面态度。

---

* 本章涉及的内容曾以阶段性成果的形式发表以下论文:
高一虹、许宏晨,2015,"世界英语"及"中国英语"研究:新世纪的挑战与展望,《新疆师范大学学报》(哲学社会科学版)(5):122-129。
高一虹、许宏晨,2015,英语变体态度研究综述,《外语教学与研究》(6):850-860。

在全球化背景下,传统的语言变体边界,包括"内圈""外圈"和"扩展圈"之间的界限变得模糊起来。"全球认同"与"本土认同"的结合成为理想的学习者认同,多元英语变体被广泛接受,"跨文化公民"的培养正在越来越多地成为外语教育的目标(Byram,2008);与此同时,语言资源的"流动性"(mobility, Blommaert, 2010)或"跨文化流变"(transcultural flow, Pennycook, 2007)使语言状况、语言态度和语言认同更加复杂。在后现代的视角下,本土的混杂式英语变体不仅与本族语变体是平等的,而且极富创造性,是对传统语言或话语形式的"去发明"(disinvention)和"重构"(re-construction)(Makoni & Pennycook, 2007)。

在我国,"中国英语"作为世界英语变体之一,从20世纪八九十年代开始引起学者关注,出现了理论争鸣(如李文中,1993;谢之君,1994),积极的态度逐渐明朗。目前多数学者认为中国英语是英语发展的必然,表明本土文化身份,且与国际化趋势不矛盾(文秋芳、俞希,2003;潘章仙,2005;李少华,2006;何达倩,2009)。然而语言态度调查发现,我国大学生的语言态度较保守,对英、美英语变体的评价高于普通话,对中国英语的评价较低(高一虹等,1998;王志欣、王京,2004);对英、美之外其他国外英语变体的了解少、态度消极,但也有些学生认为中国英语应有与英、美英语平等的地位(Bian,2009)。就英、美变体而言,有研究发现"美音热"(颜静兰,1994),对美国英语的评价高于英国英语(周榕、陈国华,2008);有的则相反(Evans,2010)。不过,我国大学生对于其他世界英语变体态度的系统研究,目前还比较少。

随着中国的和平崛起,世界正在走向中国。在我国本土举行的大型国际活动越来越多,其志愿服务者大多以大学生为主体,英语是主要服务语言之一。志愿者对世界英语变体的了解和态度是怎样的;国际活动的志愿服务经历能否使他们对世界英语的态度产生变化;他们的语言态度蕴涵了怎样的文化认同,对未来的英语教育实践有何启示,十分值得关注。

1.2 文献综述

1.2.1 语言态度及其研究方法

"态度"是社会心理学的核心研究范畴,指的是人们"经由学习获得的有关人(或事物)的特定的认知、情感和行为取向"(Allport,1954;转引自 Garrett,2010:19)。对态度的考察有助于理解人们在社会中的行为和思维。语言态度是指人们对特定语言变体的正面或负面反应,也即对讲这种语言变体的群体成员的反应,包括对该语言变体以及讲这种变体的人的认知(观念、刻板印象)、情感(对该变体的好恶判断)以及行为取向(学习和使用该变体、与使用该变体的人交流的意愿)。因此,语言态度不仅仅关乎语言形式,说到底是人们的身份认同、群体归属问题。社会心理学的研究显示,对待群体的态度,尤其是长期以来形成的文化"定型"或"刻板印象"(stereotypes),是具有持久性且不易改变的,但也不是静态的、无法改变的(Brown,1986)。

借鉴社会学家 Bourdieu 的理论观点,语言态度可视为一组"惯习"(habitus),即某种稳定的"性情倾向"(disposition),"这些性情倾向在实践中获得,又持续不断地发挥各种实践作用;不断地被结构形塑而成,又持续不断地处在结构生成过程之中"(布迪厄,1998:165)。惯习具有"灌输性、结构性、稳定性、生成性和延展性"(Bourdieu,1991:12)。灌输性是指,惯习是在成长经历中逐渐养成的,童年经历的作用尤其重要;结构性是指,惯习不可避免地反映着养成环境的社会条件,例如社会的阶层状况;稳定性是指,惯习在人们身上有着深深的烙印,不易改变,它悄悄地起着操控作用,并不轻易为人所觉察。生成性和延展性是指,惯习能够形成许许多多类似的看法和实践,超越自身形成的场域,延展到其他场域。但同时,惯习也不是宿命,"它是稳定持久的,但不是永久不变的"(布迪厄,1998:178)。

语言态度的描写和解释是社会语言学和社会心理学的重要交叉领域,有大量实证研究。社会语言学鼻祖 Labov(1972)在其语言变异研究中就赋予语言态度以重要的学科地位,并采用了"主观反应测试"来收集相关语料。不过以语言态度为核心的语言社会心理研究范式,是 Lambert 等在 20 世纪六七十年代开创的。在理论方面他们提出了双语者的工具性、融合性动机(Gardner & Lambert,1972)以及削减性、附加性认同变化(Lambert,1974)等概念;在研究方法上,Lambert 等(1960)开创了"配对变语测试"(matched-guise technique,MGT)方法,影响了后续半个世纪的研究。

"配对变语测试"(Lambert et al.,1960)是针对语言态度的测试方法,这是一种以录音为刺激材料的主观反应测试。传统的态度研究采用"直接路径"(direct approach)(Garrett, 2007),即用自陈式问卷邀请调查对象报告自己对语言的态度。这种方法虽然易于操作,但效度局限很大。出于"社会期许性"(social desirability)等原因,调查对象可能并不在问卷中向公众呈现自己真实、全面的语言态度。而且,也不易控制变量同时考察多种语言变体。相比之下,"配对变语测试"是一种"间接路径"(indirect approach),也是"主观反应测试"(subjective reation test,又称"主观投射测试")当中变量控制严格的一种(Llamas et al., 2007)。将双语者对两种语言的录音放给调查对象听,请他们根据自己对不同说话人的印象,对其各方面做出评价。调查对象误以为讲不同语言的是不同的人,将自己对相关语言和群体成员的态度投射到声音的不同"面具"(guise)之上。这种方法避开了社会期许性对直接自陈的影响,也很好地控制了干扰变量(如不同人的音质、音色等),方便对不同语言变体的态度进行比较。因此,该方法受到语言态度研究者的青睐。经过几十年的发展,形成了常用的几个评价维度,包括地位(社会声望、优越性等)、亲和力(如友好、可信赖)、人格活力(如热情、活跃等个人品质)(Zahn & Hopper, 1985)。相对问卷、访谈等自陈方法能更好地控制变量,克服效度局限,因而受到青睐。但也有学者指出配对变语法使用的录音是人为录制的,有别于自然真实语料,缺乏语境(Garrett et al., 2003)。建议这种方法应与质的研究方法如访谈、话语分析结合使用。除了直接法和间接法,宽泛的"社会路径"(societal treatment approach)是第三种路径,包括(民族志)观察,或者对公共领域各种话语(如语言政策文件、广告、电视节目、课本)中的语言态度分析,正在吸引更多的关注(Garrett, 2007)。

1.2.2 对英语变体态度的国际研究

英语存在多元变体、多元标准的理念,主要始于20世纪七八十年代兴起的"世界英语"(World Englishes, WE, Kachru, 1982/1992)研究范式。Kachru将世界上的英语变体划为"内圈"(本族语变体)、"外圈"(传统上的"二语"中介语变体)、"扩展圈"(传统上的"外语"中介语变体),认为不同变体之间地位平等,变体内部各有自己的标准。与"世界英语"概念相关的,还有"作为国际语言的英语"(English as an International Language, EIL)、"英语通用语"(English as Lingua Franca, ELF)、"全球英语"(global

Englishes)等(Jenkins，2007)。这些观念打破了英、美英语的霸权地位。

近一二十年来,随着英语国际语等概念的兴起,学者对"世界英语"提出了批评和质疑。主要议题涉及三变体圈的不平等性;以民族国家为基础的语言变体范畴在全球化背景下是否仍然适用;世界英语的三圈难以概括较为复杂的语言状况(如南非)、语言杂糅现象不应被忽略等。世界英语阵营也对这些批评做出了回应,包括同心圆多变体之间的平等性、世界英语概念的解释效力、其概念的内涵挖掘等。也有些学者强调英语国际语和世界英语的共性。

随着英语标准的多元化和变体描写的增加,对世界英语的态度也吸引了更多学者的注意。

20 世纪七八十年代:"标准"英国英语变体地位较高

Giles(1970)的研究以英国南威尔士和英格兰西南部 177 名高中生为受试,采用 MGT 考察对不同英语口音的态度。结果发现只有标准英音(Received pronunciation, RP)、法语口音和爱尔兰口音的英语被视为优美动听;只有操 RP、北美口音和法语口音的人被认为具有亲和力;只有操 RP、北美和法语口音的人被认为具有较高社会地位。Giles 还发现具有外国腔(法国腔和北美腔)的口音更受欢迎,其评价甚至高于英国本土其他变体(如伦敦东区、伯明翰、南威尔士口音);得分最低的是工业区的口音(如伯明翰口音)。

Ball(1983)发现澳大利亚人认为操 RP 口音的人能力强但不善交际,对美国东海岸口音的评价与 RP 类似,对操澳大利亚口音的人评价是性格好但懒惰、效率不高,对操格拉斯哥口音的人态度中立,对操利物浦口音的人的看法是能力不足但为人热情。

Huygens 和 Vaughan(1983)从社会地位和个性方面考察了新西兰人的英语态度。就社会地位而言,英国英语地位最高,带有毛利口音的英语地位最低,带有荷兰口音的英语地位介于两者之间;就个性而言,英国英语和荷兰口音英语的人被视为更自信、更努力,带毛利口音英语的人被认为更热情。与其他一些研究类似,对于讲英国英语的人的评价是社会地位高但缺乏热情。

世纪之交:对美国英语变体的评价上升

Ladegaard(1998)调查了丹麦人对 RP、美国英语、澳大利亚、苏格兰和伦敦东区口音的态度。研究发现,对于 RP 的态度与前人的研究类似——社地位、能力的得分显著高于亲和力。操苏格兰口音的人被视为友好、乐于助人;操澳大利亚口音的人被认为可靠;操美国口音的人被认为最幽默。

Bayard等(2001)的调查对象来自美国、新西兰和澳大利亚。通过因子分析,研究者得到语言态度评价的四个因子:权力、能力、亲和力、地位。研究还发现,人们对于RP的态度有所变化:在权力和地位维度上,RP不再像以往那样一直占据优势;相比之下,美国英语的地位有显著上升。研究者的解释是经济和文化全球化使美国文化模式以及美国英语广泛传播,越来越被人接受。McKenzie(2008b)的研究也表明,日本人对美国英语的地位评价高于对英国英语的评价。

近期:对内圈英语变体积极态度依然牢固,其他变体的认知评价提升

Clark和Paran(2007)研究了英国用人单位在聘用英语教师时的态度。研究发现,本族语教师在聘用过程中优势明显,胜过具有丰富教学经验的非本族语教师。该研究的启示在于,以英国英语和美国英语为代表的内圈英语变体依然在人们心中占据绝对优势地位。

Kaur(2014)以马来西亚的就职前教师为研究对象,通过问卷调查了他们对英语通用语的态度。研究显示,这些教师依然偏好本族语者口音,认为非本族语者口音不准确、不恰当。

Ahn(2014)调查了在韩国工作的英语教师(包括韩国籍和非韩国籍)对韩国英语的态度,参加问卷调查的有204人,参加事后访谈的有25人。结果发现研究对象对韩国英语在认知层面持积极态度,但在行为层面表现出"困惑"和"矛盾"的态度。

Shibata(2010)用问卷的方式,调查了日本中学英语老师对两类非本族语者助教的态度,一类具有近似本族语者的发音,但语法有些小问题;另一类具有近似本族语者的语法能力,但带有母语口音。结果发现,这些老师对非本族语者助教持有保留的接受态度,语法正确的人比语音接近本族语者的人得到更多认可。此外,初高中教师的态度有所不同,可能是受到初高中阶段不同教学目标的影响。

Saito(2014)采用建构主义的视角,邀请日本学生用作文的方式对某观点性文本进行回应,以阐释在全球化背景下对英语的态度。研究发现学生对英语的态度是多元的、变动的,认为其既是"麻烦",又是"财富"。这也折射了迅速变动中的社会情境的复杂影响。

上述主要研究发现表明，内圈英语变体特别是"标准的"英、美变体在各个地区一直得到最高评价，不过随着经济和社会文化影响等因素的变化，内圈"标准"英语诸变体的评价出现排序变化。相比之下，内圈方言变体、外圈和扩展圈英语在地位维度上的评价始终较低，但在亲和力方面的得分高于内圈"标准变体"。此外，近十年的研究揭示出语言态度更复杂多元的状况，以及包括扩展圈在内的非本族语变体被接受的可能。

1.2.3 中国人对英语变体的态度研究

我国的英语教育传统上是以英国英语为标准的。随着美国在全球影响力的扩大，美国英语逐渐取代英国英语成为主要的标准模式。在"世界英语"潮流的影响下，"中国英语"（China English, CE）的概念自20世纪八九十年代起引起关注和争鸣（孙骊，1989；李文中，1993；谢之君，1994；邱立中、宁全新，2002；姜亚军、杜瑞清，2003）；新千年后出现了相关社会历史研究（Bolton，2003）和变体结构描写（如 Kirkpatrick & Xu，2002；He & Li，2009；俞希，2009）。在理念上多数人认为它是发展必然，与中国本土文化身份相联系，且与国际化趋势不矛盾（文秋芳、俞希，2003；贺春艳、刘景霞，2008；何达倩，2009）。从20世纪90年代开始的英语变体态度的研究发现也与这一发展趋势相应。

对英、美变体的态度

在对本族语变体的偏好方面，我国英语学习者经历了由英而美的变化，这也与国际研究发现的总体趋势一致。颜静兰（1994）较早注意到"美音热"现象。她所调查的华东理工大学42名1989级英语专业新生中，80%发音以英音为主，到1993年毕业前几乎100%带有明显的美国腔。1993级新生中，60%的学生发的是美音（General American English, GA，普通美国英语），90%的学生表示对美音"很感兴趣"，要"好好模仿"。这一美音热的现象与对美国文化的兴趣紧密联系在一起。时隔十多年，周榕、陈国华（2008）用更为成熟的主观反应（MGT）技术，考察了某师范大学101名英语专业学生对英、美、澳大利亚英语的评价和偏好，并检测了实际英语口音。结果发现，在权势、亲和力和语言表现力维度上，美国英语的评价都超过英国英语，多数受试更倾向将美国英语作为模仿对象。然而他们的实际口音却是三分之二RP，三分之一GA的混合体，表现出更多英国口音的特点，认知与行为层面的态度并非一致。这两项研究中英语专业学生对美音的评价均高于英音,不过在实际发音行为上不一致,师范院校的学生似乎比理工院校的学生更为保守。而过去十年中也有一些其他研究(如王志欣、王京,2004;Evans,2010)发现中国学生对英音的评价高于美音。

以港澳回归为背景的语言态度

高一虹、苏新春、周雷(1998)在香港回归前夕,用 MGT 比较了香港、广州本地和除广东之外内地学生的语言态度,受试是来自香港、广州和北京的三所大学的 304 名学生。所测变体有英国英语、汉语普通话、粤语(方言)、带粤语口音的普通话(粤调普通话)。主要发现有三。第一,三地受试的评价维度不尽相同。在内地,社会地位与经济地位是两个独立的因素,而在经济较为发达的香港,社会地位和经济地位融为一体。第二,广州学生的语言态度趋近于内地非粤语区而非香港。跨地区差异主要出现在香港和内地之间,而不是粤语区和非粤语区(内地)之间。第三,香港受试对普通话的评价与内地受试相似,特别是对普通话的社会地位给予肯定,对粤调普通话的评价高于内地,对英语的评价低于内地。也就是说,回归前的香港大学生不认同英语,认同汉语普通话,同时保持对母语粤语的忠诚。这反映了矛盾和统一的心态:既要香港归属,又要中国文化认同。20 年后的 2017 年,高一虹、吴东英、马喆(2019)复制了这项研究,以原配对变语刺激材料和评价量表为主,考察了香港、广州和北京 372 名大学生对汉语普通话、英语、粤语、粤调普通话("粤普")的态度,并辅之以访谈。结果显示,首先,三地的评价维度比起 20 年前相对接近。其次,与 20 年前相似,香港学生对于"粤普"的评价显著高于其他两地。就普通话的评价而言,香港在"理想""薪水""股票"题项上的评价高于北京和广州,但在"信赖""平等""礼貌"上低于北京(和广州),访谈进一步显示,香港学生对普通话较多偏向地位层面的肯定和工具性动机取向。最后,广州学生对粤语的评价相比 20 年前似有一定提高,体现出较多地域文化认同。此外,三地的态度不同相对 20 年前有一定程度缩小,尤其体现于对"标准变体"英语、"非标准变体"粤普的高低评价距离减少。

Mann 和 Wong(1999)于澳门回归之际调查了澳门 72 名大学生的语言态度。其中多数人认为澳门最受欢迎的口语是粤语,其次是英语和普通话。当问及最喜爱的教育用语时,58.1% 选择粤语和英语双语,30.5% 选择粤语、普通话和英语三语。大多数学生强烈反对葡萄牙语作为澳门的优势语言。Young(2006)在回归五年之后再次用问卷方式考察了澳门大学生对英语的态度,调查对象中 144 名出生于澳门,197 名出生于中国内地。结果显示研究对象有很强的动机学习英语,并愿意将英语作为教学语言。比起大陆出生的学生,澳门出生的学生更看重英语的重要性;使用英语时的自信略逊,并且对于英语是否优越于葡萄牙语更不确定。

以上几项研究反映了港澳回归背景下的语言态度,其基本特征是认同当地的语言文化,也认同中国国家文化,但不认同英国的文化。香港学生对英语的评价较低,而澳门学生较高,或许可以从各自的历史背景来解释。在香港,英语有消极意义,而在澳门英语则更多与全球化联系在一起,有积极意义。不过,香港的语言态度在回归后尚没有可作对比的复制性研究;澳门回归前后的两项研究由于设计不同,也缺少直接可比性。

对"中国英语"的态度

王志欣、王京(2004)用 MGT 调查了中国 8 所大学的 634 名学生,变体包括英国英语、美国英语、中国英语、汉语普通话;评价维度包括地位、同等权势(亲和力)和现代性格。研究发现:第一,在英语变体的评价中,英国英语最高,美国英语其次,中国英语最低。传统的"标准英语"理念根深蒂固。第二,普通话的评价高于中国英语。这可能意味着大学生的中国文化认同较多投射于母语标准语而非本土英语变体。第三,性别和专业对四种变体的态度的影响都有主效应。女生比男生的语言态度更为保守;英语专业比非英语专业的学生更为保守。

李嘉熙(2015)用问卷方法,考察了 50 名非英语专业和 50 名英语专业学生对"标准英语"和中国英语的态度。结果发现调查对象对前者无明显偏好,对后者的态度较为保守。70%以上的人认为中国英语等同于"中式英语",是有错误、有缺陷的。对于"你是否愿意使用中国英语以便他人了解你的文化身份背景?",84%给予否定的回答。他们倾向使用"标准英语",被识别为"有较高能力的英语学习者"。不过该文很简略,样本和工具设计缺少细节描述。

武继红(2014)的研究针对高校英语教师,问卷调查对象 145 人,访谈 3 人。结果显示多数教师持较保守的语言态度,在教学实践中认同基于英语本族语者的教学模式。认为在全球化情境下应坚持以英、美变体为规范的占 56%,承认英语以复数形式存在的占 32%,认为"标准英语"并不存在的仅占4%。当问及中国英语是否会成为区域变体得到国际社会承认时,有49%认为"不会",24%认为"难以判断",仅有19%的人认为"会"。分别有43%和37%的人认为教学中应以英、美英语为标准,仅有20%的人认为除了本族语者英语外,还应学习英语为第二语言国家的英语变体。

除了直接和间接方法之外,还有部分研究采用了话语分析等社会方法来考察语言态度。边永卫(Bian, 2009)以英语学习日记的话语分析为主要方法,考察了某涉外文科高校学生对英语发音的态度,发现他们仍尊崇本族语者标准,不过也有学生认为自己带有汉语特征的英语发音具有合理地位。Yang 和 Zhang(2015)对14名在新加坡进修的中国英语教师进行了调查,请他们看一组具有汉语特征的英语句子,并两两成对就其可接受性进行讨论。研究者对讨论过程录音并进行分析。结果发现大多数教师恪守"标准英语"的规范,对这些句子的可接受性持否定态度,只有一名教师对本族语标准公开提出质疑。作者的结论是,中国英语"遇到麻烦",没有得到普遍认可。

"中国英语"作为标准模式的验证

与以上的大多描述性研究略有不同,还有一部分研究是明确理念驱动或导向下的实证研究。研究者有鲜明的观点,认为中国英语已经或即将成为独立的语言变体,并将成为标准(教学)模式,就此用语言态度调查和其他实证研究来验证和支持自己的观点。例如,Kirkpatric 和 Xu(2002:269)提出,在东亚地区"中国英语变体是比'盎格鲁'模式更具有文化适宜性的英语模式"。为支持这一观点,作者对中国某重点高校171名英语和工程专业的学生做了问卷调查。对于"只有本族语者才能说标准语言"这一(认知层面的)陈述,124名学生持反对意见;对于"英语有多元标准",有91名学生表示赞同。这似乎显示了相当开放的语言态度。不过,多数学生在行为倾向层面否定了"当我说英语时,我希望人们知道我来自中国",以及"将来会有一种称为'中国英语'的英语变体"。对此较为复杂的调查结果,作者的解释是积极乐观的:尽管受试认为时机还没有成熟,但是表现出开放的态度。因此,中国英语(Chinese English)将成为广为接受的"标准变体"。

七年之后,He 与 Li(2009)出于相似目的进行了样本更大、设计更复杂的研究。作者首先基于文献讨论了中国英语在语言各层面的特征,以说明"在中国这样的扩展圈国家可以发展本土英语的教学模式"。然后报告了其态度调查,是针对中国四所大学近千名学生实施的问卷和 MGT 以及对其中十分之一的人所做的访谈。结果发现,在大学英语课堂最受欢迎的是"标准英语"(GA 或 RP)模式,不过具有明确特征描述并具有良好教学操作性的中国英语也可作为辅助性的模式。60.5%的调查对象对中国英语作为独立变体的发展前景持积极态度。相比 Kirkpatrick 和 Xu(2002)的结果,即 45.6%的人对此持消极态度,He 与 Li 的结果更加积极。作者认为部分原因可能是 Kirkpatrick 等用了"Chinese English"而非在中国更为人接受的"China English"一词。研究结论是,中国英语将成为教学模式的观点得到支持。

目前为止的研究呈现了中国人对英语变体的态度总体上比较保守,对英、美英语的评价高于中国英语,对其他变体的了解和评价偏低。然而大学生和教师对于中国英语变体在认知层面上已有一定程度的接受,与学术界的理论趋势有一定呼应。目前研究中英语变体的种类还比较有限,跨时间的、有关态度转变以及转变影响因素的研究还比较少。

1.2.4 语言与身份认同

"身份认同"(identity,又译"身份""认同")简单地说是指一个或一群人"究竟是谁"。尽管身份认同成为社会语言学、二语习得等领域的显性研究领域是近二十年的事情,但这个问题实际上一直隐含在这些领域的研究中。

社会结构主义视角下的语言与身份认同

在经典的社会语言学变异研究中,无论是 Labov 对不同发音与社会阶层以及年龄的联系的研究、Bernstein 对中上阶层"复杂语码"与劳工阶层"局限语码"的区分、Robin Lakoff[①] 有关女性语言特征的概括,都反映出"社会结构主义"的语言观,即寻找社会结构定义的群体身份与语言形式的对应。在这种观念下,社会结构基本是静态的、强势的、规定性的,生活在社会结构中的语言使用者是被规定或影响的,其语言使用反映或迎合了社会结构的规定,是社会结构特征的标志。同样,语言态度也是反映身份认同的,是反映身份认同的标志之一。这里的认同,主要是指族群认同,例

---

① 此处保留名字 Robin 与 George Lakoff 区分。

如国家、种族、民族,也包括性别、社会阶层等。大多经典的语言态度研究,也是在此框架下做的。

Bourdieu 的理论:社会建构主义视角下的语言与身份认同

法国社会学家 Bourdieu 将自己的理论定位为"建构主义的结构论"和"结构主义的建构论"(1990:123)。它既强调了社会环境的深刻影响,也给予了主体能动性以空间,指出了改变的可能。其基本理论概念包括"资本""场域"和"惯习"(本书 1.2.1 小节)。

Bourdieu(1986)的"资本"概念是马克思经济资本观的扩展,不仅包括经济资本,还包括社会资本、文化资本、符号资本。经济资本即人们通常熟悉可直接兑换成货币的资本类型。社会资本指人际关系网络以及由此发展出来的社会制度形式,如家庭、阶级等。文化资本指借助教育传递的文化物品,具有三种形式:身体化的形态,如语言技能、口音;客体化的形态,体现在文化物品之中,如著作;制度化的形态,体现于特定的制度安排,如学位认定。符号资本是对上述三种基本形式的资本的认同,是制度化、合法化了的权威。在社会世界的再生产中,不同形式的资本可以相互"兑换",有其"兑换率"。

Bourdieu 的"场域(field)可以被定义为在各种位置之间存在的客观关系的一个网络,或一个构型"(布迪厄,1998:133-134)。它是一种具有相对独立性的社会空间,例如美学场域、法律场域、政治场域、教育场域。每个场域有其游戏规则,不同类型资本之间的等级次序也随场域而变化。只有在具体场域中,资本才得以存在并发挥作用,既是斗争的武器,又是争夺的关键。场域又是一个斗争的空间,这些斗争旨在维持或变更场域中各种力量的构型。

场域与惯习之间是一种双向的模糊关系。场域形塑着惯习,惯习成了某个场域固有的属性体现在身体上的产物。另一方面,惯习有助于把场域建构成一个充满意义的世界,一个被赋予了感觉和价值,值得投入的世界(同上,171–172)。

Bourdieu 用惯习、资本和场域这三个概念联系起来考察各种社会实践(Bourdieu, 1977,1986,1990, 1991;布迪厄,1998)。他的理论部分继承了马克思的社会结构论,指出了社会结构的形塑作用,通过惯习体现在个体身上;但他的理论有较多"社会建构主义"的色彩,强调了"场域"这个中间层在宏观社会结构和个体之间的调节作用,也赋予了个体更多通过改变惯习来建构场域,也即建构社会结构的可能性。

大约从 20 世纪 90 年代以来,"社会建构主义"(social constructivism)思潮在社会语言学、二语习得等研究领域逐渐兴盛起来。受到 Bourdieu"场域""资本""惯习"概念的启发以及 Weedon(1987)等的后结构主义(poststructuralism)影响,语言的学习和使用者被视为受到环境影响但具有能动性,其态度和传统上称为的"动机",被视为能动性地对未来二语认同的想象,是对相关资源的主动"投资"(Norton,1995,2000/2013,2006)。因此,认同本身是多元的、动态的,在(语言)实践中建构的(见 Block,2007,2013;高一虹、李玉霞,载祝畹瑾 2013,第八章)。身份认同不再局限于民族、社会阶层等外在的结构区分,而更多聚焦于具体情境和交流过程中语言使用者(或学习者)的主观立场定位以及对自己未来的想象。

在社会建构观视角下,如何看待语言态度与身份认同的关系?首先,语言态度与身份认同密切联系,是身份认同构成的一部分;其次,语言态度与身份认同是动态的、建构的关系。一方面,身份认同会影响到语言态度的不同。不过身份认同是多元的,在不同的情境中有不同的呈现,也可能同时有优先层次地呈现不同的认同。另一方面,语言态度的改变,也意味着身份认同的变化和发展。群体态度和身份认同的变化,将建构整个场域的变化。社会建构主义的这种语言态度和身份认同观,为外语教育提供了更大的空间。不过,在一些传统上结构力量很强大的语境中,语言态度和身份认同的建构会面临怎样的挑战,还有待探索。

1.2.5 跨文化交际能力培养

"跨文化能力"或"跨文化交际能力"(intercultural competence, intercultural communication competence)是指人们在跨文化情境中有效并适宜地交际的能力。这一概念最早是美国人在对外援助的实际工作中提出的,后来经过不断发展,成为使用甚广、研究繁多的跨文化交际基础概念(Chen, 2010a,b;Deardoff,2009;Bennett,2015)。一般认为跨文化能力指的是与来自不同文化、使用不同语言的人进行有效(effective)、得体(appropriate)沟通的能力(Deardorff,2008),由知识、态度、技能等组成(Spitzberg & Changnon, 2009)。其中,态度被认为是至关重要的成分(Byram,1997),一般包括好奇心、开放性、尊重多样性、探索性、悬置判断、容忍不确定性等(e. g. ,Chen & Starosta, 2008; Deardorff, 2006)。跨文化能力文献中的"态度"通常指对不同社会、文化群体的态度,例如国家、性别、种族等,而语言常被默认为包含在文化之内,语言态度也包含在跨文化能力之内。由此,语言态度也处于跨文化交际、语言教育这些应用研究领域的关注范围。

"多元文化意识"(multicultural awareness)是跨文化能力中的核心态度,指对文化多样性的认识,它意味着反思性地超越本民族中心主义,以世界公民的视角,平等、开放地看待包括本文化在内的诸多文化。具有这种意识的人能在理性上认识、在情感上理解其他文化,更容易在行为层面与不同文化的成员有效交流。尽管所用术语未必完全相同,多元文化意识的发展和培养是跨文化交际能力研究的核心课题(Deardoff, 2009; Gudykunst, 2004)。国际学者对于相关理论概念(如多元文化主义/multilingualism,文化间性/interculturality)以及社会情境中的意义已有许多讨论,在对文化隔离主义进行批判的同时,对多元文化意识作为对本民族中心主义、"本族语"变体中心主义的反思和超越进行了肯定和发展。也有学者以更为宽泛的"跨文化公民"(intercultural citizenship)来界定跨文化能力的培养目标(Byram, 2008, 2012)。

在跨文化交际的背景下来看英语教学,对更为开放、包容的语言教育态度的呼吁声渐强。学者们呼吁接纳英语的多元性,将不同变体纳入英语教学。例如 Kirkpatrick (2007)提出五大议题,包括在不同情境根据学习者的需求决定教什么英语变体,在一些情境的课堂教学情境中,应教授英语通用语加上至少本土英语在内的英语地区变体;多元文化背景的"非本族语者"在许多情境下是理想的英语教师等。

在我国,全球化背景下的语言文化教育已引起关注和思考,跨文化交际能力已被列入外语教育目标。原国家语委副主任李宇明在论述国家外语规划问题时指出,中国正在从"本土型国家"转变为"国际型国家",最主要的特点是需要外语服务甚至"外语生活"(李宇明,2012;胡壮麟,2018)。中国走向世界,世界也在走向中国。与此相关的还有对全球化背景下文化教育的理论思考(鲁洁,2003)、对多元文化社会德育的评介和针对本土现实的分析(王学风,2005),以及对外语教育中"中国文化失语"的关注(肖龙福等,2010)。"以跨文化教育为导向的外语教育"(张红玲,2012)、"作为世界公民教育的中国外语教育"(贾玉新,2013)、"外语教育走向跨文化教育"(孙有中、Bennett,2017)也成为关注热点。

近年来,我国外语教育的目标已经由培养"交际能力"向"跨文化(交际)能力"转向。在教育部 2016 年颁布的外语教育纲领性文件《大学英语教学指南》(以下简称《指南》)、《高等学校外语类专业本科教学质量国家标准》(以下简称《标准》)中,"跨文化能力"被列为大学生核心能力指标之一。《指南》中指出,学生不仅需要掌握英语这个沟通工具,也需要了解和理解国外的社会与文化,增进对中外文化异同的意识(教育部高等学校大学外语教学指导委员会,2016)。越来越多的教师意识到模仿英、美"本族语者"的语言和行为已经过时,更关注于如何培养学生的"跨文化能力"。对"跨文化(交际)能力"的概念构建,我国许多学者都做出了贡献。例如胡文仲于 20 世纪八九十年代就将跨文化交际引入中国,基于外语教学引领学科不断发展,并细致地讨论了跨文化交际能力在外语教学中的定位问题(胡文仲,1988,1990,2013);林大津(1996)、贾玉新(1997)较早对跨文化交际能力做了引介和讨论;杨盈、庄恩平(2007)提出全球意识、文化调试、知识、交际实践四大跨文化交际能力要素;孙有中(2016)提出作为外语类专业教育目标的跨文化能力六点核心内涵:(1)尊重文化多样性,具有同理心和批判意识;(2)掌握跨文化研究基本理论和方法;(3)熟悉对象国历史与现状,理解中外文化异同;(4)能进行文化阐释和评价;(5)能得体有效地进行跨文化沟通;(6)能帮助不同语言文化背景的人有效沟通。付小秋、顾力行(2015)详细综述了从 1994 年开始的 20 年间,20篇/部公开发表的汉语文献中建构的跨文化交际能力模型。

跨文化交际能力培养的讨论中也出现了批评的声音。如高一虹(1998)指出"器"与"道"的区别,批评了"功效中心"重器轻道的倾向。她还指出不当的跨文化交际教学可能适得其反,强化文化刻板印象,阻碍跨文化交际,这是个"跨文化交际悖论"(高一虹,1995)。许力生(2011)批评了跨文化能力构建中的若干偏误,包括"简约化""碎片化"的倾向、对功效的迷思、非跨文化的取向。王强(2018)剖析了英语专业精读教材中的英语国家中心、本土内容缺少的问题,以及由于编者的跨文化意识不足,未能充分得当地处理文化信息的问题。

尽管有关跨文化(交际)能力的定义和构成要素的论述不尽相同,提出概念的语境、出发点以及研究路径也有一些差别。例如作为跨文化交际学发源地的美国,历史上有服务战争、外派和平队以及发展国际贸易的实际需求,因此其学者强调对对象国的了解,交际功效比较多(参见Dodd,1995)。而Byram的跨文化公民教育项目是为欧洲委员会撰写的(Byram,2008:ix),有欧洲一体化的背景,更多强调国际化,在跨文化公民素质中强调民主的批判性政治素质。海外华人学者如陈国明(Chen,2010)在其理论建构中更多挖掘和强调中国的传统文化资源。而处于中国外语教育语境的国内学者,或强调对"对象国"语言文化的认识(孙有中,2016),或呼吁中国文化认同的保持(肖龙福等,2010)。对于本土文化与"对象国"文化、国际文化的强调显现出张力。尽管如此,对多元文化的容忍、尊重、理解、同理心,是学者们共同强调的。对于研究和实践现状的批评也从某个侧面突出了跨文化意识、态度的重要性。也有学者强调外语教育、跨文化交际与民族认同之间的正向关系(陈新仁,2008)。

关于跨文化交际能力的培养似有两个方面的趋势,一是向操作化、测量化、量化发展,创造出相关工具以便对相关人员的跨文化交际能力做出评估,并基于此设计培训和教育项目(如Bennett,1986;Dodd,1995;樊葳葳等,2013;高永晨,2014;许慧等,2018);二是向阐释、反思或批判的方面发展(Holliday,2011,2013;Kramsch,1993,2014;Snow,2015,2018;高一虹,1998;郑萱、李孟颖,2016),通过质的、社会参与的方式,促进情境中的跨文化参与和改变,以达到化解冲突、增进谅解与和谐、促进社会公正平等的目标。

1.2.6 英语学习者的理想认同模式

上述跨文化能力培养的理论构建,实际上也是理想外语学习者的构建。与此相似,文秋芳(2012,2014,2016)做了一系列"英语通用语"概念梳理和教学模式建构,其模式主要是就教学的整体构架、包括的内容而言,但蕴涵了理想英语学习者的塑造目标,包括态度的成分。她将英语通用语教学分为语言、文化、语用三部分,其中语言有来源于本族语的"共核",此外还有不同母语的人带来的语言文化"边缘"特征。在文化层面,她将跨文化能力分为三部分:对文化差异的敏感性、对文化差异的宽容度、处理文化差异的灵活性。语用层面的教学内容包括普世通用原则、本族语规则、非本族语规则(文秋芳,2012)。这一模式仍体现了较强的英语

"本族语中心"观念,是在新的"英语通用语"、跨文化能力教学目标与中国英语教师的"本族语中心"惯习之间所做的妥协。在目前的中国情境,比较具有可接受性,但就跨文化能力建设的目标来说,"本族语"中心的色彩较强,不够理想。文秋芳(2014)还讨论了英语通用语的"'实体论'与'非实体论'之争",提出了"多实体论"的英语通用语体系。所谓有"实体",是指是否有相应的文化,是独立的语言变体;而"非实体",是指交际功能、语言实践,而非固定的语言变体。文秋芳(2014:7)提出英语通用语是一个"多实体的集合体,称为 nELF",成上下层级排列。例如作为实体的"中国 ELF"的上位有"东亚 ELF""亚洲 ELF""nELF"。也就是说,理想的英语学习者,就是掌握了"多实体集合体"的英语通用语的人。这一"多实体论"实际上与"世界英语"是一致的;这个理想模式主要是就掌握的语言变体技能而言的。

高一虹(Gao, 2001, 2002)基于对"最佳外语学习者"的身份认同研究,提出有别于 Lambert(1974)"削减性"和"附加性"的"生产性"双语者、"生产性"认同变化,即母语与目的语水平、母语与目的语文化认同相互促进、相得益彰;后来又将生产性关系的互动方扩展到母语认同与全球认同(Gao, 2010)。对大学生的调查发现,其英语学习动机中,有以"让世界了解中国"为内容的"社会责任动机",以及生产性认同变化(高一虹等,2004)。这为开放的语言态度、多元文化意识的培养,民族与国际身份认同的整合提供了希望(刘琼、彭艳,2006)。不过也有批评认为,英语在中国是"外语",缺少真实的跨文化交流情境,多数人仅将其作为工具,很难在学习和使用中产生态度和认同变化(Qu, 2005)。对此,高一虹(Gao, 2007)做了理论回应,其针对普通大学生的跟踪调查提供了进一步的实证支持(高一虹等,2013)。

近年来,高一虹(2014a, b)在文献回顾的基础上,就过去半个世纪学术话语中英语二语认同的典型模式及其发展,概括出四种典型模式:"忠实的模仿者"(faithful imitator)、"正规的发言者"(legitimate speaker)、"嬉戏的编创者"(playful creator)、"对话的交流者"(dialogical communicator)。四种认同典型各有其特征、学术话语、高峰期、产生的语境、相应心理阶段,以及局限(表1-1)。

表 1-1 英语学习者/使用者认同典型模式

项目	忠实的模仿者	正规的发言者	嬉戏的编创者	对话的交流者
特征	模仿本族语者的语言和行为	宣称与本族语者有平等语言权利	创造杂糅的语言形式以表达自我	相互尊重基础上的倾听与言说
学术话语	削减性双语现象;濡化;融合动机	世界英语;资本与投资	跨文化流变;跨/超-(trans-)	生产性双语现象
高峰期	20世纪70年代	20世纪80-90年代	2000年之后	近期未来
语境	殖民主义遗留影响;结构主义的文化观	后殖民主义;批判性社会思潮	全球化;后现代主义;社会建构主义	文明的冲突、文明的对话;中国国力的增长;对话性
相应心理阶段	儿童	青春期青少年	青春期青少年	健康的成人
局限	认同冲突;母语文化认同的丧失	强势与弱势的悖论;本质主义的危险	影响领域有限	有赖有利情境和个体基本需求的满足;可培训性弱

20世纪70年代,理想的英语学习者是"忠实的模仿者",其语言使用和文化行为严格以英、美本族语者为模版。从20世纪80年代起逐渐取代这一模式的,是后殖民的环境下诞生的"正规的发言者",以维护自己群体的语言标准和权利、争取与本族语者的平等地位为目标而大声呐喊。在全球化和后现代主义影响加剧的新千年出现了"嬉戏的编创者",以其标新立异的语言混杂方式表达自我。这些演变中的模式各有其特征、相关情境,也各有其重要的局限和困境。研究者借鉴巴赫金的"对话性"理论,提出新近正在兴起的是"对话的交流者"的新模式。与以往的模式不同,"对话的交流者"以尊重和反思为基础聆听和言说。这一典型模式以文明的冲突与对话为主要社会语境,以"生产性"双语者为主要认同变化类型,以成熟健康的成年人为心理发展特征;其局限与困境在于未满足的匮乏性基本心理需要和非对话性的社会语境。

相对于其他几种认同,"对话的交流者"是一种理想的二语学习者/使用者认同。"对话性"特征体现于两个层面。在主体间层面,这意味着在充分尊重的基础进行交流——倾听、言说。这里的交流本身具有本体意义、有效、具有创意的结果可能是对话性交流的副产品。在主体内层面,这意味着不同意识的声音之间进行对话。主体具有敏锐的反思能力,能够随时在自身内部辨别、扩大、深化和重组各种意识。这两个层次的对话性是辩证的、相互促进的。良好质量的自我意识是人际交流的必要前提。对话性交流超越了听与说、本土文化与目的语文化、工具性与融合性动机、自卑与自大的二元对立。与嬉戏的编创者在表层对不同文化的元素进行杂糅不同,对话性交流者尊重每一个文化的完整性和整体性。一方面,他们的母语和母语文化认同在学习过程中得到深化;另一方面,他们具有很强的能力获得所选的二语目标,并认同于所选择的想象共同体。批判性思维也是对话性交流者的特征,不过与正规的发言者有所不同,他们的批判性是双向的,并不仅仅指向"霸权"一方,也包括对自身以及所属文化的批判性反思。

上述英语学习者/使用者认同典型模式,也是本书实证研究材料概括的基本理论框架。

1.2.7 文献综述小结

由以上文献综述可见,作为对社会现象的认识,语言态度的描写和解释是社会心理学与社会语言学的交叉领域,经过半个世纪的发展,已经形成自己的一套研究范式。语言态度是身份认同的重要部分,在社会建构主义的视角下,与身份认同有着互动的、建构的关系。作为语言学习者/使用者教育目标的一部分,语言态度也属于跨文化交际、外语教育之实践领域的关注范围。作为跨文化能力的构成部分,开放、自省的语言态度和"对话的交流者"身份认同应纳入新时代外语教育的目标。

在现实情境中,我们还缺少跨文化能力发展和培养视角下中国情境英语使用者的语言态度和身份认同的考察。特别是在全球化和中国和平崛起的背景下,在中国走向世界同时世界也走向中国的情境中,我国的跨文化志愿者对不同英语变体的态度和相关身份认同是怎样的,尚缺少系统的研究。如何在此研究基础上,在高校的外语教育中发展相关的语言态度培养模式,引导学生建立更为理想的身份认同,也还缺少探索。此外,目前社会心理学和社会语言学视角的实证研究以描述性为多,以方法规范见长,但在理论层面的解释力和深度都还不够,社会理论的跨学科应用也有限。为此,我们进行了相关实证考察,并尝试进行理论解释。

在本书中，我们基于实际语境，尝试用社会建构主义的视角去看待语言态度与身份认同。这里所说的认同，包括但不局限于结构性的身份认同，如国家、民族等，也包括个人在工作情境或交流过程中的身份，以及对未来自己是谁的设想。就本书的主题而言，我们的"认同"是以语言态度为核心，围绕"英语使用者"的。即，他们将自己呈现、设想为怎样的英语使用者？怎样的英语使用对他们来说是理想的，怎样的英语使用是他们不喜欢或抗拒的？与此相关的社会语境有哪些？

本书的实证考察分为两部分。主打部分是语言态度的描写概括，在此基础上还进行了语言态度培养的教学实践考察。

1.3 研究问题

考察语言态度和身份认同的实证研究样本，是2008—2011年间的北京奥运会、上海世博会、广州亚运会、深圳大运会中以大学生为主体的跨文化志愿者。研究问题是：

(1) 跨文化志愿者对各英语变体的辨识能力是怎样的？在服务过程中是否有发展变化，有何变化？

(2) 跨文化志愿者对各英语变体的态度是怎样的？在服务过程中是否有发展变化，有何变化？

(3) 跨文化志愿者的语言态度体现了哪些身份认同？在服务过程中是否有发展变化，有何变化？

(4) 影响志愿者语言态度和身份认同及其(潜在)变化的，可能有哪些主要因素？

以上的(1)、(2)问题是主要研究问题，将进行系统描写和分析。第三个是有关身份认同的问题，在较大程度上蕴涵于语言意识和态度之中，是基于前面两个问题，特别是第二个问题的进一步材料解读。这里的身份认同，主要涉及英语学习者、使用者层面，也涉及民族文化、国际公民层面。第四个问题有关影响因素，是基于前面几个问题的进一步分析思考。在有关跨文化志愿者的实证研究基础上，我们进一步探索语言态度的教育问题：

(5) 在跨文化交际能力培养的目标之下，可以如何在国内外语教学课堂中促进学生语言态度的转变?

在回应以上问题的基础上,我们期待对全球化背景下"扩展圈"英语学习者的语言态度及发展进行概括和理论思考。

1.4 研究方法

本研究的总体思路是,采集量的与质的材料并进行描写性分析,在整合不同来源材料并与文献互动的基础上,回应研究问题。

1.4.1 研究对象

主观反应测试研究对象是4次大型国际活动的大学生志愿者,包括2008年北京奥运会志愿者、2010年上海世博会志愿者、2010年广州亚运会志愿者、2011年深圳大运会志愿者。除亚运会志愿者外,其余三会活动后的志愿者受试均参加过活动前的主观反应测试(表1-2)。

表1-2 主观反应测试研究对象基本情况

时间	奥运会	世博会	亚运会	大运会	总计
活动前	200	267	0	291	758
活动后	97	267	119	96	579

1.4.2 研究工具

本研究采用了主观反应测试作为四地统一的主要工具。即用不同英语变体的录音作为刺激材料,调查对象在听录音之后,在语义区分量表上对发音人做出评价(Llmas et al., 2007)。录音材料是一段长度为71个单词的"超温感应排气阀"说明,由五个口音不同的朗读者朗读。[①] 他们均为20~25岁之间的男性学生,分别来自英国伦敦(英国英语)、美国马里兰州(美国英语)、美国印第安纳州(美国黑人英语)、印度南部(印度英语)和中国北京(中国英语)。上海世博会还包括了日本英语变体。朗读用中等语速,五段录音的时间长度均在26~30秒之间。

[①] 本研究采用的"主观反应测试"与变量控制更严格的"配对变语测试"的区别在于,后者是由同一位发音人提供两种或更多语言变体的录音,而前者当中每一种语言变体都有独立的发音人。但就引发语言态度的投射而言,二者的原理一致。

语义区分量表是用来评价发音人的工具,分为七个级别(1 表示最低,7 表示最高)。量表共有四个范畴或维度:地位、亲和力(solidarity,又称同等权势)、一般能力、特殊能力。其中特殊能力的设计根据活动性质有所不同:三个运动会均用了运动能力;世博会为交流能力。每个范畴由4对反义词构成(表1—3):

表1—3 语义区分量表的范畴及题项

范畴	题项
地位	受人尊重—不受尊重;收入高—收入低;教育程度高—教育程度低;彬彬有礼—不拘小节
亲和力	热情—冷漠;亲切—严肃;可靠—不可靠;易于亲近—不易亲近
一般能力	自信—谦卑;有领导才能—无领导才能;精明强干—老实顺从;勇于进取—随遇而安
特殊能力	运动:好动—好静;健壮—文弱;爱好体育—无体育爱好;有运动天赋—无运动天赋
	交流:善于表达—不善表达;主动交流—被动交流;言语清晰—言语含糊;体态语丰富—体态语匮乏

传统的语言态度研究通常采用地位、亲和力和一般性个人品质三个范畴,而本研究加入了特殊能力这一范畴,是考虑到刻板印象可能的区分程度,例如人们心目中的运动能力作为语言态度的一部分,可能与种族背景有着一定的联系(法庭语言学研究表明,犯罪嫌疑人的口音与犯罪因素有着可能的关联,参见 Dixon et al., 2002)。由此,针对北京、广州、深圳三个运动会的志愿者,我们采用了运动能力作为特殊能力选项;在上海世博会这一以宣传交流为主要特征的活动中,采用了交流能力作为特殊能力选项。

在量表中,16对反义词随机排列。量表的预测总体信度系数 Cronbach α 为.8872,各范畴的信度系数分别为.7472(地位)、.7133(亲和力)、.7680(一般能力)、.7282(运动能力),总体良好。此外,研究对象在听完每段录音后,还需以填空的方式判断发音人的国家/民族背景。该问题为开放式,没有提供任何选项,以防止限制或误导研究对象的思维。

录音文字稿和语义区分量表样本见本书附录I,各变体的音段和超音段分析见附录Ⅱ(表Ⅱ-1、表Ⅱ-2,图Ⅱ-1)。

除了统一的主观反应测试之外,各地还根据各自的情况,选择安排了(1)对志愿者进行个别或集体访谈,了解志愿者的语言态度、跨文化活动经历,其间产生的变化及其原因;(2)对志愿活动的观察;(3)交际意愿的定量测试,以考察语言态度与交际行为意愿的联系。

1.4.3　材料采集

在奥运会、世博会和大运会前后,我们用同样的录音材料和语义区分量表收集了两次数据:活动前、后各一次;亚运会未来得及收集活动前数据,只收集到活动后的。收集数据时,我们告知研究对象这是一项有关英语辨别力及敏感性的调查。听完录音后,要求他们开放性地猜测朗读者所在国家或所属民族。

研究者对变体辨别记分时,对应于五个选项的"正确"答案分别指"美国黑人""英国人""中国人""印度人"和"美国(白)人"。答出以上答案记3分。"接近"答案对于美国黑人英语来说指的是"美国""北美";对中国英语来说指"东亚""亚洲";对印度英语来说指"南亚""亚洲";对于美国英语来说指"北美";对英国英语来说指"西欧""欧洲"。答出以上答案记2分。"错误"答案指的是与上述两类答案相左的答案。回答错误记1分。未填答记0分。

研究对象还需根据自己对朗读者的印象,在16个项目上评分。

各地根据情境适宜性,安排质的材料的采集。详见第二至五章的相关描述。

1.4.4　材料分析

各地对同一批受试的两次测验结果做统计比较,考察活动前后有否纵向差异。比较各范畴维度的变体得分。对访谈材料进行编码归纳。对量的和质的材料做比较印证。汇总四地数据,进行各变体和每个变体在各个维度上的统计;比较跨文化活动前后的数据。在此基础上概括跨文化志愿者的总体语言态度,并概括四地的异同。

对与活动有关的质的材料进行阐释性分析,与量的材料交互印证。

1.4.5　理论概括

在材料基础上,我们尝试概括语言态度和文化身份认同的类型及其发展模式,并尝试分析解读其影响因素。主要概念框架为"忠实的模仿者""对话的交流者"等学习者认同典型模式(高一虹,2014a,b,见 1.2.5 小节)和 Bourdieu 的"惯习"(布迪厄,1998,见 1.2.1、1.2.4 小节)。

从 Bourdieu 的社会理论角度看,英语二语认同的典型是英语教育这一场域的"惯习",或性情倾向。它既是学习者的,也是教育者、研究者的。人们在其成长的生活和教育情境中,逐渐获得或被灌输了对语言变体的某种偏好、"口味",社会化了的主观性。这种性情倾向具有稳定性,通过家长、学校教育等渠道传递给下一代,也会从一种情境转移到另一种情境。不过,惯习与场域之间的关系是双向的、模糊的,惯习的改变会影响场域的改变。从 20 世纪 70 年代至今,英语二语认同的典型模式从"忠实的模仿者"到"正规的发言者",再到"嬉戏的编创者""对话的交流者"的逐渐变化,同时反映和建构了英语教育这个场域形态。

我们认为,"对话的交流者"典型模式为当前和今后我国英语教育的学习者认同提供了一个较为理想的选择,应是语言态度和多元文化意识发展的目标。但这种主观期待的可行性还需要进一步的实证研究和教学实践支持。作为"建构主义的结构论"和"结构主义的建构论"者 Bourdieu 在论述惯习与场域的关系时,赋予其"双向""模糊"的特征(布迪厄,1998:171)。这也使我们对社会结构与个体能动性、保持与改变之间的张力充满了探索的好奇。

1.5 全书结构

本书共有八章,由课题组成员分别撰写,协作完成:第一章(高一虹、许宏晨)为引言,介绍研究的背景并综述相关文献,提出研究问题,描述研究方法,概括全书结构。第二章(高一虹、林梦茜)为北京奥运篇;第三章(颜静兰、陈叙、姜叶飞)为上海世博篇;第四章(陈建平、赵玉超)为广州亚运篇;第五章(刘毅、史阢阳、邓婷婷)为深圳大运篇,分别报告四地的情况。这几章在定量数据基本统一采集和分析的情况下,也各有侧重点和特色。其中北京奥运篇包括了一个关于志愿者标语的民族志研究,以生动的材料呈现了志愿者的认同及其变化。上海世博篇侧重文化刻板印象及其发展变化的考察。或许由于上海世博是延续时间相对最长的一个活动,在此读者可以看到更多发生在志愿者身上有趣的变化。广州亚运篇将志愿者和非志愿者大学生做了定量数据比较,在此基础上推断志愿者为普通大学生英语学习者/使用者群体的一部分。这一章的另一个特色,是比较了两组定量数据,将语言态度与交际行为意愿联系起来考察。深圳大运篇的样本较大,不仅包括了学生志愿者,还包括了部分教师志愿者。在这章中作者将学生和教师样本做了比较,英语教师读者可能会对此尤其感兴趣。在各地报告的基础上,第六章(许宏晨、高一虹)汇总四地的数据,进行了整合性的分析。在前几章的跨文化志愿者研究基础上,第七章(郑萱)报告了在高校英语课堂上一项教学探索,将开放性的语言态度作为跨文化能力培养的一部分,提出了四个教学步骤。在教学实践中,学生的语言态度向着更开放的方向发生了变化。全书末尾的第八章(高一虹)基于前七章的实证材料并结合相关文献,对英语使用者的认同的发展模式做出几种概括,提出从"忠实的模仿者"向"对话的交流者"发展的路径,倡导将"对话的交流者"作为全球化背景下英语教育的基础模式。

在正文之外本书还有几个附录。其中附录 I(高一虹、林梦茜)呈现的语义区分量表是本课题定量研究的基本工具;附录 II(梁波、林梦茜)是对本课题所用世界英语变体录音样本的语音描写和分析;附录 III 包括了第三章的背景材料、第四章的补充工具和第七章的标注方法。

第二章　北京奥运篇*

2.1　奥运篇引言

2.1.1　奥运会背景

北京奥运会,即第二十九届奥林匹克运动会,于2008年8月8日至8月24日在中国首都北京举行。此次奥运会的主办城市是北京,参赛国家和地区达204个,参赛运动员11438人,加上教练员和各国官员,总人数约为6万人。北京奥运会的官方语言为汉语、英语和法语。9月6日至17日,北京残奥会继而召开,参赛的共有来自147个国家的3968名运动员。

北京奥运会共录用了来自98个国家和地区的74615名赛会志愿者,残奥会志愿者3万人,以北京高校学生为主体。志愿者们能够提供55种语言的志愿服务,其中英语为主要语言。赛会志愿者服务岗位涉及礼宾接待、语言翻译、交通运输、安全保卫、医疗卫生、观众指引、物品分发、沟通联络、竞赛组织支持、场馆运行支持、新闻运行支持、文化活动组织支持等领域。

对于大学生志愿者来说,北京奥运会和残奥会不仅仅意味着体育的竞技角逐,而更是一次发生在中国本土的大规模跨文化交流事件。志愿者对世界英语变体有着怎样的了解和态度,他们的多元文化意识是怎样的?而

---

* 本章涉及的内容,曾以阶段性成果的形式发表以下论文:

高一虹、林梦茜,2008,大学生奥运志愿者对世界英语的态度——奥运会前的一项主观投射测试研究,《新疆师范大学学报》(4):86-92。

高一虹、林梦茜,2010,奥运志愿者对世界英语的态度与多元文化意识——北京奥运会前、奥运会中的考察,《中国外语》(2):99-105。

林梦茜、高一虹,2010,大学生奥运志愿者对世界英语的态度:奥运后的反思,《中国外语教育》(1):3-10。

Gao, Y. H. 2010. Speaking to the world: Who, when and how? An ethnographic study of slogan change and identity construction of Beijing Olympic Games volunteers. *Asian Journal of English Language Teaching* 20, 1-26.

这些态度和意识与他们的民族、国家身份认同有着怎样的关系,能否适应奥运服务工作的需要？同时,奥运经历能否使他们的语言态度、多元文化意识和认同产生变化？这些都是本研究关注的问题。

2.1.2 研究方法

2.1.2.1 辅助性数据采集

除了活动前、后主观反应测试的定量数据采集之外,还在活动中和活动后对部分志愿者进行了半结构式访谈以及活动中的参与观察。半结构式访谈主要分为个人访谈和小组访谈,包括面谈、电话访谈、电子邮件、即时通信工具(如QQ、MSN)等形式。访谈语言为汉语,其中面谈和电话访谈均有录音,并于事后转写成文字。两位研究者均为北京奥运会赛会志愿者,在奥运会期间也在其服务站点进行了参与观察,并分别写了田野日记。

2.1.2.2 研究对象

参与奥运前主观反应测试的是200名大学生奥运志愿者(表2-1),来自位于北京的三所高校,包括综合大学、外语院校、理工院校各一所。奥运前共进行了4次小组访谈和3次个人访谈,有27位大学生志愿者参与其中(表2-2)。

表 2-1　奥运前主观反应测试样本特征($n=200$)①

样本特征		人数	百分比
性别	男	77	38.5
	女	123	61.5
专业	英语	79	39.5
	其他外语	86	43
	文科/社会科学	6	3
	自然科学/工科	29	14.5
学校类型	综合大学	144	72
	外语院校	19	9.5
	理工院校	37	18.5

---

① 本书调查了以大学生为主体的跨文化志愿者在四次大型国际活动前、后对不同英语体的态度,时间跨度长,参与被试多,为保证原始调查数据分析的真实性,各调查的数据处理方式和格式并未完全统一。

(续表)

样本特征		人数	百分比
英语水平	未达到大学英语四级	67	33.5
	大学英语四级	59	29.5
	大学英语六级/专业英语四级	73	36.5
	专业英语八级	1	0.5
奥运志愿者服务类型	语言服务	98	49
	非语言服务	43	21.5
	尚不清楚	59	29.5

表 2-2 奥运前访谈样本特征 ($n=27$)①

样本特征		人数	百分比
性别	男	9	33.3
	女	18	66.7
专业	英语	15	55.6
	其他外语	5	18.5
	非语言	7	25.9
学校类型	文科院校	13	48.1
	综合大学	7	25.9
	师范院校	7	25.9
英语水平	未达到大学英语四级	1	3.7
	大学英语四级	9	33.3
	大学英语六级/专业英语四级	11	40.7
	专业英语八级	6	22.2
奥运志愿者服务类型	非语言服务	7	25.9
	语言服务	14	51.9
	尚不清楚	6	22.2

---

① 因四舍五入,有些百分比的合计不是 100%。全书余表同。

奥运期间,两位研究者分别服务于主新闻中心和某运动场馆,访谈了 46 名志愿者(表 2-3),包括 4 组集体访谈和 23 次个人访谈。由于接触条件限制,访谈对象与奥运前基本没有重叠。

表 2-3 奥运中访谈样本特征($n=46$)

样本特征		人数	百分比
性别	男	18	39.1
	女	28	60.9
专业	英语	10	21.7
	其他外语	18	39.1
	非外语专业	18	39.1
学校类型	综合大学	18	39.1
	外语院校	11	23.9
	文科院校	6	13.0
	医学、公安等专业院校	11	23.9
英语水平	未达到大学英语四级	3	6.5
	大学英语四级	9	19.6
	大学英语六级/专业英语四级	31	67.4
	专业英语八级	3	6.5
奥运志愿者服务类型	语言服务	28	60.9
	非语言服务	18	39.1

奥运后主观反应测试的对象是参加过奥运前相同测试的 69 名大学生志愿者,来自北京两所高校(表 2-4)。访谈对象为 22 名志愿者,其中 7 人参加过奥运前访谈,15 人参加过奥运中访谈(表 2-5)。

表 2-4 奥运后主观反应测试样本特征($n=69$)[①]

样本特征		人数	百分比
性别	男	22	31.9
	女	47	68.1

---

① 后测中奥运志愿者共 97 人,经核实其中 69 人参与了前测,可直接进行前后测对比。

（续表）

样本特征		人数	百分比
专业	英语	37	53.6
	其他外语	32	46.4
学校类型	综合大学	58	84.1
	外语院校	11	15.9
英语水平	未达到大学英语四级	1	1.4
	大学英语四级	10	14.5
	大学英语六级/专业英语四级	56	81.2
	专业英语八级	2	2.9
奥运志愿者服务类型	语言服务	51	73.9
	非语言服务	18	26.1
英语使用情况	每天都用	28	40.6
	偶尔要用	35	50.7
	从来不用	6	8.7

表 2-5 奥运后访谈样本特征（$n=22$）

样本特征		人数	百分比
性别	男	4	18.2
	女	18	81.8
专业	英语	13	59.1
	其他外语	9	40.9
学校类型	综合大学	13	59.1
	外语院校	6	27.3
	文科院校	3	13.6
英语水平	大学英语四级	1	4.5
	大学英语六级/专业英语四级	10	45.5
	专业英语八级	11	50

(续表)

样本特征		人数	百分比
奥运志愿者服务类型	语言服务	16	72.7
	非语言服务	6	27.3
以往参加访谈阶段	奥运前	7	31.8
	奥运中	15	68.2

2.1.2.3 研究过程

奥运前的主观反应测试数据采集于2007年11月至2008年5月,匿名填写,于课堂完成。施测时有两所学校尚未进入奥运培训,一所学校刚进入一般性培训。测试前研究对象被告知这是一项关于语言敏感性的调查。访谈也在同时期完成,着重从意识层面考察志愿者在奥运会前的世界英语意识、文化定型和偏见以及跨文化交际能力。访谈形式为面谈,时间为45~60分钟不等。

奥运中的访谈主要针对服务过程中的跨文化交际行为和语言态度,内容多依据具体场景而定,时间和形式也比较灵活,多在服务之余或间隙,从15分钟到1小时不等;大多为面谈,也包括5次电话访谈。此外两位研究者也根据各自的参与观察做了田野笔记。

奥运后的主观反应测试问卷于2008年10月发放,匿名填写,施测过程与奥运前相同。测试全部完成以后,我们以电子邮件的形式将本研究的真正目的告之研究对象。访谈于2009年4月至6月完成,重在考察志愿者在奥运后的语言态度和多元文化意识反思,以面谈为主,辅以电话访谈、电子邮件、即时通信工具等,时间为10~30分钟不等。

2.1.2.4 数据分析

定量研究的数据通过SPSS软件完成统计分析,包括:(1)各变体得分的描述性统计;(2)比较奥运前、后变体判断正确率的卡方检验;(3)比较奥运前、后各变体语义区分量表得分的t检验,比较包括总分和各维度得分;(4)比较各变体在每个维度得分情况的单向方差分析。质的数据分析方法主要是对访谈转录内容进行自下而上的主题分类,包括:(1)与不同世界英语使用者的交流;(2)与其他语言使用者的交流;(3)对世界英语的态度;(4)跨文化交际经历;(5)奥运前的英语学习经历;(6)奥运经历的收获。每一个大主题下面都进一步分为几个分主题。研究者在主题分类的基础上,将所有访谈记录打乱并按照不同主题重新组合,以进行材料整合和深度分析。文中学生的名字为化名。

2.2 奥运前、后志愿者对世界英语的态度与身份认同

2.2.1 问卷数据分析

2.2.1.1 志愿者在奥运前、后对各英语变体的辨识率

对比奥运前、后的志愿者对发音人国家/民族背景的判断结果(表2-6),我们可以发现志愿者对各变体识别率趋势相同,中国英语、英国英语和美国英语排在识别正确率的前三位,识别率在奥运后并未发生显著性变化。

表 2-6 奥运前、后各英语变体的识别率卡方交叉检验

(奥运前 $n=200$;奥运后 $n=69$;单元格内数字为观测频次/观测频次百分比)

变体	时间	错误/未填	接近	正确	$x^2(df)$
美国黑人英语	奥运前	138/69%	59/29.5%	3/1.5%	5.515(2)
	奥运后	37/53.6%	31/44.9%	1/1.4%	
英国英语	奥运前	100/50%	0/0%	100/50%	1.825(1)
	奥运后	28/40.6%	0/0%	41/59.4%	
中国英语	奥运前	50/25%	14/7%	136/68%	5.422(2)
	奥运后	21/30.4%	0/0%	48/69.6%	
印度英语	奥运前	149/74.5%	3/1.5%	48/24%	0.657(2)
	奥运后	52/75.4%	2/2.9%	15/21.7%	
美国英语	奥运前	95/47.5%	4/2%	101/50.5%	1.160(2)
	奥运后	31/44.9%	3/4.3%	35/50.7%	

注:对应于五个选项,"正确"答案分别指"中国人""美国(白)人""印度人""美国黑人"和"英国人"。"接近"对中国英语指"东亚""亚洲",对美国英语指"北美",对印度英语指"南亚""亚洲",对美国黑人英语指"美国""北美"。"错误"指的是与上述两类答案相左的答案。

其中,近七成的被试能够辨认出中国英语,他们经常能从所在群体成员中听到这种变体,而且他们很多人也是这种英语变体的使用者,因而比较熟悉。但是,仍有约三成的研究对象在本项填写了错误的答案,误以为

朗读者来自某个本族语为英语或非英语的其他国家或地区,如美国、英国、加拿大、澳大利亚、新西兰、爱尔兰、日本、俄罗斯、德国、挪威、意大利、荷兰、韩国、南美等。

奥运前、后均有接近半数或更多的研究对象能够成功辨别出英国英语、美国英语,这与这两种本族语变体在中国的流行应有密切联系。我国的英语教育长期以来将英国英语视为唯一的"标准英语",英语视听说材料大多力求以纯正的英国英语来发音,因此学生们普遍对这种变体比较了解。近十多年来,美国英语逐渐成为与英国英语匹敌的语言教育目标,大量音像教材和教辅材料都使用美国英语。美剧和大众传媒等流行文化载体,也为学生接触美语提供了大量机会,使相当一部分学生较为熟悉美语的特征,并能够将其与英国英语区分开来。有关这两个变体的错误答案范围较小,英国英语的错误答案基本为西欧、北欧国家、澳大利亚、美国、加拿大;美国英语的错误答案基本限于加拿大、澳大利亚,以及一些欧洲国家,如德国、瑞典。

对于印度英语和美国黑人英语的正确识别率较低,分别为奥运前的24.0%和1.5%,以及奥运后的21.7%和1.4%。志愿者对印度英语发音人背景的猜测则相当分散,包括了欧洲、亚洲、非洲和美洲的各个国家;美国、法国、德国、英国、俄罗斯、澳大利亚、加拿大、瑞士、芬兰、挪威、西班牙、意大利、捷克、俄罗斯、巴西、智利、墨西哥、委内瑞拉、日本、韩国、马来西亚、越南、菲律宾、伊拉克、埃及等。这说明志愿者对印度英语的了解非常有限,很多人纯粹只是随机猜测。因此,相当一部分志愿者认为听到的印度英语可能是某种不具体的"非标准英语变体";对于美国黑人英语,奥运前、后分别有约三成和四成的研究对象答案接近正确,认为发音人来自美国或北美,可能是将其混同于一般美国英语,但大部分研究对象给出了错误答案,包括德国、英国、西班牙、法国、荷兰、爱尔兰、挪威、奥地利、以色列、澳大利亚、新西兰、日本、韩国、巴西、中国、新加坡、菲律宾、印度、波多黎各、墨西哥。这说明中国学生虽然知道美国黑人英语相对美国英语有着鲜明的特点,但是他们对这种变体的特点并不了解。他们听到的美国黑人英语有可能与美国英语没有明显区别,或者是某种未知的"非标准英语变体"。因此,后文对于这两种变体在语义区分量表上的打分需在此基础上谨慎解读,不宜作为对确切变体的态度。

2.2.1.2 志愿者在奥运前、后对五种世界英语的态度比较分析

图 2-1 显示了奥运前、后测试中研究对象对各英语变体的总体评价,即每个变体在四个维度上的均值总和。奥运前美国英语和英国英语得分明显高于其他变体;中国英语、美国黑人英语和印度英语得分明显低于英、美英语。t 检验结果显示(表 2-7),奥运后美国英语和英国英语的得分明显高于美国黑人英语、中国英语和印度英语。相比奥运前的测试,英国英语、美国黑人英语的评价有显著上升,其他变体的总体评分有显著下降。各变体的均值排序与奥运前相似,美国英语的评价落到了英国英语之后;中国英语的评价落到了美国黑人英语之后。

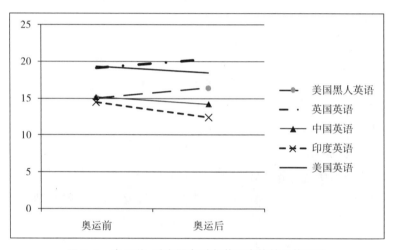

图 2-1 奥运前、后志愿者对各英语变体的总体评价

表 2-7 奥运前、后志愿者对五种英语变体的总评比较

变体	奥运前($n=200$)		奥运后($n=69$)		总值差	$t(267)$
	总值	标准差	总值	标准差		
美国英语	19.37	2.84	18.45	2.99	0.918	2.287*
英国英语	19.08	2.57	20.34	2.94	-1.257	-3.377***
中国英语	15.19	2.53	14.23	2.56	0.959	2.707**
美国黑人英语	15.03	2.31	16.42	2.89	-1.395	3.626***
印度英语	14.47	2.45	12.41	3.12	2.054	4.969***

*$p \leq 0.05$;**$p \leq 0.01$;***$p \leq 0.001$。余表同。

奥运后测试的总体评分普遍有所下降,可能是由于历经数月的测试赛,奥运会和残奥会的高强度活动,大学生们比较疲惫,对英语的热情和兴趣也有所下降。然而与奥运前相比,英、美变体地位高于其他变体趋势没有变,语言态度的保守趋势没有变。英国英语的评价在奥运后有所上升,有可能说明对此"标准变体"刻板印象的强化。美国黑人英语的评分尽管在奥运后比奥运前有显著上升,但表 2-6 显示大部分志愿者误把美国黑人英语归为美国英语,所以美国黑人英语的评分提高并不能说明志愿者对该变体的态度有所改进。

下面来分别看看四个维度评价的活动前、后比较。

在地位维度(图 2-2、表 2-8),英国英语的评价在奥运后相比奥运前有显著上升;中国英语的评价也有显著上升。印度英语的评价在奥运后比起奥运前有显著下降。美国英语、美国黑人英语的评价没有显著变化。

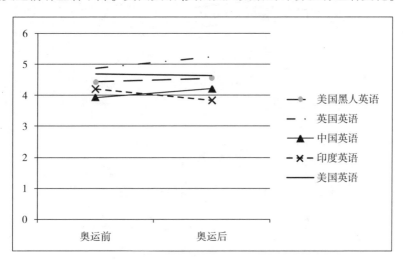

图 2-2　奥运前、后志愿者对各英语变体地位的评价

表 2-8　奥运前、后志愿者对各英语变体地位的评价比较

变体	奥运前(n=200)		奥运后(n=69)		总值差	t(267)
	总值	标准差	总值	标准差		
美国英语	4.69	0.86	4.65	0.82	0.035	0.298
英国英语	4.88	0.92	5.26	1.03	-0.374	-2.816**
中国英语	3.94	0.83	4.22	0.96	-0.277	-2.303*

（续表）

变体	奥运前(n=200)		奥运后(n=69)		总值差	t(267)
	总值	标准差	总值	标准差		
美国黑人英语	4.44	0.95	4.56	0.85	-0.127	-0.976
印度英语	4.21	0.90	3.85	1.08	0.357	2.693**

在亲和力维度(图2-3、表2-9)，美国英语、中国英语、印度英语的评价在奥运后都比奥运前有显著下降。美国黑人英语的评价有显著上升。英国英语的评价没有显著变化。

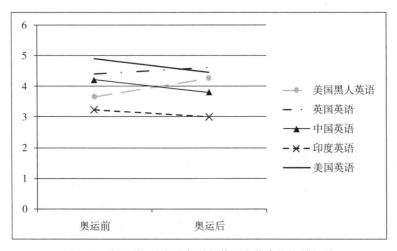

图2-3　奥运前、后志愿者对各英语变体亲和力的评价

表2-9　奥运前、后志愿者对各英语变体亲和力的评价比较

变体	奥运前(n=200)		奥运后(n=69)		总值差	t(267)
	总值	标准差	总值	标准差		
美国英语	4.91	0.86	4.46	0.93	0.451	3.663***
英国英语	4.40	0.88	4.61	1.00	-0.210	-1.652
中国英语	4.22	0.89	3.81	0.84	0.415	3.386***
美国黑人英语	3.66	0.93	4.27	1.01	-0.608	-4.586***
印度英语	3.25	0.85	3.00	0.86	0.248	2.084*

在一般能力维度(图2-4、表2-10),英国英语的评价有显著上升。印度英语的评价奥运后比奥运前有显著下降。其他变体的评价无显著变化。

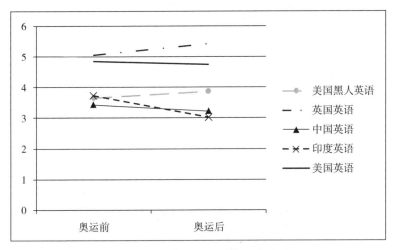

图2-4 奥运前、后志愿者对各英语变体一般能力的评价

表2-10 奥运前、后志愿者对各英语变体一般能力的评价比较

变体	奥运前($n=200$)		奥运后($n=69$)		总值差	$t(267)$
	总值	标准差	总值	标准差		
美国英语	4.85	0.90	4.75	0.94	0.100	0.788
英国英语	5.06	0.94	5.43	0.84	-0.376	-2.937**
中国英语	3.45	0.88	3.24	1.04	0.209	1.619
美国黑人英语	3.66	0.98	3.88	1.02	-0.228	-1.653
印度英语	3.74	1.10	3.04	1.19	0.697	4.432***

在运动能力维度(图2-5、表2-11),英国英语、美国黑人英语的评价在奥运后比奥运前有显著上升。中国英语、美国英语、印度英语的评价有显著下降。

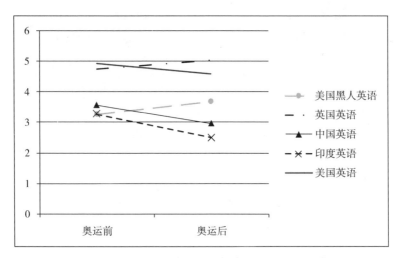

图 2-5　奥运前、后志愿者对各英语变体运动能力的评价

表 2-11　奥运前、后志愿者对各英语变体运动能力的评价比较

变体	奥运前($n=200$)		奥运后($n=69$)		总值差	$t(267)$
	总值	标准差	总值	标准差		
美国英语	4.93	0.99	4.59	0.93	0.332	2.432*
英国英语	4.74	0.90	5.04	0.87	-0.297	-2.388*
中国英语	3.58	0.96	2.97	0.88	0.613	4.684***
美国黑人英语	3.27	0.93	3.70	1.06	-0.433	-3.226***
印度英语	3.28	0.99	2.52	0.89	0.753	5.582***

综合以上主观反应测试的定量数据来看，或许可以尝试做出以下解读。首先，各变体的总分评价与各维度的评价差别不太大；特殊能力也似乎没有能够将被公认擅长运动的黑人群体定型区分出来。结合识别度的有限程度来看，学生对于语言的刻板印象可能还是很粗浅的，并没有细致复杂到能够清晰区分各维度的程度。又或者，在这种情况下，语言态度具有某种晕轮效应，即一好百好，一坏百坏。其次，奥运会后的评价比奥运会前有普遍下降，这可能是因为学生第二次做时减少了新鲜感，有所敷衍，这种兴趣的下降也影响到了变体的评分。即便如此，我们仍然可以看到一些态度的整体状况和变化。

就总分评价和各维度评价的整体状况而言,英国英语、美国英语这两个"标准变体",在奥运前和奥运后相对其他变体都占有明显的优势。中国英语基本上与印度英语、美国黑人英语这两个"非标准变体"处于相近水平,即便在过往研究中显示本土变体认同较高的亲和力维度,也没有突出的优势。也就是说,奥运志愿者对英语变体的态度是相当保守的,给予"标准变体"高评价,"非标准变体"低评价,自己本土的英语变体也不例外。

就奥运前后的变化而言,在识别度相对很高的变体中,英国英语在总体评价和三个维度上都有显著的评价上升,仅在亲和力的评价上没有变化。这似乎显示,对于这一"标准英语"变体的正面刻板印象加强了。与此相联系的是,对印度英语的总分和所有维度的评分都有显著下降。即便学生并未识别这是印度英语,而只是把它作为他们熟悉的英、美之外的"非标准英语"变体,那么也似乎可以看到,在奥运之后,对其的负面刻板印象加强了。

志愿者对中国英语态度的变化是比较有趣而复杂的。奥运之后,中国英语在总分和多数维度上的评价有所下降,但是在地位维度上的评价有所上升。也就是说,通过奥运会,志愿者整体上更加不认同中国英语,但对其社会地位变得更加认可。这一矛盾性究竟是怎样的,还需结合后文的质的材料进一步思考。

2.2.2 质的材料呈现的语言态度及变化

2.2.2.1 奥运前的英语变体接触及态度:定型明显

定量数据呈现了一些趋势,不过在个人层面这些趋势是如何体现的,以及群体内部个体之间的差异是怎样的,可以通过以访谈为主的质的材料来理解。奥运访谈内容的范围比定量部分更为宽泛,涉及的世界英语变体不局限于主观反应测试中选用的五种变体,而是包括了访谈对象提及的所有变体。奥运前的访谈还较多涉及学生接触英语变体的渠道,对不同变体的了解。

奥运前访谈结果显示,在过往英语学习和跨文化交际经历方面,奥运学生志愿者的接触渠道主要包括课堂、媒体(包括看美剧、听唱歌曲等)、与外国人的实际接触。前两种渠道最常用,与外国人的接触较有限,而且多局限于英语本族语者。

一些志愿者在访谈中表示,能从感觉上模糊地辨别"标准英语"与"非

标准英语":

> 我能够感觉出标准的发音是什么样的。(Tang[①])

也有一部分学生能够识别美国黑人英语,特别是与特殊的使用场景联系起来:

> 不看电视,听听力就能听出来,好像就是 Rap 那种感觉。(WW)

印度英语不常被提到,在交流中遇到时也难听懂:

> 学校有一个板球协会,里面有一些印度的、南非的、斯里兰卡的[成员]。平时他们内部人交流的时候就基本上用英语……我们在旁边基本上是听不懂,特别是印度和斯里兰卡的,鼻音非常重。有一次我在旁边听他们讲了十多分钟,就听到一个"May I join you",就这么一句,其他的什么也听不懂。(Xiao)

在这种情况下,访谈对本族和非本族英语变体态度也截然不同。他们往往用"标准""纯正""正宗"等词汇来评价"内圈"变体,似乎在潜意识中将各种英语变体都归入了两个范畴,"内圈"变体为一个范畴,"外圈"和"扩展圈"变体为另一范畴,划分的标准即英语是否为本族语。在"内圈"变体中,访谈对象最为熟悉的莫过于美国英语和英国英语,大多也能区别两种变体的不同。

> 我始终觉得美音随意、流畅、好听。(Sun)
> 我总感觉英式的有点庄严……不活泼。(Chi)

对于英国英语和美国英语的认可度和评价较其他变体是最高的:

> 我还是比较喜欢英式发音或美式发音,听上去比较舒服。(Sophie)

这种偏好有时与名人崇拜联系在一起:

> 去年年末的时候英国首相到人大来……他一拿麦克一发音就震撼全场,那种口音啊真的觉得说英语是一种享受。(Tang)

[①] 本章提及的所有访谈对象均为化名。

有时则是纯"工具性"的:

> 美音是现在世界上最有影响力的语言。实际地说,将来打交道的,其实就是世界第一强国美国。中国人想要做强,做老大,就要和现有老大博弈。这就是实际的世界啊,谁强学谁的,这就是我学美音的原因。(Sun)

这些结果也与定量研究的发现相符,即对五种变体中的美国、英国英语评价最高。同时,英国英语与美国英语的差异,主要是美国英语在"亲和力"范畴上较高,这也符合传统的"美国人随和""英国人严肃"的刻板印象。

对英、美之外的变体,志愿者表现出排斥态度:

> 前一段有一个联合国副秘书长来我们学校演讲,我是电视台的我去采访。传说他是前智利总统,(现在是)联合国副秘书长主持奥林匹克工作的,过去一口伊拉克味儿。反正一口伊拉克味儿,哒哒哒的。……要是他本人身上的口音和他所承载的文化价值符号不同,我也觉得会带来一定落差。这个他本身是个很高级的官员,我们都期望他英语说得非常溜,美音很标准,表达也很优秀。如果他语音上不过关,我们就觉得……(Sun)

可以看出,这位志愿者似乎已把国际高级官员的身份和说"标准"美音能力等同,因此对这位高级官员使用的特殊英语变体持批判态度。不过,大多数时候对"标准英语"的认同主要只是体现出这些大学生志愿者对英语作为一种工具的价值认同:

> 这种语言到现在已经被泛化和符号化了,它已经不是它个人的语言了。就比如说我现在有中式英语也好,英国英语也好,美式英语也好,印度英语也好,这已经不是它英国人、美国人的一个问题了,一个国家的问题了。它能够语言泛化,它能够工具化,能够被我们所利用,为什么要劳神劳力地把它换成很多很多种另外的语言呢?(Sun)

> 走向世界的必备工具。(Shirley)

对于"非标准变体",即使是英、美英语的地方或者民族方言,如美国黑人英语虽然是美国英语的一种社会方言,志愿者对其态度也比较负面:

> 黑人英语不是特别悦耳,用我们那儿的话说感觉就是瓮声瓮气的,很不清楚,嗡嗡嗡那样的。(DC)

在所有访谈对象中,只有两位明确表示比较喜欢黑人英语,原因都是对美国黑人 Rap 音乐比较感兴趣。然而其中一位也承认:

> 我也不敢经常听,你听多了就会那样……我不太想说成那样。(Elaine)

虽然喜欢,但不敢模仿,这种对美国黑人英语微妙的负面情绪在一定程度上有助于解释定量研究中该变体得到的较低评价。还有一位访谈对象提及:

> 我有一个外教是美国的,他是芝加哥的一个小伙子,上课的时候经常会说一些他们芝加哥的方言,说着说着就说到他们那种感受了,听起来挺逗的。(LJ)

但当问及这名外教平时是否用芝加哥方言与学生交流时,这位志愿者的反应是:

> 不,他教我们口语,他不能这样 mislead。

以上材料显示了权力对语言态度的影响。即,相关群体的政治经济地位高,学习者对其语言变体的认同也高——或是理智与情感结合的崇拜,或仅是理智上工具性、策略性的选择。不过,也有志愿者表现出对非英、美变体的宽容,肯定其交流优势:

> 英、美人会说得很快,一下子就过去了,有时候就反应不过来,即使是很简单的单词也不知道在说什么。像韩国那边的人,虽然印象中他们的英语说得很不好,但是实际上反而交流起来更加容易一些……因为他们会说得慢一点,把每个单词都发清楚,而且大家可能水平也都差不多,都用一些简单的词语。所以可能在交流的时候,都是把英语作为第二语言的人可能交流上反而会更有利一些。(Sophie)

在主观反应测试中,志愿者对中国英语的评价明显低于英、美英语,仅在亲和力上接近英国英语。这一结果有别于以往研究的发现,即对本土变体或带有本土口音的"标准变体"的评价,在亲和力方面高于"标准变体"

(如高一虹等,1998;王志欣、王京,2004)。访谈中,志愿者也表达了对中国英语特征的认识以及间接或直接的负面印象:

> 一句话说出来是平的,然后没有声调高低啊,也没有单词重音啊,就是这样完全是一句话平的这样说完。(Tang)
> 就是一个词一个词地没有连读。(Ling)
> 语感还是有一些差距,他不知道什么地方能转一下,能起伏一下,所以就一个调下来。……你感觉他就是很平,听着听着就睡着了。(DC)

一些人认为应坚持英、美英语标准,否定中国英语:

> 我觉得中国人如果特别想展示自己,那就说汉语。如果你想说英语就是想和英、美人交流,或者是和说这种语言的人交流,那最好还是运用这个工具就运用得地道一点。(Ling)
> 中国人说英语受自己那个地方方言影响……如果你普通话说得不标准,那你英语也说得不标准。(Elaine)

与此同时,民族认同更多地体现在对母语的认同而非对中国英语的认同上。

> 你越学有没有越觉得中文博大精深?……我也是,越学越觉得汉语太牛了。(Shirley)
> 我觉得再怎么说,自己家的东西还是比较好的,再怎么说我还是中国人是吧。虽然现在越来越国际化,但是不要忘记自己身上的这份中国人的血统吧。首先是这一点。第二点就是我觉得中国的文字真的是很奇妙的,真的是很瑰丽的那种,然后很多意思就是英文表达不出来的。(Chi)

但也有些相当一部分人表示,英语的作用是交流,不必拘泥于固定标准:

> 对于多数人来说,学英语的关键是为了交流,只要清楚地表达就行了。(ZN)
> 我们不仅应该听标准的(变体),有时也应听听非标准的。(LK)
> 保持自己的特点是件好事。(LJ)
> 上"澳大利亚概况"的时候,老师当时讲关于语言方面的问题,第

一节课他就问我们一个问题,同学们你们认为澳大利亚人说的英语好不好?基本上大家都说不好,大家都知道有口音嘛。然后他就说,澳大利亚人说的英语非常好,说的是非常地道的英语,只不过带口音。当时听到那句话,我觉得整个把我以前那些想法全部都改掉了。我觉得你说出来英语其实都是很好的,日本人也好,中国人也好,澳大利亚、加拿大、哪儿人说都好,我觉得说得都挺好的,只不过你带点口音而已。(Elaine)

她因此得出的结论是:

中国学生说英语的时候得有那个自信。你说点什么东西、有点实质,这才是最重要的。(Elaine)

不过,对于中国英语可以接受的看法,有时是基于与其他"非标准变体"的比较,其标准仍然是英、美变体:

中国英语要比印度英语好。(YFT)

相对来说比较好的。(Yu)

奥运前的研究结果发现,志愿者对不同变体的态度大致基于以下标准:(1)本族语比非本族语变体获得的评价更高。(2)对容易听懂的变体评价更高,其中能否听懂既有熟悉程度的问题,也有努力程度的问题。(3)该变体所属国家在世界上的地位,如美国英语的流行得益于美国的强大实力。也有少数志愿者表示,随着中国的崛起,中国英语理应在世界上得到更多的承认。(4)许多访谈对象往往从英语本族语者的角度出发,以英国或美国英语作为心中的那杆秤,来衡量其他变体与标准的差距,中国英语也不例外。

2.2.2.2 奥运中的态度:定型的削弱、维持和强化

◇"听不懂"的交流障碍

奥运期间的访谈较多聚焦于志愿者使用英语在跨文化交流中的经历,包括相关挑战及应对方式、其中蕴涵的态度以及可能发生的变化。

许多访谈对象表示,与讲美国英语的人交流顺畅,但对不同的英语口音不适应,特别是刚开始时经常听不懂:

跟英语国家的人交流比较顺畅,特别是美国人。(YY)

跟美国人交流最好,没有瑕疵。……其他国家的人,他们说的我能知道他表达什么意思,但不能保证很确切。(MMW)

澳大利亚口音听不大懂。昨天那个澳大利亚人要找人,他把儿音多吞了,her,还有语调,expectation,听着比较费劲。(XYS)

日本、韩国的英语比较难懂,俄罗斯也不怎么样。(KZ)

对英语变体有限的识别能力,影响了交流的精确性和效率:

阿拉伯味道的英语非常难懂。我跟一埃及运动员交流,他说了一长串,跟我搭档的是外语院校英语系的,我俩都没听懂,还以为他是在说阿拉伯语。我跟他说:"能不能说英语?"他说:"I am speaking English."这个我听懂了,比较尴尬。当时也没再继续追问他前面讲了什么了,放弃了。(YTZ)

一次我陪一个加拿大观众去存包,听他说英语特别舒服。……还有一次一个日本观众,带了一些化妆品不能带入场馆,也是我陪她出去存的。我说的英语她没听懂,回答的完全不是相关话题,她说的我也听不懂。后来我就转换话题了。(YLL)

我不知道他是哪个国家的,反正是一个黑人,语音非常的奇怪,就听不懂,描述半天就不懂,然后大概知道他说交通吧,我就说交通啊,就赶紧指那边去了,就非常听不懂。就语音完全不知所云的那种。(YYQ)

有一个塞尔维亚人,英语说得狂差。有一天很热,他冲进来问"delaning hall",我跟交通(志愿者)站在那里都傻了,因为从来没有听过。他还没等我们反应,就直接冲出去了,一身是汗啊外面大太阳的,就往媒体入口那里站着摇来摆去的,我感觉他还在问"delaning hall",不久那个大胖子不见了,我以为他昏倒了。后来想可能是"training hall"。(Annie)

"可懂性"并非纯客观的语言变体特性,而是外在特征与交流意愿、态度和能力的互动结果。如果听者保持开放,语言可能会显得更"顺畅",如果单方面地认为是对方英语说得不好,或怀疑对方的交际意愿,语言可能会更"难懂"。从上述材料中还可看出,这些志愿者在语言交流出现障碍的情况下,较多外归因,对自己方面可能的问题缺少反思,经常缺少积极补偿策略,容易过早放弃交流。因此,在跨文化交流中个人的成长和收获也较有限。

奥运服务中失败的交流经历,无论是自己还是对方造成的失败,都可能加强志愿者对世界英语的负面印象。例如,在奥运中小组访谈中,两名在同一地点工作、主要负责引领观众对号就座的志愿者有如下一番对话:

　　Annie:意大利人说的英语基本听不懂。他们说了一个词又不是法语又不是英语,我就在那里想了半天,后来想可能是想去休息室……意大利人最后残奥会挺多的,(我们)完全不跟他们沟通,完全不能跟他们解释不能坐哪里,最后还不如让他们坐那里看比赛呢。

　　Daisy:我觉得他们是故意的。

下面的例子是一次更加严重的交流失误:

　　我们这次见到的这个裁判员呢,他可能是国际比赛经历相对比较丰富,发出来的音能懂,但是英语作为一门工具他还没有运用得很成熟,于是导致了这么一个笑话。有一天那个日本裁判员来到休息室里,看到了桌上的一摞文件他想拿走,这都是事后我们知道的。当初呢我站在那儿,那个日本人进来盯着那个文件,然后跟另一个裁判员说了一些话,那个裁判员没懂,那个被说话的人是中国人,他就让我过去当他的翻译。我就过去听,他的意思好像是要把文件拿走,我就跟他说可以拿走,他有点听不懂我说的,我说得很慢很慢。这个时候我跟他说了一句话,就是在后门上贴着比赛结束以后的航班信息,如果你没看的话去看一眼。他们比赛结束的话回日本航班信息有。我在说那些一长串话里,很慢很慢,他只听懂了"后门"的"后"字,"back",然后一下子就特紧张,他很生气,就特紧张,好像是刚才说得好好的我可以拿走,怎么又要我拿回来。他就站在那里拿着那摞文件不走,就要我给他一个肯定的答复,到底能不能拿走。然后我就慢慢地把航班信息的那句话又说了一遍,他又没有懂,又听见了 back,然后我就想,哎呀,真是不好办。这个时候那个中国的裁判员呢就问我他是不是想复印,然后我想这个文件本来是裁判员休息室的,拿走是可以的,但如果他复印之后拿回来那更好啊。然后我就对那个中国的裁判员说他就是要复印,那个中国的裁判员于是推推搡搡地把他带出裁判员休息室,带他复印去了。然后这事儿就算解决了,但是从这件事儿来看,我跟那个日本裁判员在用英语交流上特别不成功,就是我想传达给他的信息他最后没有去看那个航班信息。最后我说他不用拿回来,他又去复印了,又给他增加了工作量,并且他可以早几秒钟离开那个休息室,并且让他紧张了一下。(ZY)

从这位志愿者的描述看来,此次交流困难似乎源于他在交流中增加了一些额外却不必要的信息,导致了对方的困惑。他自己对此有所遗憾和歉疚,但把这次交流的不成功主要归结为对方的语言能力——"英语作为一门工具他还没有运用得很成熟"。像这样的例子在北京奥运期间经常上演,交流上的困难甚至是不愉快,使得不少志愿者对使用世界英语进行国际交流持保留态度,甚至认为英语变体多样性会影响国际交流的有效性。

◇交流的改善和定型的削弱

与此同时,另一些志愿者在与持不同英语口音的来宾的交流过程中,从听不懂到基本听得懂,达到基本有效的交流。这一方面是自然适应的过程,另一方面志愿者也付出了努力,主动调整心态和交流策略:

> 我们听起来最费力的是日本人、西班牙人,还有些非洲国家的人说英语听起来相当费劲。还好,刚开始可能说一句能听懂三分之一句,后来差不多大概都能懂。(LY)

> 印度人的英语就说得特别快,可能我觉得主要是语速的问题,但是语音的问题,听久了就没有问题的。(CH)

> (遇到听不懂的情况)着急是肯定的。我首先会觉得是自己的问题,怎么听不懂人家,就更认真地去听。(XYS)

他们的语言标准观也变得更多元,负面文化定型有所削弱,交流成为可享受的经历:

> 我原先觉得德国人比较死板嘛,就跟你说话什么的,他话比较少,不是很主动。而在这里我发现他们都挺好的。(ZYB)

> 他发音乍一听就觉得蛮奇怪的,但是想一想……你不能说人家的口音就不好。(YFT)

> 最好你跟澳大利亚人说话用澳大利亚英语,跟美国人说话用美国英语,这样毕竟交流起来会有亲切感。(CH)

> 语言都没有障碍以后,就会感觉很 smooth,非常美妙的一个经历。
> (Ted)

这些志愿者没有用刻板的文化定型去看所有群体成员,对自己原有的文化定型在交流过程中有所修正,或对自己的态度、问题的外归因有所觉察和反思,或呈现了多元英语变体使用者的理想认同。他们能够享受障碍的消除。

不少志愿者通过奥运期间的国际交流增强了对世界英语的认同,不仅能够客观描述不同英语变体,而且还意识到不同变体英语对于国际交流的重要性等等。志愿者的跨文化交流能力也随之增强。如两位负责医疗服务的志愿者在奥运期间的访谈中提到:

> 我口语不是很好,但通过奥运,英语提高了不少。中学英语学的交际英语,客套的话,上一句是什么,下一句接什么,比较死板,到后来也忘得差不多了。现实不一定那个样子。现在在实际交流中,能听懂也能表达明白。奥运会许多国家都来,他们的英语不一定都是英国或者美国的模式,大家都是用英语作为一个工具来交流沟通。这个经历对我的语言学习有很大帮助。……奥运服务,自己的英语专业词汇相比语言服务的更有优势,但公共英语方面差距很多,比如衣服裤子等,跟我们学习的不一样,理解不了。各国都有自己的说法。那天有个裁判,忘了是哪里的,问我哪里可以改裤子瘦一些,当时我没明白那个词,是裤子,不是 Trousers,到现在我也没记住,当时他通过笔画我就明白意思了,后来我问一个大夫,他说 Trousers 是很正统的词,[另一个词]好像是 P 打头的(GMC:是不是 pants? WMM:好像是)。专业词汇跟队医交流还可以,队员也听不懂。跟中国人说专业医学词汇,人家可能也不懂。重要的还是公共英语这块。(WMM)

> 印度人的舌音很重,所以就边说边猜。其实碰到那些口音很重的人,当我们听不懂的时候,一般来说他们可以听懂我们的英语。所以我们就从听他们说改成由我们来问,我们用一些很简单的问题来跟他们交流,通过抓住一些小细节来判断他们的情况。因为我们都接受过很多系统的医学训练,有时候一看就知道是什么问题,或者通过一些简单的问题和细节的观察就能够找到问题。(GMC)

这两位志愿者很好地做到了在交流中调整自己的策略,并充分结合了自己的专业知识和能力,进而也提高了自己使用英语进行国际交流的能力。

◇定型的维持和强化

奥运经历并没有自然地使所有语言文化定型都发生变化。"标准"与"非标准"的二元对立、"好听"与"不好听"的区分,在奥运中访谈材料中与奥运前有相当的一致性:

我只能分辨出他们说得标准不标准。(WXD)

英式说出来感觉比较端庄正式一些吧,美式说起来感觉随便一点。(LY)

美国英语比较随意,听着顺。英国的比较优雅。我还是比较偏重美语。(MMW)

澳大利亚(英语)我觉得是最不好听的。(Ted)

如果说是印度啊或者哪儿的,那就差劲点。(HY)

在服务间隙,我们观察到志愿者有时会打趣地模仿"非标准英语"口音:

地点:主新闻中心语言服务台

在一个口音很重的记者向我们提了一个问题并且离开后,志愿者们开始讨论这段时间经历的不同英语口音。日语志愿者 GXF 模仿了日本人说"press kit"的发音,听起来特别像"press kito";意大利语志愿者 HY 模仿了西语和意大利语口音的"press kit",学得很像,大家都觉得很有意思。(林梦茜 8 月 18 日观察笔记)

对于各类口音,服务中的志愿者表达了鲜明的情感和态度倾向。虽然对于英、美音的偏好不一致,但对于其他英语变体的看法都比较负面:

XHZ:美国英语最好听,最滑,听着特别顺。最讨厌英音。

KS:我倒不觉得。

XHZ:英国人懒,发音拐拐的听着特别累。不标准。

KS:美国人才懒呢。

KR:葡萄牙人说英语特别脆,音节清楚,有时听着别扭。

XHZ:欧洲人不适合说英语,法国人说英语简直就是灾难。(高

—虹 8 月 22 日观察笔记及录音)

比起奥运前的材料,奥运中材料表现出更明显的语言定型和偏见。也许,志愿者的语言态度原本就偏向保守,这种倾向在奥运的实际交流情境中,特别是工作压力较大的情况下得以突显,也在更多实际接触后在感性层面变得具体鲜明了。但另一方面,打趣地模仿各变体、建立和强化定型,或许也是年轻学生学习认识变体的一种方式,一个较为初级的发展阶段。如一位志愿者所反思的:

(奥运会)确实让我见识了很多,各个国家各个地区的人。因为见那些人之前都是从其他地方得到的感觉,见识了之后,当然你会倾向于把他归为这个民族或这个国家的人的一个共性,但我也知道这也是我自己一个不完全的一个印象。(Ted)

要在有限的认知能力范围内,完成大量理解性的信息处理和交流回应,定型的存在有必然性,也有积极作用。但当事人需要有敏感的反思能力,时时意识到认知定型只是方便的工具,自己的印象可能是"不完全的",并不等于"事实"本身。如果这种反思能力较弱,就可能轻易地被定型所误导。

◇中国英语:想说爱你不容易

在奥运前的访谈中,志愿者在"理论性"地谈到中国英语时,不少人认为是可接受的。不过在奥运中,可能是出于工作环境对高效交流的要求,他们对中国英语的态度似更为否定:

不是理想模式,特别是浓重的中国口音。(LY)

我觉得学语言的要接近人家本土语言嘛,学得纯正一点,最好不要有中国口音。但是如果中国人强大到一定程度的话,他可能成为世界上说英语的一种强势的力量的话,变成一种中国口音倒可能也是一种特色。但现在可能远没有达到那个程度。(YFT)

它(中国英语)可能是一个理念吧,但是我觉得能不能实现,够呛。(ZYB)

有不少志愿者也表现出作为中国英语使用者的认同和优越感,但这种优越感往往是与其他"非标准变体"的比较而来的,其标准仍然是本族语变体:

（奥运使我）提高了说英语的自信心,感觉说得比不少外国人更好。(YTZ)

（中国人说的英语）其实挺好的,我觉得在亚洲最起码是数得上的,比如说日本、韩国都很难听。……可能本身这个汉语的难度在这里,然后大家本身对一个语言的这个掌控能力就会比其他的要强。(HY)

澳大利亚人,我听不懂他们说什么。他们听得懂我们,我们听不懂他们。那个意大利人说的英语我们也听不懂。……没有哪国人像中国人说英语这么好,中国人英语发音太棒了！(XHZ)

可见,无论是对中国英语的否定还是肯定,是下意识的情感靠拢还是有意识的工具性掌握,对英、美本族语变体一元标准的认同是一以贯之、根深蒂固的。这也从一个侧面说明,不同层面英语变体的平等地位难以人为创造。相关国家和地区在政治经济地位和权力上的差距,对英语学习者在态度上的"趋强"倾向有重要影响,奥运志愿者也不例外。另外,交流实践中的好恶感受,可能不同于理性层面的抽象态度。即便在抽象的理性层面认为中国英语是应该被接受的,其地位应该得到认可,但在交流过程中,仍然不觉得这是一种理想的变体。这也许可以从一个侧面解释,为何在奥运之后,对中国英语的总体评价有所下降;在各维度的评价有矛盾性——地位维度上升,其他三个维度下降。

2.2.2.3 奥运后的反思

奥运后的访谈主要聚焦于经历了奥运后对英语变体的了解、感受和态度,特别是可能发生的变化。志愿者在访谈中表现出的世界英语态度较为复杂,我们将其归为下面四类情况：

◇趋向开放的变化："增加了对不同英语变体的尊重"

不少志愿者表示,奥运经历使自己开始以更加开放的态度接受世界英语不同变体,特别是对英语交流的畏惧心理减少。

这次志愿中主要是碰到印度的、澳大利亚的英语,也碰到过日本英语。虽然一开始有点听不懂,但是很快就能习惯,所以现在在口译中碰到口音英语的情况,也会更加自信些。看法上,以前有的时候听到非标准英语,可能会觉得比较难听或者挺好笑的。现在想来,语言最大的作用是沟通,口音不是最重要的。在印度人听来,中国人的英

语也挺奇怪的。虽然这样说有点怪,不过可能是增加了对不同品种英语的尊重吧。(CH)

现在接触了原汁原味的英语,感受到了英语方言,反而觉得这样的英语才更真实。就像每一个中国人不能都说得跟央视播音员一样,真正生活中的英语是各式各样的……并不是像我们平时所听的那么标准,也就是都带着地方口音……第一次和外国人接触以后,和他聊过天以后,就发现不是那么神秘了,也不是那么紧张了,就心态平和了……比如说一种是阿拉伯英语,然后就他舌头会打转,我都不知道他在说什么,我就让他重复,但是我适应一两个句子以后就明白了。(Justin)

不仅如此,有些志愿者更是认识到了解不同英语变体的需要。

觉得不同的国家,人们的英语发音差得太多了,自己(以前)接触的都是比较正的音,口语化的东西接触得太少了些。现在想想其实每个国家说的英语可能语调啊,个别音发得不太正确,但如果平常自己积累得多,也是可以听懂的。(Meng)

实际交流中就会发现有些困难不是你能听懂标准语音就可以解决的,有的时候他们的语言确实需要去适应,而且不同地区的发音确实差很多,所以可能接触不同的人多一些,理解力也会提高吧。(Yao)

语言态度的开放对于志愿者更深入参与国际交流也起到了相当积极的影响。

我的英文没有想象中的那么糟,还可以跟大家沟通……我一开始接触他们[外国志愿者]之前,我就觉得外国志愿者怎么样,大家会不会不能沟通啊,我觉得很难想象。后来发现就很正常,没有什么,而且中英文都可以沟通。而且大家闲暇时间还都会玩杀人游戏。我之前可能觉得不可想象,这怎么能玩!后来发现也没有什么,差异也没有想象中那么严重,大家就坐在一起,很OK。(Sophie)

以上反馈也与奥运中的访谈材料相呼应。一部分有机会与不同国家来宾交流的志愿者在接触中增加了对不同英语变体的了解,同时语言态度也变得更加客观,学会尊重并积极适应不同口音。这也反过来促进他们更加自如地参与国际交流,从畏惧、担心变得自信、从容。

在对语言多元性的尊重增加的同时，志愿者还萌发了跨文化全球认同，其中有情感投入。下面的这位志愿者则更是以开放的交流心态充分地融入了他所服务的阿根廷代表团：

> 残奥的开、闭幕式，那个时候最能体现一个拉美国家的风格。本来外国人在我们眼里就挺热情奔放的那种，拉美人是在外国人里面更胜一筹的那类人，这点从他们开、闭幕式上的表现也看得出来。阿根廷人是从上大巴车开始，村里面路上从东排带到西，三、四排的车队，每个国家都在上车，但是据我观察阿根廷人上车以后反应特别热烈。车还没有开动，所有人就开始在车里面唱歌，拿着可以找到的一切东西敲，敲窗、敲车板，使劲地摇那个栏杆。闭幕式的时候车里有一个空桶，他就拿着那个塑料桶使劲地敲，就把他们所有的可能跟爱国有点关系的歌全都唱完之后就开始胡乱地唱那些小调，就是编他们队里的人和编我们志愿者。最后车开动的时候，那一路上，基本上我感觉那辆车快要被他们拆了，整个车这样晃，他们就在里面跳、拍打车壁，沿途的观众都在跟他们招手。进村了以后围栏外面的观众全都在鼓掌什么的，更进一步激发了他们的热情。我当时觉得其实挺激动的，就是觉得看到其他国家这么一个爱国的表现，特别激动，而且当时你觉得你是他们的一分子，他们就拉着你使劲地摇，要你跟他一块唱。其实就是觉得这个时候是最能体现一个奥运带给我快乐的时候，就是跟他们相处的快乐的时候。(WY)

全球认同的萌发并不意味着民族认同的削弱。奥运志愿者普遍表示民族认同感和自豪感大大增强，不仅仅因为奥运会这一国际体育盛事在北京召开，更是因为他们自己也参与其中，做出了一份贡献，成为中国文化的传播者。

> 这次奥运会，感觉作为中国人很自豪，最强烈的感觉是看开幕式的时候。我当时是和同学在北京饭店的 IOC 休息室看的，一共六七个同学。当时看升五星红旗，我们全体起立，大声唱中华人民共和国国歌。当时立刻，我激动得全身起鸡皮疙瘩，心跳加速。那一刻我们很多人真是真情领悟，中国真的太伟大了！我也接触了很多外国人，的确对奥运评价很高。(Ted)

当时看开幕式的时候,我当时就觉得,一方面我是中国人我很高兴;另外一方面我就觉得,我是奥运会主办方的一员……你会觉得你的劳动成果也被大家所承认,就是这样。(ZYB)

◇趋向保守的变化:"规范英语发音对于交流的确是一个非常重要的问题"

然而也有个别志愿者认为,通过奥运了解不同变体的英语,他们反而更坚信,在国际交流中只有参与者都使用"标准英语"口音才能达到理想的交流效果。

我觉得主流上还应该是英音或美音吧,或者是跟这两方面口音靠拢。(YFT)

我发现口音对于交流来说的确是一个非常重要的问题。在当奥运会志愿者前曾听说不同口音英语之间的差异,在实际交流中也真切地感受到了这种差异,尤其是对来自非英语国家的游客所操持的英语口音,如俄罗斯、马来西亚等。这些口音上的差异对交流的确造成了非常大的困难。规范英语发音对于交流的确是一个非常重要的问题……主要是抛弃母语的影响,还是要多听美式的或者英式的那种音,这个比较重要……所以我觉得咱们在英语教学里面应该也注重一下发音。(WXD)

上述第二位访谈对象是一位"标准英语"变体的坚定支持者,在奥运期间的访谈中他就表达过类似观点。奥运后他还担当了其他一些国际活动的志愿者,但所有这些经历不仅没有改变,反而强化了原有的态度。

这样的态度,似乎也呼应了定量结果的发现。即,奥运前呈现出的以英、美"标准变体"为中心的保守语言态度,在奥运后似有一定程度强化。

◇"没有很大的印象变化"

此外,还有志愿者的语言态度和对世界英语的了解没有发生显著的变化。

虽然奥运会接触了这些真实的英语,但是没有很大的印象变化。(ZYB)

我觉得奥运对于我这方面的想法没有影响,无论是正面的还是负面的。(Sue)

与奥运前相同,他们最为熟悉的依旧是英语本族语变体,奥运会经历并没有明显改变他们对其他国家变体的了解程度。

> 听他说话辨别不出来(哪个国家),但是能知道不是英语国家的。(Shirley)

> 英、美国家因为大家毕竟比较熟悉那个口音,所以听起来比较没有什么太大的困难……但是不是那种英语为母语的国家的人,他说的那个英语真是挺奇怪的。(Yao)

这种"标准/母语"与"非标准/非母语"的对立也印证了主观反应测试的发现,即前者的评价远高于后者。与奥运中访谈所显示的一样,这一观念影响了交流的顺利进行。

奥运交流的有限性也许能在一定程度解释奥运后的"没有很大的印象变化"。许多志愿者表示,奥运前期待能有许多国际交流机会,但实际上对有些岗位来说,交流机会和深度都很有限。

> 虽然我们是语言服务志愿者,但是我们场馆设了太多志愿者,所以基本上我们就干坐在那里,什么事情都没有,基本上没有接触什么外国人,也不用提供什么服务。(Elaine)

> 就没有跟一个外宾有固定的长时间的接触,他们一般都是光在贵宾区。来了之后可能跟每个志愿者交流大概一句话都到不了,而且基本上交流就停留在一个greeting,然后就过去了,除非是他有什么特殊的要求,但这种还是少数情况。(Yao)

以上说到的"没有变化",一方面是由于接触机会少,并没有增加对变体的了解;一方面是说在态度上,定型没有转变。例如对于"非标准变体"感觉"奇怪",在奥运前、中、后的访谈中都似乎是高频词,可见保守的语言态度的持久性。接触机会少可能是态度没有变化的原因之一,这同时可能也意味着,并没有深刻的关键事件或者来自外部的引导,促使志愿者去反思自己原有的定型。

与奥运前的访谈相似,民族认同感从语言上来说体现在中文而不是中国英语上,很少有志愿者认为中国英语对国际交流起到重要作用:

> 我觉得以后要宣传中国话,普通话就挺好的,把那英语去掉。(ZYB)

> 感觉很自豪的时候,是外国人会讲中文。我们西北门是工作人员入口,每天来安检的都是同一些人。有些外国人热情、活泼,比如有一个技术官员,用汉语说你好,谢谢,我爱中国,再见。虽然说得比较生硬,但是挺用心地说。听外国人讲自己的语言,感觉挺荣耀的。
>
> (ZK)

◇矛盾态度:抽象观念的肯定与对具体变体的否定

与奥运前、奥运中相似,志愿者对"非标准英语变体"的态度在不同层面存在矛盾。奥运后的访谈中,抽象的观念与对具体变体的态度之间矛盾较为突出。有的志愿者在访谈中有意无意地掩饰了自己的语言态度,大谈理论观念:

> 我对口音一直是没有任何偏见和要求。我觉得语言最重要的就是沟通,我觉得没有比较模仿一些什么美音好听啊、英音好听啊。我觉得你口音说得再地道,你讲的别人听不懂,那也没有意义。主要达到一个能沟通的目的,怎么样用最简单的方式把想表达的意思表达出来,然后别人又听得懂、说得很清楚,我觉得这个就是最好的英文。
>
> (Sophie)

尽管声称自己持中立的语言态度,但这位志愿者在描述接触过的英语变体(如相对英、美英语来说并不"标准"的澳大利亚英语)时,却使用了较为贬义的词汇:

> (澳大利亚)英语她们说的时候会注意说一些比较简单的东西,或者是不会把方言那么重地念出来,但还是听起来有怪怪的感觉。
>
> (Sophie)

下面这位访谈对象在奥运中、后的访谈中,竭力避免正面描述自己的语言态度,并通过大篇幅的理论性论述来表明他的客观态度:

> 我认为交流可以达到理解,但是无法达到理解力。理解力是顺利、成功交流的前提。理解力是在交流发生之前就存在于交流者身上的素质。有了理解力,才能有交流。求得理解是交流的诸种目的之一,因此交流在双方的理解力足够好的条件下就可以导致理解,反之可以导致误解。但是,交流无法达到理解力不意味着交流不能有助于

> 训练和提升理解力。我们可以通过交流锻炼自己与人沟通的能力，理解别人思想感情的能力，并把这种获得的能力应用于日后的交流场合中……（奥运）带来了一个机会用自己的英语服务不同国家的客人……现在我觉得其实有效的交流并不需要双方说同样品种的英语，而更多取决于双方是否具有良好的"理解力"。（ZY）

但是他马上又表达了自己在国际交流中的顾虑：

> 我感觉跟中国人交流的时候，我可以更自然一点，就是有些地方我可以表现得更自己一点。而跟外国人交流，在很多很多时候，因为我担心表现得过于自然会造成更大的文化冲突，所以会可以包装一些自己，让自己不太去更表现得像一个真实的自己……我觉得原因可能很多很多、很复杂，但是其中一条就是我担心，我们自然会有文化冲突，带给对方不愉快，也带给我不愉快。（ZY）

"更自然一点"，即他与中国人交流时更轻松，完全表现自己的本色；相反与外国人交流时，他会刻意展现自己好的一面。事实上这位访谈对象在奥运中就有几次与外国人产生交流冲突与误解，对象是来自日本和拉美国家的扩展圈英语使用者。同时，访谈中他也提到自己最喜欢"CNN 的女主播的声音"和"Discovery 里面那个男的[声音]"，说明他的行为与理论想法并不匹配，或者说，尽管他刻意掩饰自己的语言态度偏见，但这种偏见仍然对他顺利参与国际交流起了负面影响。

2.2.3 小结

质的研究材料支持并丰富了量的研究发现。奥运志愿者的语言态度总体而言趋向保守，认同英、美"标准变体"，对其他英语变体的辨识能力有限，对中国英语的态度比较矛盾。这种较为保守的态度与以往对大学生研究的发现基本一致。美、英的政治经济地位，对英语学习者的语言态度有重要影响。且由于奥运对服务人员的英语技能要求，志愿者向"标准"看齐的保守倾向可能更明显。在奥运实践中，志愿者有限的多元英语变体能力对交流有一定负面影响。奥运中及奥运后的材料与奥运前相比有较大一致性，显示语言态度的延续。与此同时，奥运中、奥运后的材料也显示了一些变化，既有朝向开放性、多元性的，也有朝向传统一元"标准"和语言文化定型的。尽管外在的现实经历有其影响，但个体之间还是有一定差异的,在缺少外在引导和干预的情况下,个体差异对语言态度的变化与否,朝向何方向变化起了较大作用。不过,这些差异的具体构成还有待今后的研究进一步探索。

大学生奥运志愿者的民族认同和国际认同呈现出了多样性。大多数志愿者的民族认同主要体现在对中文的认可和自豪感中,即使在奥运的国际性交流大背景下,依旧坚持用中文宣传中国文化的态度。志愿者们对世界英语的正面认同则基于工具性的价值判断,因为目前的国际交流不可避免地要使用英语,而且主要是所谓的"标准"英国英语和美国英语。因此,当志愿者在国际交流中遇到"非标准"英语使用者时,他们会倾向于将交流不顺利的责任归咎于对方,而忽略了自己作为一个英语的非本族语使用者的角色和责任。不过,也有志愿者在这种情况下能很好地调整自己作为交流一方的角色,使用各种方法策略来保证交流的顺利,在这个过程中他们自己的交流能力和国际认同也进一步增强。由此可见,在国际交流活动中,志愿者培训不能仅仅侧重语言能力的培养,引导他们树立正确的国际认同和民族认同也是一个重要的方面。

2.3 奥运志愿者口号变化与身份认同建构:民族志个案

前面两小节通过主观反应测试和访谈材料,呈现了奥运志愿者语言态度和跨文化意识的状况,反映的是样本的"面"。本小节以民族志的方式聚焦于一个事件的"点",报告某奥运场馆志愿者提出的英语口号及其变化,并由此分析其中体现的语言态度、跨文化意识、民族(国家)和国际身份认同的建构。因此,就内容范围而言,本小节比之前的某几个英语变体的态度比较更为宽泛。与前面小节的另一个不同点是,本小节的研究内容并非按预先设计采集材料,而是围绕奥运场馆中有关宣传标语的一个核心事件展开的。基于标语的变更和标语的创造、解读话语的分析,研究揭示了其中的跨文化志愿者的主要身份认同类型:保守的非言说者、爱国主义的言说者、共情的倾听者、反思的思考者。

2.3.1 研究背景、研究问题

事件概要:2008 年 4 月的奥运会测试赛期间,经理邀请学生志愿者提出自己的标语口号,展示在语言服务办公室的墙壁上。来自 B 大外国语学院的几位同学在墙上布置了一个英文标语:"We speak and the world will listen"(我们说,世界将倾听)。标语的基础是 B 大外国语学院学生设计的 T 恤"院衫"上的口号,原文是"We will speak and the world will listen"(我们将要言说,世界将会倾听);志愿者在奥运场馆墙壁展示的口号删掉了前半句中的"will"(将要),改成"We speak and the world will listen"(我们说,世界将倾听)。不过在奥运会开始前几天,在研究者之一(老师、伙伴志愿者)的委婉干预、志愿者协商后,这一标语被撤下。后来学生志愿者将其替换为该场馆服务涉及的若干语言/国家名称。奥运结束三个月后,学生在一堂英语课上对标语及其变化进行了讨论。

研究问题:大学生奥运志愿者在其提出的奥运标语以及相关话语中,想象、呈现和建构了什么样的身份认同?这些认同有否变化,有何变化?

2.3.2 研究方法

研究对象、研究过程

材料收集包括几个阶段:奥运会前培训(2008 年 7 月 24 日—8 月 7 日)、奥运会服务(2008 年 8 月 8—24 日)、奥运会后的反思(2008 年 12 月)。前两个阶段的研究对象是在某奥运场馆承担语言服务的 23 名大学生志愿者。除了他们之外,该场馆语言服务志愿者团队还包括一名外国学生志愿者和一名教师志愿者(研究者)。这些志愿者来自北京五所高校的外语和其他专业,提供 9 种语言的翻译服务。志愿者团队由两位年轻的专职经理带领,正经理是一位男性公务员,副经理是一位女性英语教师、翻译。

在奥运会前的培训和奥运会服务期间,研究者进行了参与式观察,每天记研究笔记(Research Journal, RJ)。其间就标语的提出,对四位研究对象做了结构式个别访谈,每次 15~20 分钟。在工作休息期间,还进行了一些机会访谈,并对工作环境拍了照片。

奥运会后阶段的研究对象为研究者所教英语选修课的 19 位学生,其中有八位奥运志愿者:两人为上述场馆团队的志愿者;两人在 2008 年 4 月奥运测试赛期间服务于同一团队,正式比赛时转至其他场馆;四人在其他场馆从事奥运会志愿者服务。这一阶段的研究材料为 50 分钟的课堂录音。

此外,还对设计了奥运会口号起源之T恤衫的学生进行了简短的电子邮件访谈,内容是口号的起源。所有研究对象均使用化名。

研究关系

师生。研究者高老师是一位中年女教授。奥运研究对象中有五位与高老师来自同一学校,其中三位曾在奥运会前选修过她的一门课程。年龄差异和预先就有的师生关系,使他们之间在初期有一些交流距离。学生志愿者在培训开始时对高老师很客气,有一位学生问她,与他们一起"干小杂活"是否感觉浪费时间。几天的全天相处之后,这种顾虑基本打消了,双方进入了伙伴志愿者为主的关系。

在奥运前夕,高老师介入了原标语口号的撤除。在这一具体事件中,其主要身份是更有经验、有一定权威性的跨文化交流学者、老师。奥运会后的材料采集是在课堂情境进行的,研究者与研究对象之间有明确的师生关系。

伙伴志愿者。为了融入学生志愿者,高老师在志愿者培训见面会的自我介绍时说,自己做志愿者已多年,一同工作的志愿者伙伴大多与在座同学年龄相当,自己很喜欢和他们一起工作的感觉。这是实际情况的陈述。高老师在英语口语和跨文化接触的某些方面,比学生志愿者有更多的经验;但在记背英语体育词汇、完成口译任务等许多方面,则是他们的学习伙伴和同事。在其他一些方面,高老师是新手,学生是更有经验的同行,尤其是之前就参加了场地测试赛的四位主要研究对象。有几位学生在志愿团队中担任领导角色,高老师是团队中的普通成员。总体而言,尽管学生志愿者一直沿用"高老师"的称呼(本小节也保留该称谓),但双方保持了较为平等、融洽的伙伴志愿者关系。

在志愿者的第一次团队见面会上,高老师口头介绍了要从事的研究,包括总体目标和方法,邀请在场的学生志愿者作为研究对象自愿参与。她明确了参与研究与志愿者评估或课程成绩无关,个人信息也不会被透露。所有学生志愿者都表示愿意参与研究。

2.3.3 研究结果

2.3.3.1 奥运会前的标语:"We speak and the world will listen"

墙上的标语及起源

高老师的研究笔记记录了奥运前培训时看到墙上标语(图2-6)时的

情景：

第一次进语言服务经理的办公室,经理指着墙上的一条标语对我说:"高老师,看着是不是很亲切?"他说的时候,表情和语气都透着一种自豪似的。我看了一下,那条颜色鲜艳字体活泼的标语是"We speak and the world will listen."我有点茫然,不知道亲切指的是什么。旁边的学生说,是 B 大外院的。我当时没听明白具体是哪来的,后来问学生才知道是"院衫"上的。(图 2-7)

在跨文化的情境中,这条标语看着有点扎眼。不知道为奥运做翻译的学生想表达什么?(RJ,2008 年 7 月 25 日)

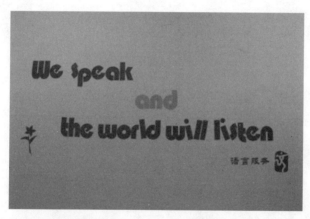

图 2-6　奥运场馆语言服务办公室墙上的标语,2008 年 4 月—7 月 27 日

学生志愿者制作的墙上标语是彩色纸张剪切粘贴的,有鲜明的色彩对比:"We speak"(我们说)是红色,"the world will listen"(世界将会倾听)是绿色,"and"(连接词)是黄色。这条标语有极强的民族认同或民族主义色彩,它将"我们"与"世界"对立起来,分配给前者"说"后者"听"的角色。这与奥运会的跨文化交流情境不一致,与"同一个世界,同一个梦想"(图 2-8)的官方奥运口号也不一致。这条很"扎眼"的标语引起了高老师的好奇,为了了解志愿者想要表达什么,决定对他们进行访谈。

排队吃饭的时候,丝丝说那个标语是最让他们感到骄傲的了。我跟几个 B 大学生了解了一下,他们都说是 4 月份测试赛的时候大家想的,活动结束时拿掉了,现在(7 月份)赛前培训又贴上了。

图 2-7　B 大外国语学院"院衫"

图 2-8　北京奥运会的官方标语

我跟研究合作者梦茜通话,发现主新闻中心那边居然也用了这条标语,且还在外国记者访谈时提了出来,尽管最终未被采用。(RJ,2008-7-26)

事后高老师找到设计 B 大外国语学院院衫(图 2-7)的学生,询问设计过程。她邮件回复说:

设计院衫正值我反复听 Robbie Williams 专辑之时。因为院衫背部设计是一个地球在呐喊,所以我一直在寻找 speak, yell, shout 之类的字眼,加上我一直想给外院一句充满霸气和朝气的 slogan,所以那句歌词(I will speak Hollywood will listen)很自然地就溜进了我的思路里。我把 I 改成 we 因为觉得这样更有号召力,而对于外院说,听众也从好莱坞变成全世界,所以在两处做了相应的修改。

提出墙上口号的奥运志愿者,似并不清楚 T 恤口号的英文流行歌曲由来。

志愿者的两极化释义

2008 年 7 月 26 日至 27 日,高老师对所在志愿团队到场参加培训的 B 大外国语学院学生进行了结构式访谈,请他们解释该口号的意义以及提出口号的意图。受访者包括:

- 李老大(李),女,英语专业三年级,性格外向活跃。场馆语言服务志愿组组长。
- 任老大(任),男,英语专业三年级,性格内向沉稳。来自农村,年纪比其他同学稍大。在志愿团队中负责后勤。
- 小敏(敏),女,英语专业三年级。
- 丝丝(丝),女,法语专业二年级。

访谈中研究者发现,小敏和丝丝对问题的回应与李老大基本一致,而任老大与他们的反应非常不同。也就是说,志愿者的观点呈两极化趋势。以下引文主要来自李老大和任老大:

◇在原来的院衫版本口号中,"我们"指的是谁?想表达什么?

李:指 B 大外院的学生,我们想喊出外院学生胸怀天下的气魄。也泛指全国学外语的人。

任:是指 B 大外院的学生。不包括老师,因为这个口号有激励学习的意思。刚听到这句话时,我扑哧笑了,觉得比较傲气,是个祈使句,自己说话让人家听,不大喜欢,因为从小被家长和老师教导不要骄傲。但我没有跟大家说,因为大家都认为这个好,自己也没认为很糟,我不自信,也想不出更好的口号。仔细想想,也可作为提醒,有世界在听,一定得把工作做好,这样就觉得可以接受。

◇在奥运会场景中,"我们"是指谁呢?想"说"什么?

　　李:是指语言服务志愿者。我们是想表达自己的思想。通过自己的语言能力影响世界,让世界都了解我们。这里想表达的是我们的胸怀和影响力。

　　任:是指语言志愿服务者。测试赛的时候没有国际志愿者,都是中国学生,所以没考虑外国志愿者的问题。翻译什么内容,就表达什么。当然我们也通过翻译表达的准确性等,传达我们的翻译质量。

◇"我们"是带着怎样的情感在"说"?

　　李:对国际文化传播的民族自豪感;对祖国的热爱、责任。

　　任:不涉及感情。

◇世界带着怎样的情感在听?

　　李:对中国抱着好奇、敬佩、崇敬的态度,想了解中国。

　　任:那要看针对什么问题,听的人原来对此有什么态度和倾向。

◇把标语贴上墙的时候,你看着它有怎样的感觉?

　　李:自豪。有B大外院学生的自豪,也有志愿者的自豪。很高兴,自己的文化挺先进,作为中国的志愿者壮怀激烈,自信、有魄力,满世界都在听我们。

　　任:原来的担心放下了一些。觉得作为提醒,这个口号现在是可以接受的。

◇在你看来,参加奥运的外国人看到这个标语,会有怎样的反应?

　　敏:应该是挑大拇指赞赏,认为我们有气势,让全世界倾听我们语言志愿者。测试赛时虽然没有外国团队,但有个外国的技术人员偶然闯入我们的办公室,看到标语很关注,很感兴趣的表情,我觉得他是被吸引了。

　　任:这不好说,要看具体的人。大多数人可能会感觉中国人傲气。可能会因此笑话我们。

并存的身份认同:言说者、非言说者、倾听者、反思者

在奥运前的志愿者标语中,"我们"是充满激情的言说者,与其对立的是谦卑聆听的"世界";信息的传播是单向的。此处志愿者的主要身份认同是爱国的中国人。李老大等在访谈中所述的"自豪"感受,是以极激昂的语调、很快的语速表达的。B大院衫上张大的嘴和发出声音的图案"☊"显示了大声言说的意义,而且也是单向的传播。作为英语(以及其他外语)的学习者,学生期望发出中国人自己的声音,期望这个声音被世界听到。

奥运志愿者的身份是包含在"中国人"的身份认同之中的,充满了自豪和荣耀感。研究观察也发现,志愿者受到国内媒体关注,这给他们同时带来了荣耀感和压力。奥运会前的培训期间,志愿者艳芹焦虑地问:"如果外国记者来采访,我们应该如何回应?"培训者是我国一位有奥运采访经历的资深记者,他回答说:"根据我的经验,你们被西方记者采访的可能性很小。如果你被采访,比较大可能是你做错了什么。不过中国记者倒是对访谈志愿者很感兴趣。"艳芹和其他志愿者事后抱怨说,她的问题没有得到回答(RJ,2008-7-29)。这一错位的交流揭示了有关"奥运志愿者"的心理形象差异:在培训者视野中,志愿者是服务者、仆人,因此是低调的倾听者;但在学生看来,志愿者是明星、被媒体追逐的言说者。

任老大关于言说者"傲气"的观点明显不同于主流。在他的话语中,隐约可看到一个不起眼、胆小的孩子,恭敬地听着父母和老师的教导。他满足于沉默的倾听,并不乐于接受言说者的身份。但同样是在任老大的话语中,可以辨识出一个敏感的倾听者和反思者,他能够换位思考,对民族主义表述的负面影响保持警觉。这一全球立场与爱国的中国人身份并不是对立的。在奥运服务中志愿者的失误,对国际客人的不敬,也将为中国的国家形象抹黑,民族和国际的身份认同是绑定的;对"他们"的冒犯,也是对"我们"面子的威胁。因此有"有世界在听,一定得把工作做好"的自我提醒。无论是保守、胆怯的非言说者,还是冷静的反思者,任老大这样的志愿者在奥运前是少数。他在日常生活中和受访时低沉的轻声细语,似也标志了非主流的身份。

2.3.3.2 奥运期间标语的更换——多语/多国名称

撤下原标语

奥运会前的调查中,高老师努力做到客观、中立,避免对调查对象施加影响。然而作为跨文化交际的教师,她内心相当焦虑和纠结,这是因为她认为学生在测试赛期间提出的标语带有很强的民族主义色彩,不适合奥运会举行期间的跨文化交际场景。离奥运会开幕的日子越来越近,各国代表队陆续到达场馆开始训练,标语直接暴露在国际客人面前的可能性越来越大。经过反复思考,她觉得自己的中立研究者身份需要让位于跨文化交际工作者的身份和责任。7月27日,在访谈完几位参与提出标语的学生之后,高老师向两位年轻经理分别表达了自己对标语不适宜性的担心。两位经理商议后,觉得她说的有道理,决定与学生商议取下标语。为了最大限度地保护学生志愿者的爱国热情,他们建议撤下标语只限于与B大学生讨论,并由同是来自B大的高老师本人出面与学生谈。

当天的培训结束后,经理和高老师请B大志愿者留下一会儿。高老师先说了自己的担心:墙上的口号表达了志愿者的爱国主义热情,但这在马上要开始的奥运会跨文化交流情境中似不恰当,建议不再使用。经理进一步解释,该标语有可能被国外媒体误解。学生志愿者听后没有表现出不解和不满,同意将口号撤下。第二天上午,在培训休息间隙高老师走近小敏,查看她是否对标语的撤下感觉不舒服。小敏确认说,她觉得建议考虑得很周到,没有感到不适。

新标语上墙

8月6日,在两天的轮班休息后,高老师有些惊讶地发现,语言服务办公室出现了一面新的展示墙,由场内比赛的国家/语言名称组合而成,用各自的语言文字书写(图2-10)。这些名称用了九种颜色和不同的书写风格,显然是许多人制作的。而且可以看出制作尚未完毕,还有几个名称有待添加。高老师向前两天值班的志愿者询问,他们都参与了粘贴活动,还有小组成员拍摄了活动照片(图2-9),不过他们都说不出是谁最先出的主意。经理说这是"大家共同的努力"。高老师猜测这主要是经理的想法,但未得到证实。

8月8日,奥运会开幕当天,语言服务办公室墙上的标语如图2-10所示。西班牙语的志愿者玉环情绪强烈地抱怨说,她为"古巴"预留的空间被阿拉伯语占用了。之前她在"Español"(西班牙人,西班牙语,西班牙的)中用了红色和黄色,用以代表西班牙这个国家/民族,而不是西班牙语这一语言。在场馆参赛的西班牙语国家共有三个,其中西班牙、委内瑞拉的国家名称都已贴上,就还差古巴。而"Español"用了西班牙国旗的颜色,这对古巴是不公平的,有失政治正确。其他志愿者则不认为这是很大的问题。他们说,展示墙只是作为一个整体显示语言服务的特点,并不一定要面面俱到代表每一个参赛国家。况且,需要服务的客人通常会打电话请求服务,而不是到办公室来找人,被冒犯的可能性不大。(RJ,8月8日)

关于墙标所用词语、占用空间和颜色的争论,反映出志愿者已经有很强的跨文化敏感,思考的层次也比较多元。不过这时赛事马上就要开始,实质性的语言服务工作繁忙起来。关于标语口号的争论就此打住,墙标以图2-10的样子保持到奥运会结束。

图2-9　学生志愿者将新标语粘贴到墙上(2008年8月4日)

倾听者的成长

奥运开始后,志愿者开始为来自世界各地的客人实际提供服务。这时自豪的言说者的声音似淡化了,得到强化的身份主要是对客人的需求感同身受的倾听者。高老师注意到,当有国际观众与中国的场馆安检之间发生冲突时,志愿者往往与观众有更多的共情。艳芹说:

　　在观众和安检发生矛盾时,我的心会偏向观众。安检忙,就会主动陪他们存包,再带他们回来过安检。觉得他们大老远来的,不想让他们觉得中国不好,志愿者不好。为他们着急,想让他们赶快存好东

图 2-10　奥运会开幕日语言服务办公室的墙壁(2008 年 8 月 8 日)

西进去。

有的时候比较尴尬,安检太忙,把观众撂给我就不管了,我找不到中方翻译对象,这时候我只好请观众等着,去叫安检。这种情况经常发生。后来有一次代表语言服务口去参加各服务口的会,在会上我提出各服务口的责任边界以及不同服务口之间工作衔接的问题,希望改进。(RJ,8 月 22 日)

在高老师的观察中,艳芹的描述与她的行为是一致的。其他志愿者也有相似情况,但并不是所有人对责任边界都很敏感。有一次,一些国际观众带来为运动员助威的国旗,就旗帜是否可以带入场内与安检人员发生争执。场地标准是 2×1 米以下的旗帜可以带入场内,但安检人员的检测依赖于肉眼而非尺子,观众就此抱怨。这时语言服务志愿者本应站在中立立场为安检和观众双方做翻译。但是当班的志愿者站在观众的立场,向安检人员说明旗帜是安全的。她甚至在安检人员认为旗帜过大的情况下,自行做主将一位观众放入场内。(RJ,8 月 9 日)

奥运会期间高老师还注意到一个相关现象,即志愿者通过电视观看比赛实况时支持哪支运动队。他们自然会为中国队加油叫好,但并不局限于此。有趣的是,他们似乎偏向社会经济地位较弱的国家的队伍。有时他们会选择反对强国的队伍,如美国或日本,而支持他们的竞争对手,无论是哪个国家的。小敏解释说,"人们通常会同情弱者。"

中国队也并非总是受到青睐。在一次中国队获胜的比赛中，所有志愿者在办公室通过电视观看了比赛，但都同情客队，他们认为裁判对客队不公。下面这段谈话发生在比赛结束后：

玉环(脸上的表情很复杂)：就是中国队赢，也别以这种方式赢啊！这个比较丢人。

阳阳(几乎要哭的表情)：我看到X国的队员在那里喝汽水，好可怜，好可怜啊！(稍后从外面回来，高兴而可爱地)我给了他们一个香蕉！

任：确实不公啊。今天新闻还切给裁判好几个大镜头，有一次裁判裁错后脸都红了。

众：新闻发布会上怎么说？

钱：X国记者都没去，大概是抗议吧。

高：队长和教练都说裁判不公。

冯：指责裁判，不就是指责东道主嘛。

周：唉，这也不会是中国行贿，得国际V联说了算。

彭：咱们观众也真够厉害，人家一发球一扣球就嘘，估计对裁判的裁定也有压力。

高：对运动员也会有直接影响。

彭：一发球就界外。

冯：东道主优势嘛，没办法。(RJ，8月12日)

办公室里志愿者的反应，与几十米外比赛场地内广大国内观众的反应十分不同。上述对话中突出的身份，是全球公平竞赛社区中的一员。这个身份超越了渴望本国球队获胜的中国球迷身份。然而国家认同表现在更深的层次，即希望中国在竞赛规则和道德方面不丢国际面子。志愿者为不公平的裁判进行责任开脱，也是为自己减轻焦虑。

共情的倾听者的身份在奥运服务期间突显出来。志愿者渴望了解国际宾客的需求，害怕让他们失望，由此给中国形象带来不好的影响。共情的倾听者主要是情感层面的认同，与此相应的是理性层面反省的思考者。此时的交流已成为"倾听"和"言说"的双向过程；全球与国家利益之间、全球身份与爱国者身份之间的联系尤为密切，一辱俱辱一荣俱荣。虽然墙标的更换可视为自上而下而非自下而上的过程，但奥运期间志愿者的行为和态度是非常一致的,体现了新墙标"服务世界"的精神。

2.3.3.3　奥运会后的反思

2008年12月,也就是奥运之后三个多月,高老师在自己给英语专业本科生上的话语分析选修课上组织了一次课堂讨论,目的是在与奥运有一定时空距离的场景,在稍广的学生范围中,获得标语话语的进一步反馈。在事先得到相关志愿者许可的情况下,她提供了一些有关标语的照片和访谈摘录,然后邀请学生做开放性的讨论。课堂讨论持续了约40分钟,气氛热烈。

"We will speak"与"We speak"的区别

　　李老大:当时的背景,就是语言服务业务口要选一个口号贴在墙上看哪个好,当时选这个的时候,有一点偷懒的想法吧,因为院衫嘛,B大的人大家都知道这句话,可以套用。但当时拿到院衫画图的时候,就是感觉will干吗的,想不太清楚。从时态来讲呢,干吗要用will？从意愿的那个角度来讲呢,也是觉得怎么都别扭。……We will speak怎么翻译呢,是我们将来说,还是我们愿意说,还是我们怎么说？……感觉都不是很合适。写(标语)的过程本身就是一个说的事实,没有必要等到将来,也不仅仅是意愿。……觉得这个will没必要,就干脆不要了,拿掉了。

　　莹莹:We speak更有行动力,就是在做事情。We will speak是在学校里面,院衫有这样一个context给你,我们在这里学习,将来我们will speak,这个world也会listen to us。但是这个(奥运)语言服务的时候,我们已经在做了,就是We speak。

　　淑静:但是这个会不会,听起来好像是"我们说,你就听着吧！"(众笑),听起来好像感觉更强势。

　　闻燕:我倒不觉得像淑静说的那样,"世界,你就听着吧！"我觉得,We will speak,你看,我们现在在学各种外语,然后你们等着吧,有一天,我们都会要说。will是一个表示意愿的情态动词,We will speak有一种threatening的意思。

关于"The world will listen"

任老大:我觉得问题不在 we will speak,而是后面那句 the world will listen。因为 will 是表示一种预期,就是闻燕说的,你说,人家才听。另外一个意思就是淑静说的那个,我说你就给我听着,你肯定得听着。我现在想到的,如果讲 We speak and the world may be listening。(众大笑)就没有"你得听着"那个意思了……(不好意思地)但也不是最好的,可是想不出更好的了。

黄浩:太亏气了,太没底气了。……(调侃地)应该是"Don't speak. The world will be listening."

严兵:"may be listening"挺搞笑的。这不像是一个口号,没有力量。

华倩(调侃、柔弱地):"我们说着呢,世界可能听着吧,可能听着呢吧?"

关于多国/多语名称

高老师:你们大家对这面新墙的感觉是什么啊?跟刚才那个相比有什么不一样吗?

李老大(语调低平,缓慢地):……感觉这面墙花花的,就这样吧(学生笑)……

任老大:比之前的好。之前就一种语言。本来服务口就这么多语言嘛,干吗不放上?

彩虹:我更喜欢这个。我觉得这个更符合语言服务的特点,比较醒目。

闻燕:(短暂停顿,思考地)我觉得有点太花了。而且,其实,其实它写的不是服务的各种语言,写的是,就是奥运这个运动项目入围的八强的所有国家的名字。其实,这样的话,你任何一个口也可以做这个东西,或者说贴一个国旗就差不多了。而且,而且我不知道"Español"是西班牙语,还是西班牙这个国家?(高老师说明当时的情况)那就没有贴古巴?(有些激动地)那很不公平,你知道吧,Venezuela 也贴了,它也是使用西班牙语,贴了那么一大个国家的名字,可是古巴就没有贴。所以说,你要么就贴上所有的国家,要么就贴所有国家

的简称，要么就是所有国家的语言。那这样就是有一点，不够 politically correct。（众笑）

"内""外"之别

闻燕：作为一名志愿者，我有我自己的感受，但是在翻译的时候要尽量避免把自己的感情加进去，在工作中我只是一个传声机。我也会在电视上看比赛，就即使是两个外国队，肯定会同情其中一个队，但是翻译的时候，你就不会说某一个队最后被"翻盘"了或者怎么样。……翻译的时候就不能带这种东西。

云伟：我同意。作为一名志愿者，其实没什么好自豪的。

彩虹：比较同意云伟的看法……我刚开始去的时候比较兴奋，说话声音都很高（众笑），第一次服务之后，马上语调的味道就变得非常平缓了。我只是把我自己的分内事情做好。

佳美：我是服务媒体，跟各国的记者来来往往的，有的时候为他们着急，要赶时间啊什么的。能帮到他们，他们很感谢的时候，就觉得很开心。所以我觉得，We speak 这个是对自己学外语的人说的。作为志愿者，更多的可能是把重心定位在服务别人上面，……而不是去向别人 impose 一些什么东西。所以如果对外的话，可能 We speak 这个东西要改。最好是在我们 invite 了别人之后，让别人有了他的很 positive 的感觉之后，自然而然就会对我们的印象很好，然后我们就会自然而然地自豪。服务好别人，这是志愿者应该做的事情。

彩虹：前面那个标语是很强烈的自我表达，自我激励。后来那个比较隐性、中立，更多表达服务者的定位，好像比较……比较和谐吧。

对最初口号的反思

莹莹：我觉得李老大那个像答记者问。（学生们笑）她的组长位置跟别人不大一样，所以她就是喜欢讲"我们""We"，不是"我"，她是代表一个群体来说话。

李老大：这个角色的影响可能是有一点。我说的时候，有一点煽情的成分在这里。……主要是自我激励，还有一个是给场馆领导看。……测试赛就主要是国内的嘛，当时没有考虑到外国人会看。后来就觉得不大合适了，如果外国人本身比较友好的话就没什么，就觉得这帮小孩挺阳光的。有人本身可能是带着挑刺儿的眼镜来的,可能就会看着这个有点问题。……我觉得可能在那个(口号)里面我想表达的思想,还是中国式的思维方式,没有对象国的文化的意识。……对于任老大说的,有的地方我能接受,但不是全部接受。比如他说看到口号咻咻笑,我不会笑。……我没有想到"傲气"。我觉得,他这个还是稍微消极了一点儿。

反思者的成长

奥运后的讨论发展了先前的认同主题,显现了更丰富的层次。首先,保守的非言说者被公开调侃和否定:"太亏气了,太没底气了。"学生对于"We speak"和"We will speak"的不尽一致的解释一致表明,他们不满足于在跨文化交际中保持沉默。全球舞台上正规言说者的身份被倡导和强调。其次,爱国主义言说者的身份认同受到批评性审视。奥运会前的亢奋激情有所减退,在对"说"之方式的讨论中,学生们表现出对本民族中心主义的反思。不过,这一反思并没有完全否定爱国主义言说者的认同。例如佳美提出,志愿者是以其优质服务来"说话"的。也就是说,当"听"成为"说"的一部分,"说"会变得更有力。在此条件下,感到"自豪"便有充分的理由。学生们还明确区分了针对不同交流对象的"内部"和"外部"话语。爱国主义激情的过分张扬不适宜对外交流场合,对内部则是可接受的、必要的。在经过批评性审视后,爱国主义言说者被重新定义,在新的基础上得到肯定。再者,"反思者"成为多数人的立场。反思的声音随处可闻,例如"We speak"和"We will speak"的辨析、对古巴缺席展示墙的批评、对李老大奥运前话语"像答记者问"的评论、李老大本人对"煽情"的反思以及她对任老大立场"还是稍微消极了一点"的再评价。

2.3.4　民族志个案总体讨论:二语使用者的多元身份认同

言语即行为、行动

通过对话交流的行为本身,想象中的身份可以变为现实,得以丰富和扩展,挑战和拒绝,或修正和重塑。在言说、被言说、对自身的言说进行言说的过程中,学生在建构着跨文化交际积极参与者、本土和全球社区成员的身份认同。

关于奥运标语的多声话语呈现了几个主要的志愿者/二语使用者身份:保守的非言说者、爱国主义的言说者、共情的倾听者,反省的思考者。

表 2-12 概括了它们的特征、在本研究中的代表性话语、更广的语境背景或来源以及在研究不同阶段其地位的变化。从中可以发现一系列对比,例如言说者和非言说者、激情的言说者和中立的反思者;共情的倾听者和反省的思考者可以视为同一主体的情感和理智层面,尽管二者并非总是同时出现。整体而言,言说者的身份认同在志愿者身上贯穿始终,但在言说的时间、方式和对象方面有所不同。

表 2-12　志愿者主要认同发展一览

身份认同	特征	代表性话语	社会语境	地位		
				奥运前	奥运中	奥运后
保守的非言说者	避免表达自我;谦卑	任老大对奥运前标语的怀疑	中国历史文化传统;家庭教育	隐蔽	隐蔽	被公开调侃、否定
爱国主义的言说者	突出国家认同;表达爱国主义、民族主义立场	奥运前标语以及李老大等的解释	当代机构话语;奥运培训话语;中国经济实力的增长;全球流行文化	主导	被修正	被审视,重新定位和肯定
共情的倾听者	对他人的需要和情绪敏感;做好准备提供帮助	奥运中志愿者的行为	跨文化交流的增强;跨文化教育;实际交流情境	潜在	出现、发展	理论化、强化
反省的思考者	清醒地意识到自己和他人的视角差异;批评性的自我反省	任老大对奥运前标语的怀疑;奥运后对标语的讨论	跨文化交流的增强;跨文化教育	潜在	发展	强化

多元身份认同的社会语境

志愿者身份认同的话语具有广泛的文化、历史和教育背景(Blommaert,2005)。保守的非言说者植根于中国文化传统,视谦卑为美德。这种传统价值由父母传给子女,由老师教给学生。从任老大的家庭和学校教育经验中,可以看出其持久的影响力。

爱国主义的言说主要来自政府机构话语,目的是强化民族国家认同,动员人民备战奥运会。这类话语充满了志愿者的培训。它所处的社会背景,是中国改革开放后的经济腾飞,准备与其他国家竞争国际地位和影响力。在改革开放初期的 1981 年,当中国排球队在国际大赛中赢得首次胜利,B 大学生欢呼庆祝,喊出了"团结起来振兴中华"的口号。这条标语后来不仅被刻于石碑长久立于 B 大校园,而且成为全国范围"时代的口号"(网易体育,2009)。不过,这一张扬性话语的范围仍是中国人"内部",不需要国际听众,因此也无需英文版。相比之下,2008 年奥运会的志愿者口号是直接用英语喊出的,并具有潜在的"外部"听众。

对于张扬的言说者身份的塑造,流行文化及价值观也有其作用。袁潇、风笑天(2009)指出,我国青年的流行文化价值观经历了很大变化,从 20 世纪 80 年代初期集体主义、理想主义的国家建设参与,到 20 世纪 80 年代中后期的权威挑战和颠覆,再到 20 世纪 90 年代初的混乱和迷茫,以及 20 世纪 90 年代后期开始的消费主义和对个性自由的追求。英语流行歌词"I will speak Hollywood will listen"张扬了年轻人的自我,为 T 恤衫的口号提供了灵感来源。虽然奥运志愿者并非都知道这首歌,但张扬自我的流行文化吸引力是普遍而显见的。在奥运会的志愿者标语中,张扬个体自我认同的"I"与弘扬民族国家认同的"We"融合在一起。

反省的思考者和共情的倾听者,其社会语境是增强的跨文化交际和二语教育。对不同文化的开放促进了多元文化意识的增强。在我国的许多大专院校,跨文化交际能力的培养是外语专业的培养目标,也是课程的组成部分。例如在强调"人文教育"的 B 大外国语学院英语专业,西方文学是课程内容的重点,批判性思维的培养是教育的重要目标。与沉浸在"革命话语"(Gu,2001)独白话语中的父母一辈不同,现在的学生是在"改革话语"(同前)中成长起来的,接触到看问题的多元视角,有较大的独立思考空间。

本土与全球认同的生产性联系

从奥运标语事件中可看到研究对象身上本土和全球两种身份认同的作用,但二者的关系并非二元对立的。对于爱国的言说者而言,国家认同是主要的,但同时也有作为全球成员参与国际活动的愿望。对于自我反思、立场中立、以服务为本的译者来说,全球性的身份认同很突出,但与其紧密结合的是作为本地人当好"主人"的动机。在此,本土与全球认同的关系符合"生产性双语者"(Gao,2001)的特点。二者既彼此增进(一荣俱荣),也彼此限制(一辱俱辱)。

对话性交流者身份认同的发展

中国和全球其他国家的世界英语使用者正在以自己的方式,超越传统的本族语忠实模仿者身份,成为英语的合法言说者和创造性的使用者。这里出现了一个新问题:在权力分配并不平等的国际关系现实背景下,在获得"操控习俗范畴和社会规范能力"(Kramsch & Whiteside, 2008:667),争取合法发言者身份的同时,是否必要和可能发展"对话的交流者"身份(高一虹,2014b)?对话性交流者超越了自大/自卑情结,在相互尊重的基础上交流——言说和倾听。对话性的言说蕴涵了共情的倾听和反省的思考,其结果是创造性的话语和有效的沟通。如巴赫金所言:"存在就意味着进行对话的交际。""在对话中,人们不仅仅外在地显露自己,而且是头一次逐渐形成为他现在的样子。"(巴赫金,1988:343)

研究者反思

从"中立"的研究理念来看,本研究的主要局限在于研究者的干预。当奥运情境中话语的适宜性与自然的研究数据采集发生冲突时,研究者高老师选择了前者,因为觉得自己对此负有责任。如果研究者没有跟经理讲,"We speak"的志愿者口号有很大可能不会在那时被撤下来。除了这个具体干预的行动,研究者以前的课程,奥运会后发起的课堂讨论,观察场合的在场,都可能促使学生的话语带有更多的多元文化意识色彩。读者在对本小节材料进行解读时,需考虑到这些因素。然而换一个建构的角度来看,从这些"局限"中也能发现语言态度、多元文化意识培养和建构的空间。

2.4 奥运篇小结

通过奥运前、奥运中、奥运后的定量材料比较,我们发现识别率最高的是中国英语、英国英语和美国英语,在奥运后并未发生显著性变化。大学生志愿者对世界英语各变体的态度总体上趋向保守,且这一保守趋向没有因为奥运经历而发生明显改变,对于美、英变体的评价远远高于其他变体。综合不同来源的材料来看,志愿者对英、美变体之外世界英语变体的态度在不同层面存在区别,即理性表达层面(访谈材料)的肯定与情感投射层面(主观反应测试结果)的否定,抽象观念的肯定与具体变体的否定。这种取向是奥运前和奥运中态度的持续。但另一方面,奥运后志愿者的语言态度也呈现出一些微妙、复杂和多元的变化。有些人变得更加宽容,有些则加强了偏见。总体而言,奥运经历对于志愿者的语言态度和多元文化意识的影响较为有限,外部的交流接触并不必然导致内在的态度变化。奥运中的国际交流时间和深度有限,是一个客观影响因素。与此同时,目前的外语教育和志愿者培训总体上尚未跟上跨文化交际的飞速发展。奥运前针对性的培训不足,奥运后也缺乏相关的总结和引导,多数大学生志愿者似没有主动对奥运经历进行深入反思。而如果没有恰当的反思能力和适时适度的引导,短暂而表浅的外部接触,特别是在有压力的交流情境中,反而可能强化负面文化定型。

与此同时,集中于某奥运场馆志愿者标语的民族志研究显示,在一定条件下,包容的语言文化态度的强化、本土民族认同与全球认同的生产性发展是完全可能的,而且能够达到一定深度。这受益于当事人的投入参与的程度、开放性和反思能力,以及事后的反思,也与参与教师志愿者的干预有一定关系。团体的互动和适当的引导也有着重要的催化剂作用。

第三章 上海世博篇*

3.1 世博篇引言

3.1.1 世博会背景

上海世博会,即第 41 届上海世界博览会(简称"世博会"),于 2010 年 5 月 1 日至 10 月 31 日期间在中国上海市举行。此次世博会也是由中国举办的首届世界博览会。上海世博会以"城市,让生活更美好"(Better City, Better Life)为主题,7308 万的参观人数也创下了历届世博之最,约 250 个国家和国际组织参与其中。在这届世博会的超过 7300 万的参观者中,有 425 万来自国外不同的国家和地区。

在上海世博园内,活跃着一大批"80 后""90 后"的志愿者,因身穿白绿相间的统一工作服装,因而被昵称为"小白菜"。根据官方公布的数据,[①] 2010 上海世博会是志愿者人数最多的一项文化盛事,超过 200 万志愿者参与了此次世博会的志愿者服务。志愿者主体则是在沪的高校大学生,在园区志愿者中,大学生占到 90.6%,英语是主要服务语言。上海世博会志愿者的主口号是:"世界在你眼前,我们在你身边"(At Your Service at EXPO),副口号是:"志在,愿在,我在"(My Will, My Help, My Pleasure)、"城市有我更可爱"(Our City, Your Joy)、"2010,心在一起"(2010, We're Together as One)。

上海世博会志愿者分为三大类:园区志愿者、城市服务站点志愿者和城市文明志愿者,共有 72 个志愿者工作站,分布在各大院校和区县。世博园区志愿者主要在世博园区内为游客提供信息咨询、秩序引导、语言翻译、

---

* 本章涉及的内容,曾以阶段性成果的形式发表以下论文:陈叙、颜静兰、姜叶飞,2013,上海世博会前后大学生志愿者对世界英语的态度调查,《语言学研究》(第十四辑),北京:高等教育出版社,168-180。

① "中国 2010 年上海世博会志愿者工作情况介绍",上海世博官方网站,2010-4-29 http://www.macaumonthly.net/News/HTML/20100429184807_128559.html(2020 年 12 月 14 日检索)。

残障人士援助等服务。园区志愿者共有 79965 名,包括国内其他省市志愿者 1266 名,境外志愿者 204 名。这类志愿者接触国际人士的机会较多。城市服务站点志愿者主要在世博园区的服务站点提供信息咨询、语言翻译、应急救援等服务。城市服务站点志愿者共有 13 万左右。这类志愿者有接触国际人士的机会。城市文明志愿者主要在世博园区维护秩序、宣传文明游园、帮助美化环境、扶危助困等,共约 197 万人。这类志愿者接触国际人士的机会较少。世博志愿者分为 13 批次,提供了 129 万班次、1000 万小时、约 4.6 亿人次的服务。志愿者岗前培训材料见附录Ⅲ中的表Ⅲ-1 和图Ⅲ-1。

本研究采用了高一虹、林梦茜在奥运前、后实施的主观反应测试法和焦点小组访谈方法(见奥运篇),调查了世博前、后 267 名高校上海世博志愿者对六种不同的英语变体的识别能力以及对不同英语变体的语言态度,本研究的变体比奥运会和之后举办的深圳大运会多了一项,即日本英语变体。研究关注的问题有以下几个方面:世博志愿者对英语变体的识别能力如何?世博志愿者对英语变体的评价是怎样的?世博前、后是否产生了变化,产生了怎样的变化?世博志愿者与奥运志愿者和大运志愿者的调查发现有哪些异同?① 世博会志愿者的经历使他们对语言态度、多元文化意识和认同、跨文化交际能力等会产生一些怎样的变化和认知的提升?

3.1.2 研究对象、研究设计、实施过程和材料分析

3.1.2.1 研究对象

本研究的调查对象来自上海四所高校,267 名志愿者参与了世博前、后的两次主观反应测试。在世博会后,对 267 名中的 178 名志愿者进行了访谈(样本特征见表 3-1 和表 3-2)。这 267 名志愿者主要服务于园区内外的参观者,进行咨询、导引、接待、翻译、论坛组织等工作。

表 3-1　世博前、后主观反应测试样本特征($n=267$)

样本特征		人数	百分比
性别	男	106	39.70
	女	161	60.30

---

① 本章涉及的深圳大运会相关数据见第五章"深圳大运篇"。

(续表)

样本特征		人数	百分比
专业	英语	151	56.55
	其他外语	14	5.24
	文科/社会科学	40	14.98
	自然科学/工科	62	23.23
学校类型	综合大学	68	25.47
	文科大学	75	28.09
	理科大学	124	46.44
英语水平	未达到大学英语四级	49	18.35
	大学英语四级	84	31.46
	大学英语六级/专业英语四级	134	50.19
世博志愿者服务类型	园区	125	46.81
	城市服务站	98	36.70
	城市文明	6	2.25
	其他	38	14.24

本次调查的主观反应测试对象和奥运及大运样本基本一致,为高校的大学生志愿者,不同之处在于专业的分布。奥运志愿者样本中英语专业的比例平均未达一半(前39.5%,后53.6%,表2-1、2-4),大运会志愿者中英语专业和商务英语专业比例较大,平均近四分之三(前78.7%,后67.7%,表5-3),而世博志愿者中英语专业比例为56.55%,介于奥运和大运之间。

表3-2 世博前、后焦点小组访谈样本特征（$n=178$）

样本特征		人数	百分比
性别	男	72	40.45
	女	106	59.55
专业	英语	97	54.49
	其他外语	8	4.49
	文科/社会科学	31	17.42
	自然科学/工科	42	23.60

参加访谈的志愿者女生高出男生 19.10 个百分点。英语专业学生的比例偏高,占到 54.49%。其他外语的志愿者包括日语 3 个、德语 2 个、法语 2 个、韩语 1 个。自然科学和工科专业学生比文科/社会科学专业的志愿者高出 6.18 个百分点。

3.1.2.2　研究设计

研究主要采用了主观反应测试和焦点小组访谈两种调查方式。主观反应测试的设计与奥运篇基本相同,但根据世博会的特点对工具进行了扩展和调整,不同之处有两点。

第一,用于测试刺激材料的英语变体不仅包括奥运的五个,即英国英语、美国英语、中国英语、美国黑人英语和印度英语,而且还包含了日本英语,原因一是由于世博会日本游客较多,参观世博会的日本游客超过 100 万人次,①二是世博会里不仅有日本国家馆,还有日本产业馆、大阪馆,三是上海的日本定居者是中国最多的,有十几万人,在校园、公司经常能见到讲英语的日本人。日本英语朗读者是某大学的日语外教,男,45 岁,曾在美国留学 2 年并获得硕士学位。

第二,在特殊能力维度,具体内容不是关于运动能力,而是关于交流能力的。这主要是考虑到世博会是一项由主办国政府组织或政府委托有关部门举办的有较大影响和悠久历史的国际性博览活动。参展者向世界各国展示当代的文化、科技和产业正面影响各种生活范畴的成果,是国际性大型展示和文化交流的盛会,其特点是举办时间长、展出规模大、参展国家多、影响深远,也是一个国家经济文化发展的展示窗口,是世界各国人民参观和交流的国际舞台。因而,我们认为有必要用交流能力取代运动能力。

除了主观反应测试之外,还在世博会前、后对志愿者进行了焦点小组访谈。访谈中有关语言态度的问题主要包括:(1)对于不同英语变体的看法;(2)世博会前对各种英语口音有何看法,比如印度英语、黑人英语、日本英语? 世博会期间和他们接触后,态度是否有改变?

---

① "世博会掀起境外游客来沪热潮 日本游客数量猛增",新华网,2010-5-2 http://2010.qq.com/a./20100502/000536.htm,"欢迎参观世博会的日本游客超过 100 万人次",旅游局网站,2009-10-17 http://www.gov.cn/gzdt/2009-10/17/content_1442350.htm(2020 年 12 月 15 日检索)。

3.1.2.3 实施过程

2010年4月(世博前)和12月(世博后)在上海四所高校实施了主观反应测试。参与测试的志愿者被告知,这是一项旨在考察英语辨别力及敏感性的测试,每段录音会播放三遍。完成测试的时间为10~15分钟。世博前阶段主要进行英语辨别力主观反应测试和进行访谈,世博后主要进行第二轮主观反应测试和对志愿者实施访谈。

访谈方式主要采取了焦点小组,每次为6~8人一组,178人共26组。访谈时间根据人数设为45~90分钟。

访谈主要分为两个阶段。第一阶段是世博会前一个月左右,对已经基本确定为世博志愿者学生进行访谈,重点从意识层面上考察志愿者在世博会前的世界英语的意识、文化定型和偏见以及跨文化交际能力。第二阶段的访谈在世博结束后进行,由于各高校志愿者服务结束时间不同,研究者在世博后到各高校进行预约、走访式的访谈。第二阶段的访谈重点是观察他们的语言态度是否有所不同,对世界英语的意识是否有所增强,他们的文化定型和偏见是否有所改变,他们的跨文化交际能力是否有所提高。

两个阶段的访谈形式都为面谈,时间根据人数设为45~90分钟不等。访谈由两位研究者进行,根据各自的参与和观察整理了田野笔记。访谈分别在各高校的以下地点进行:

(1)会议室:主要是学院或系的小型会议室,一般可容纳20~50人;

(2)上课教室:主要是在小型的无人上课的教室里进行,一般是20~40人的教室;

(3)答疑教室:主要是在一些教学楼的答疑室进行,一般可坐10人左右;

(4)学生食堂:主要是餐后在食堂人少的某一角落进行;

(5)学生宿舍:主要是在一些女生宿舍进行,没有去男生宿舍。

为了搜集材料的准确性和保持研究的一致性,第二阶段访谈和第一次的访谈的对象保持一致和重合,这是本研究的一个亮点,便于对个体语言态度进行直接跟踪比较。

3.1.2.4 材料分析

世博前共发放英语辨别力及敏感性调查问卷310份,回收304份,有效卷为283份;世博后发放问卷304份,回收278份,有效卷为267份。为保持研究的一致性,剔除了16个只参加世博前而未参加世博后主观反应测试和访谈的对象,故世博前进入统计的有效卷也是267份。问卷调查获得的所有数据的输入和处理是通过统计软件包SPSS18.0.1进行的。分析方法包括:

(1)各变体得分的描述性统计;

(2)比较世博前、后变体判断正确率的卡方检验;

(3)比较世博前、后各变体评价分的t检验。

3.2 世博前、后志愿者对世界英语的态度与身份认同

3.2.1 问卷数据分析

3.2.1.1 对各英语变体的识别率

从表3-3可以看出,世博前志愿者对各英语变体判断完全正确的情况(不包括"接近")按从高到低的顺序排列依次是中国英语>美国英语>英国英语>日本英语>印度英语>美国黑人英语。世博后这个顺序没有改变。世博前后正确率比较的卡方检验结果显示,中国英语、印度英语、美国英语的识别正确率世博后与世博前相比有显著提高。

表3-3 世博前、后各英语变体的识别率卡方交叉检验

($n=267$;单元格内数字:观测频次/观测频次百分比)

变体	时间	错误/未填	接近	正确	$x^2(df)$
美国黑人英语	世博前	131/49.1%	132/49.4%	4/1.5%	5.630 (2)
	世博后	110/41.2%	156/58.4%	1/0.4%	
英国英语	世博前	159/59.6%	9/3.4%	99/37.1%	2.293 (2)
	世博后	146/54.7%	15/5.6%	106/39.7%	
中国英语	世博前	87/32.6%	5/1.9%	175/65.5%	6.970*(2)
	世博后	63/23.6%	11/4.1%	193/72.3%	
印度英语	世博前	249/93.3%	2/0.7%	16/6%	9.381**(2)
	世博后	227/85%	5/1.9%	35/13.1%	

(续表)

变体	时间	错误/未填	接近	正确	$x^2(df)$
美国英语	世博前	143/53.6%	0/0%	124/46.4%	8.296*(2)
	世博后	134/50.2%	8/3%	125/46.8%	
日本英语	世博前	158/59.2%	12/4.5%	97/36.3%	0.495(2)
	世博后	152/56.9%	15/5.6%	100/37.5%	

*$p<0.05$；**$p<0.01$

注：对应于"日本英语"，"正确"答案指"日本"。"接近"答案指"东亚""亚洲"。"错误"指的是与上述两类答案相左的答案。"未填"指的是研究对象没有提供答案。其余变体的答案分类同奥运（表2-6）。

中国英语作为本族的英语变体，相对而言辨识更加容易，不少志愿者表示"口音很熟悉"，听起来就觉得是"中国人说英语"，正确率也是最高的。

美国英语和英国英语的辨识率也相对较高，世博前分别达到了46.4%和37.1%，世博后为46.8%和39.7%，比世博前略有提升。长期以来，这两种变体都被视为"标准英语"，如：英语视听说材料大多力求以纯正的英国英语来发音，因此学生们普遍对这种变体比较了解。

美国黑人英语的识别率很低，指的是绝对正确为"美国黑人英语"的比例非常小，这点与其他几次活动相似；但其"接近"的比例（世博前49.4%，世博后58.4%）相对奥运（前测29.5%，后测44.9%，表2-6）、亚运（后测21%，表4-3）、大运（前测29.2%，后测34.4%，表5-7）都要高。分别有大约五成、六成的志愿者在世博前、世博后的答案"接近正确"，而其中三分之二是将该变体识别为"美国"或"北美"，这意味着在相当大程度上，"美国黑人英语"被混同于"美国英语"了。读者在解读后文对各变体的评价时，可注意这点。

作为扩展圈变体的日本英语的辨识正确率也较高，世博前为36.3%，世博后为37.5%。世博会后的接近正确率比世博前略有上升，错误率略有减少，但前后变化尚未达到显著水平。有志愿者表示日本英语很有日语的味道，自己接触日语的机会也比较多，因此比较容易分辨，通过世博志愿者活动，对日本英语的辨别能力得到印证和小幅提升。

志愿者对美国英语变体的正确率高低很大程度上与志愿者对变体的熟悉程度有关。在访谈中，部分志愿者表示开始更加关注英国英语、美国英语以外的"口音"。但志愿者分辨英国英语、美国英语以及中国英语以外变体的能力仍然是有限的。在访谈中研究者发现,访谈对象学习英文主要依赖课堂教学、书本、电影电视和网络媒体,跨文化交际的实际经验有限。交流最多的对象多为外教,而外教也多来自美国或英国。

3.2.1.2 世博前与奥运会前和大运会前对各英语变体的识别正确率比较

对比奥运前和大运前的研究,世博前大学生志愿者在五种英语变体上(不包括日本英语)的正确识别率先后顺序与奥运前、大运前(表2-6、5-7)的研究结果相同,按从高到低的顺序排列依次是中国英语>美国英语>英国英语>印度英语>美国黑人英语。比较三者正确率情况(表3-4),世博志愿者对中国英语正确识别率低于奥运志愿者2.5个百分点,高于大运8.8个百分点;对美国英语的正确识别率,世博志愿者低于奥运4.1个百分点,高于大运9.6个百分点;对英国英语的正确识别率,世博志愿者低于奥运13.4个百分点,高于大运3.8个百分点。总体来看,世博志愿者对中国、美国和英国的正确识别率介于奥运和大运志愿者之间。

世博志愿者在美国黑人英语的识别率方面,其正确率与奥运和大运志愿者的正确答案的比例大致相同(1.5%比1.5%比1.0%);但是在印度英语的识别率方面,世博志愿者的识别率远远低于奥运和大运志愿者(6.0%比24.0%比25.8%)。三地大学生志愿者对美国黑人英语识别率都严重偏低,但世博志愿者对印度英语识别率比其他两地更低。

表3-4 三地大学生志愿者活动前对各英语变体的正确识别率

志愿者类型	中国英语	美国英语	英国英语	印度英语	美国黑人英语
奥运志愿者	68%	50.5%	50.5%	24.0%	1.5%
大运志愿者	56.7%	36.8%	33.3%	25.8%	1.0%
世博志愿者	65.5%	46.4%	37.1%	6.0%	1.5%

3.2.1.3 世博前、后对各变体的总体评价

世博前、后志愿者对六种英语变体的总体评价指的是每个变体在四个维度上的均值总和。从图3-1可以看到,世博前六个变体的总体评价从高到低分别是美国黑人英语、美国英语、中国英语、英国英语、印度英语和日本英语。世博后的评价从高到低分别是美国黑人英语、美国英语、英国英

语、中国英语、印度英语和日本英语。美国黑人英语的总体评价甚至略高于美国英语。不过从很低的正确辨识率来看,这一评价结果可能是由于很大一部分志愿者把美国黑人英语误认为美国英语,并非针对美国黑人英语的真实评价。

由图可见,六个变体较直观地分为三层:最高层是两个美国变体,以大幅度优势领先其他变体;中间层是中国英语、英国英语和印度英语;最底层是日本英语。世博志愿者的评价排序与其他几个活动的志愿者相比有相似也有不同,首先是美国变体具有突出优势。美国英语变体具有突出的评价优势,这与之前研究(颜静兰,1994;周榕、陈国华,2008)发现的学生对美国英语的推崇一致。英国英语的排序较低,并没有跟美国英语"平起平坐"处于相似层次,取代其位置的美国黑人英语(这点可以由该变体更多地被混同于"美国英语"来解释),其次是处于最底层的不是(内圈的)印度英语,而是(扩展圈的)日本英语。由下文可见,以上排序分层在各维度的评价中也基本相似。

由图还可看到,世博后各变体之间的差异比世博前略有缩小。t 检验结果显示(表 3-5),世博后中国英语、英国英语和日本英语的评价比世博前有显著性提高。

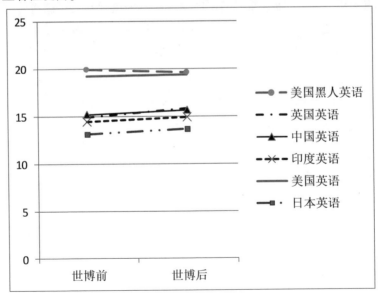

图 3-1　世博前、后志愿者对各英语变体的总体评价

表 3-5　世博前、后志愿者对各英语变体的总评比较

变体	世博前($n=267$)		世博后($n=267$)		均值差	$t(df=532)$
	均值	标准差	均值	标准差		
美国黑人英语	19.90	2.98	19.63	2.79	0.270	1.079
英国英语	14.88	2.18	15.84	1.83	-0.956	-5.497***
中国英语	15.19	2.39	15.67	2.46	-0.478	-2.277*
印度英语	14.47	2.71	14.89	2.48	-0.417	-1.855
美国英语	19.19	3.00	19.38	2.23	-0.186	-0.815
日本英语	13.13	2.85	13.69	3.06	-0.559	-2.185*

*$p \leq 0.05$；**$p \leq 0.01$；***$p \leq 0.001$

3.2.1.4　世博前、后对各变体在具体范畴上的评价

下面几个图标呈现了世博前、后六个变体在四个维度上的评价，从中可注意到各变体在具体范畴上的评价高低及其活动前后的变化。

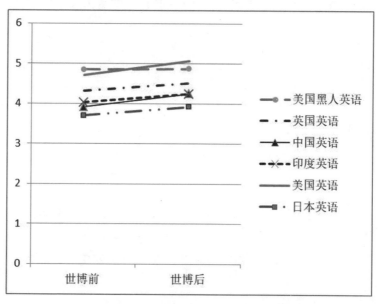

图 3-2　世博前、后志愿者对各英语变体地位的评价

表 3-6 世博前、后志愿者对各英语变体地位的评价

变体	世博前（n=267）		世博后（n=267）		均值差	t(df=532)
	均值	标准差	均值	标准差		
美国黑人英语	4.85	0.92	4.87	0.88	-0.016	-0.205
英国英语	4.32	0.79	4.51	0.82	-0.190	-2.724**
中国英语	3.91	0.76	4.25	0.77	-0.338	-5.099***
印度英语	4.03	0.80	4.24	0.71	-0.208	-3.163**
美国英语	4.71	1.02	5.07	0.94	-0.362	-4.282***
日本英语	3.70	0.76	3.92	0.90	-0.218	-3.036**

* $p \leq 0.05$；** $p \leq 0.01$；*** $p \leq 0.001$

在地位维度（图 3-2、表 3-6），两个美国变体（包括美国英语、可能被误认为是美国英语的美国黑人英语）在世博前、后的评价排序都高于其他变体，但二者的相对位置有所不同：世博前美国黑人的均值略高，而世博后，伴随着识别率的整体提高，美国英语的均值超过了美国黑人英语。排序在这两个变体之后的是英国英语，再其后是印度英语和中国英语，位于评价底层的是日本英语。

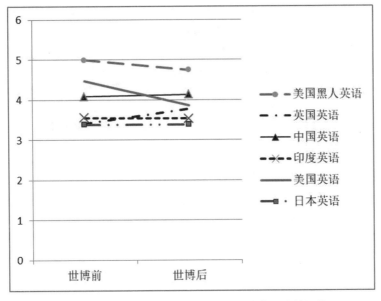

图 3-3 世博前、后志愿者对各英语变体亲和力的评价

表 3-7　世博前、后志愿者对各英语变体亲和力的评价比较

变体	世博前($n=267$)		世博后($n=267$)		均值差	$t(df=532)$
	均值	标准差	均值	标准差		
美国黑人英语	4.99	0.84	4.74	0.84	0.246	3.389***
英国英语	3.41	0.99	3.78	0.83	-0.370	-4.670***
中国英语	4.08	0.91	4.13	0.80	-0.049	-0.658
印度英语	3.55	0.96	3.53	0.83	0.019	0.241
美国英语	4.47	1.00	3.86	0.93	0.615	7.354***
日本英语	3.38	0.99	3.38	0.88	0.003	0.035

* $p \leq 0.05$；** $p \leq 0.01$；*** $p \leq 0.001$

世博后,除了美国黑人英语之外,所有变体的地位评价都有显著提高。这一点似有别于奥运和大运多数变体的地位评价在活动后下降的情况。

与地位的情况有所不同,亲和力在世博后的排序有所变化(图 3-3、表 3-7)。美国英语、美国黑人英语的评价都显著下降。在后来的访谈中我们了解到,志愿者接触了其他英语变体后,觉得美国英语有点"倚势凌人",亲切的感觉不再强烈。

通过访谈还了解到,原来世博志愿者经常把美国黑人英语和美国英语混淆,通过世博接触后,有了一些区别能力,结果产生了新的偏见。有一志愿者说:"我喜欢美国黑人的音乐和体育,但是不喜欢他们的发音和表现出来的一些行为,如大笑,走路摇摆的样子,素质不如美国白人。"

随着美国英语亲和力评价在世博后的下降,中国英语的亲和力排序上升至第二。这也是中国英语优势较强的维度,反映出志愿者对本族英语变体的亲切感。这与以往研究(如 Kalmar et al. 1987;龙惠珠 1997)有一致之处,但本族英语变体的亲和力优势在世博志愿者身上并非十分突出。

与此同时,英国英语的亲和力有显著上升。在后来的访谈中,有志愿者提到,他们都以观看好莱坞大片和美剧为英语学习材料,故对美音比较熟悉,英音接触不多,只有教材录音和课堂听力材料中多一些,平时听外媒新闻也是以 CNN 或 VOA 为主,对英国英语有一种"疏离"感觉。世博后英国英语亲和力评分提升,表明志愿者在该维度的认识有所变化。

整体而言,六个变体之间在世博后的亲和力评价差距缩小,似乎"平等

性"略有加强。

在一般能力维度(图3-4、表3-8),各变体的排序和变化趋势与地位维度相近。多数变体在活动后的评价有所上升,其中中国英语、日本英语、美国英语、英国英语达到显著水平。

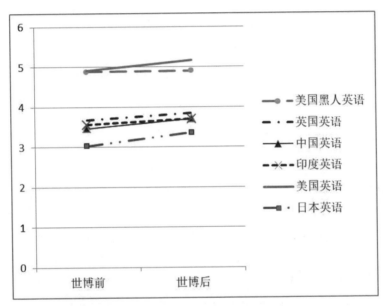

图3-4 世博前、后志愿者对各英语变体一般能力的评价

表3-8 世博前、后志愿者对各英语变体一般能力的评价比较

变体	世博前($n=267$)		世博后($n=267$)		均值差	$t(df=532)$
	均值	标准差	均值	标准差		
美国黑人英语	4.88	1.04	4.90	1.04	-0.018	-0.198
英国英语	3.67	0.82	3.85	0.90	-0.176	-2.359*
中国英语	3.47	0.79	3.71	0.87	-0.239	-3.320***
印度英语	3.56	0.98	3.70	0.87	-0.138	-1.708
美国英语	4.91	1.01	5.16	0.96	-0.246	-2.886**
日本英语	3.03	1.00	3.36	1.06	-0.329	-3.691***

* $p \leq 0.05$; ** $p \leq 0.01$; *** $p \leq 0.001$

在交流能力维度(图3-5、表3-9),就整体排序而言两个美国变体的领先优势非常明显。在世博后多数变体的变化不大,但英国英语、美国英语的评价有显著上升。

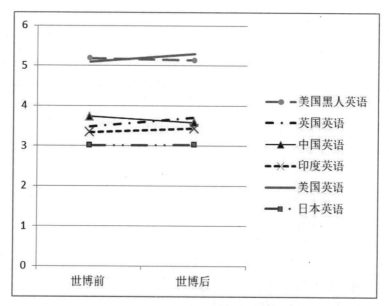

图 3-5　世博前、后志愿者对各英语变体交流能力的评价

表 3-9　世博前、后志愿者对各英语变体交流能力的评价

变体	世博前($n=267$)		世博后($n=267$)		均值差	$t(df=532)$
	均值	标准差	均值	标准差		
美国黑人英语	5.18	0.95	5.13	0.89	0.057	0.719
英国英语	3.48	0.97	3.70	0.81	-0.220	-2.8466**
中国英语	3.73	0.91	3.58	0.88	0.148	1.912
印度英语	3.34	0.93	3.43	0.90	-0.090	-1.133
美国英语	5.10	0.94	5.29	0.78	-0.193	-2.5796**
日本英语	3.01	1.08	3.03	1.11	-0.015	-0.159

* $p \leq 0.05$;** $p \leq 0.01$;*** $p \leq 0.001$

3.2.2　世博前、后志愿者访谈材料分析

3.2.2.1　世博前语言态度:保守、偏见、自信

世博前访谈中,学生根据自己的经历涉及的世界英语变体共有十二种,除了主观反应测试选用的六种之外,还包括:澳大利亚英语、孟加拉国英语、俄罗斯英语、韩国英语、新加坡英语、非洲黑人英语。这些种类是学生自己命名的,范围不一,未必科学、平等,但反映出他们已经接触了相当范围的英语变体。世博志愿者英语学习和跨文化交际经历的渠道主要有四种:(1)课堂学习;(2)观看美剧和收听 VOA、BBC;(3)与学校或社会上的留学生和外国人交流接触;(4)短暂出国参加演讲辩论比赛。

第一和第二种渠道用的频率最高,与学校外国人的接触主要是外教和学校的留学生,外教多局限于英语本族语者,如英国、美国、澳大利亚。第四种渠道局限于参加英语演讲辩论的学生(共 26 人),他们除了去英、美、澳国家外,也去过新加坡(16 人)、印度(6 人)、孟加拉国(4 人),故对这些英语变体有一定的印象和想法。

世博前访谈提纲主要由下面 10 个问题组成:
(1)你一般是通过什么渠道学习英语的?
(2)你为什么要参加世博志愿者活动?
(3)(在听说方面)你最倾向于哪一个国家的英语?
(4)你认为哪个国家的英语是"标准"的英语?
(5)你会和校园内的留学生用英语交流吗?
(6)你有出国经历吗? 如果有,有什么样的跨文化体验可以分享?
(7)你对有口音的英语怎么看?
(8)你认为自己能听懂其他国家的英语吗?
(9)你会模仿非英语母语国家的英语口音吗?
(10)你对自己服务世博的外语能力信心如何?

访谈结果显示,世博志愿者对世界英语态度呈现出以下三个特点:对英、美英语的尊崇,对其他变体和口音的偏见与排斥,对个人英语交流能力的自信。

3.2.2.1.1　至尊至上:"只有英音和美音才是地道的英语"

大部分受访者的语言态度保守,认为英国英语和美国英语才是"标准英语",对其推崇备至。对"内圈"变体英语,受访者一般会用"地道""标

准""正宗""优美""上档次""很赞"等词汇来评价。在他们看来,英语只有两种:标准和不标准,"外圈"和"扩展圈"变体则属于不标准。而标准和地道的内圈英语主要指英国英语和美国英语。对英、美英语的尊崇在认知和情感层面非常明显:

> 我赞同只有英音和美音才是地道的英语。(TKF)

> 地道的英语我认为当然还是来自英语的发源地英国,它的英语才是最好的。(AQ)

> 我们去年夏天去英国游学,参加了一次教堂的弥撒活动,教堂里那主持牧师的英语太上档次了,太优美了!好得无语!真正的标准英语!(WL)

他们对英、美英语的尊崇不仅停留在认知和情感层面,在行为层面也积极模仿。在网络时代,他们往往会选择下载一些英、美名人的演说进行模仿:

> 原来我模仿马丁·路德·金的"I have a dream",现在我模仿奥巴马的"Change has come to America",那气势,那语音语调,就是我们学英语要学的。(HB)

> 美音才是正宗的英语,奥巴马的英语多赞啊!我们寝室的男生都在模仿他的英语!(WXJ)

> 我和我的同屋Jenny准备出国留学读研究生。我们经常上普特网下载音频和视频材料学习、模仿。我喜欢英音,喜欢模仿英国伊丽莎白女王圣诞讲话的标准发音,觉得好优雅啊。我的同屋喜欢美音,她学希拉里的发音,也挺好听,感觉挺严谨的。如果不能发好这两种标准音,以后出国怎么和外国人交流啊?(WS)

值得注意的是,志愿者的选拔和申请动机似与英、美"标准英语"有联系。对于一些学生来说,这本身就意味着对他们英、美口音模仿的肯定,能给他们提供更好的模仿机会:

> 我被选为志愿者是因为我的美音比较纯正。我初中的时候,我爸是中学英语老师,他买了磁带让我模仿学习,所以我的英语就比较标准,我同学挺羡慕我的发音的。他们有的就学中国老师不标准的发音,就这样了,僵了,很难再纠正过来。真心感谢我老爸哈!(GDQ)

> 我参加世博志愿者服务就是想和来自英国和美国的游客用地道

的英语交流，改掉自己的湖南口音，提高我自己的英语。(LMX)

对于其他变体及其"口音"，访谈对象较普遍地认为会影响交际质量，应该根据"标准英国英语"或"标准美国英语"进行"纠正"，尽量向"地道英语"靠拢。

> 我们班级一个河南来的男生，大一的时候他的发音如此不够格，不地道，我们英语老师听了都犯晕。后来他一直通过模仿奥巴马的发音来纠音，现在讲起来有模有样了，进步超大！他也是一名志愿者了，他在世博园服务肯定与外国人交流没问题。(YJJ)

> 我们班级那个韩国女留学生虽然人长得不错，但英语太烂了，发音韩国特有的口音太重，音调好奇怪。我建议她根据VOA纠正发音，她却不以为然。(LXX)

> 我们班级来了个印度留学生，一开始我很愿意和他交流，他的英语很溜，发音却不够标准，我们交流也不太通畅，关键是我担心他的口音会影响我的发音，从而削弱我的沟通能力。我只好慢慢对他敬而远之了。(GJ)

> 印度英语太难听，我不会去主动和印度人搭腔。(LD)

可见，受访者不仅对什么是"标准英语""好的英语""地道英语"有非黑即白的衡量标尺，而且对什么样的人是好的模仿者，什么样的人是坏的模仿者，也有一清二楚的衡量标尺。对于那些不好的学习者，如果他们不能帮助其纠正，则选择逃避，生怕"近墨者黑"，影响到自己。

3.2.2.1.2 偏见和排斥："无法接受说英语带口音"

在世博前的访谈显示，志愿者对世界英语的认识比较浅薄，对跨文化交际的认识也是停留在发音和表达上面，对非母语国家的英语偏见较大，认为"非标准的英语"不应该学习，否则会"误人子弟的"。对澳大利亚这样的母语为英语的国家，甚至美国英语变体，也被一些受访者排除在外。以下这些陈述反映出他们清晰的好恶、偏见，乃至歧视：

> 澳大利亚英语原来是英国伦敦罪犯和穷人讲的英语吧，我不太喜欢，因为不够标准。(WZQ)

> 我小学学的是《牛津英语》，中学是《新概念英语》，老师说，英国英语才是真正的英语。大学的英语课本我不太喜欢，我自己就听普特

网上的BBC和相应的翻译、评论等材料。美国英语是原来英国北方乡下人英语,我不太喜欢。(Joe)

我无法接受说英文带口音。我一直觉得印度英语、美国黑人英语和日本英语别人听不懂。(COY)

我不看印度宝莱坞的原版电影,那印度英语实在太煞风景了,好像外星人的语言。(WQ)

去过印度参加模联大会,印度人那个口音啊,真是难听又难懂。为什么他们作为曾经的英国殖民地不好好学习英国的标准发音呢?(HSY)

受访者明显对澳大利亚英语、印度英语偏见较深,对澳大利亚英语的偏见源于对澳大利亚历史不全面的了解,认为澳大利亚"毕竟是流放罪犯所在地,英语肯定不标准"。对印度英语的偏见则在于对印度文化缺少了解,偏听偏信,如:"我外公在我小时候就说过印度就是贫穷、落后和脏、乱、差。"所以印度人讲不好英语是很自然的事情。一些只崇尚英国英语的受访者还把美国英语变体看作"英国北方乡下人英语"而产生偏见。这种偏见会在行为层面影响目标模仿变体的选择和排斥:

我和舅舅去过南非,舅舅的姐姐就是,呃,我姨妈,她在那里工作。南非人讲英语口音很重,好像舌头比我们大几倍,我绝不会去学的。非标准的英音和美音都不应该去学的。(XXN)

我有幸被选中参加了我们学校组织的和新加坡的交流项目,在新加坡待了三周,参观了新加坡国立大学、南洋理工大学等。他们的英语叫Singlish,三棵树发成"tree tree"。我们相互告诫,这种不标准的英语千万不能学啊!(MGH)

先入为主的偏见心理定势也影响到了志愿者对交流对象的选择,他们尽可能与来自英、美的留学生交流,认为这样可以改进发音,或者讲得更地道,而对其他英语变体在心理上有排斥感:

有次学院让我帮忙去机场接机,是外国留学生,我很高兴,可以有机会和外国人用英语交流了,结果是俄罗斯人,舌头很大,在喉咙里转来转去,讲的英语好难听,也听不太懂。下次我不会再去了。我喜欢正宗有档次的英语,如英国英语或美国英语。(LZC)

我在学校只和白人英、美留学生交流,目的之一就是为了学地道

发音。非洲留学生不少，英语也很溜，就是口音太重，不够正宗，会影响交流能力。(LMC)

除了对语言变体的刻板印象之外，志愿者还抱有许多对相关国家的刻板印象，例如：英国人拘谨保守、冷淡间接、彬彬有礼、守时；美国人思想开明、热情随和、富有创造力和冒险精神、乐善好施、注重效率；日本人教育程度高、傲慢、勤奋、聪明、注重礼节、有集体倾向、男性占主导地位；印度人教育程度低、不可靠、不拘小节、贫穷、节约；非裔美国人热情亲切、懒散、收入低、不可靠、有运动天赋等。这些印象有的来自电影、电视剧或其他大众媒体，有的来自接触到的外教，也有的来自个人有限的直接经验，如交流活动、旅游参观等。这些文化刻板印象与语言变体的刻板印象基本一致。

3.2.2.1.3　表浅自信："我学了10年英语，能与讲各种英语的人交流"

志愿者对自己的英语交流能力大多表现得很自信，但这种自信似基于对使用英语进行跨文化交流相当表浅的理解。这也有可能与志愿者的选拔标准有关。大学生选拔志愿者流程是：自愿报名、填写和提交报名表、审核信息、初选、复试(包括综合测试和面试两部分)。在报名须知中提到："注重考虑志愿者的语言能力，母语为汉语的申请人应具备外语交流能力，口语流畅……拥有相关口译证书……拥有英语四、六级证书，且能够熟练运用英语进行听、说、读、写。"因此，大学生志愿者对在世博服务的时候运用外语多显得很有信心。

有些自信是基于满足了英语考试标准，如有大学英语四、六级证书，是英语专业的学生，或者有外教给他们上课的经历：

我英语过了六级，还是优秀呢，所以我对服务世博很有信心。(MGH)

我的英语不算好，勉强过了四级，但是口语还行，在世博会那里给老外指指路什么的应该不会有什么大的困难的。(XZ)

我是英语专业的，接待世博游客和讲解与交流绝对没问题，真的，不会比我们的考试难。我们有四个外教呢，从大一到大三都有外教。(Sherry)

"有四个外教"意味着已经有和外国人交流的历练，他们估计世博的外国游客讲英语也不会太超出这些范畴。访谈中发现，这样的自信者还不少。也有些访谈者的自信是基于个人学习英语的时间长度或者学习方式：

> 我妈担心我的英语不行。担心什么？学了十几年英语正好派用场！世博英语,小 case 啦！(WL)

> 我美剧看得很多了,我的口语是比较溜的,服务世博外国人小菜一碟！(GXX)

学了十几年的英语,觉得英语应该不会有问题的想法很普遍,而看美剧比英语溜也成了一种学习时尚。在校园里通过正规课堂或课外途径如看美剧学习英语,使得有些学生信心爆棚,觉得世博正是练听、说的机会。还有些志愿者的信心是基于对服务任务的简单理解,或者对交流经历的兴奋而简单的期待：

> 世博期间用的英语不会很多吧,也就给老外指指路,回答一些简单问题,这不难的吧。如果这我也不会应付,那我的英语就是白学了。(WLL)

> 上岗培训时老师说,也许会碰到一些有口音的老外,我想连蒙带猜应该不会有问题。我的英语还是不错的,因为我是英语课代表,呵呵。(GCL)

> 我做过不少志愿者,就是没做过和外国人打交道的志愿者,这次很兴奋,也很期待,因为要和讲外语的真人打交道了,我的外语有用武之地了！(JYY)

在访谈中,我们注意到,几乎没有志愿者认为自己的英语会有交流障碍,在学校与留学生和外教的英语交流为他们服务世博带来了坚实的信心和勇气,根本没有想到自己即将接触到的各种变体会带来何种烦恼,以及对世界英语会产生什么新的认识或变化。

3.2.2.2　世博后的语言态度:偏见、宽容、开放、反思

在世博后的访谈中,志愿者根据其经历和体验涉及的世界英语变体超过 20 种,其范围比世博前的 12 种更广。除前面已经提及的,还包括:更多的非洲黑人英语变体[如:刚果(布)、几内亚、莱索托、马里、毛里塔尼亚、坦桑尼亚、塞内加尔、津巴布韦、赞比亚、纳米比亚、苏丹、肯尼亚、喀麦隆、刚果(金)、埃塞俄比亚、毛里求斯、莫桑比克、尼日尔、博茨瓦纳等]、加拿大英语、新西兰英语、爱尔兰英语、德国英语、瑞典英语、意大利英语、阿拉

伯英语、南美英语(巴西、墨西哥、古巴)。

　　志愿者对世界英语的接触广度在世博会上拓展了许多,尤其是在非洲馆服务的志愿者,能够在原来笼统的"非洲黑人英语"之下,区分出一些不同国别的人讲的英语,比如:"埃塞俄比亚英语有舌音和鼻音""喀麦隆英语有卷音""肯尼亚英语口音最重""南非英语舌头大"。

　　世博后访谈问题提纲主要由下面 10 个问题组成,其中(4)(7)(8)(9)与世博前有重叠:

(1)你在服务世博外国参观者中觉得你的外语有提高吗?
(2)你在服务世博外国参观者中觉得哪个国家的英语变体最难识别?
(3)你最喜欢哪个国家的英语?
(4)你认为哪个国家的英语是"标准"的英语?
(5)做世博志愿者后,你对自己使用外语能力的信心是否增加了?
(6)你是如何克服困难和外国游客用英语交流的?
(7)你对有口音的英语怎么看?
(8)你认为自己能听懂其他国家的英语吗?
(9)你会模仿非英语母语国家的英语口音吗?
(10)世博志愿者服务中你最大的收获是什么?

　　世博后的访谈显示,世博志愿者对世界英语态度主要表现在四个方面:偏见依旧保持、总体中立宽容、趋于开放、对英语教与学进行反思。

3.2.2.2.1　偏见依旧保持:"标准英语只有美国人和英国人讲的算"

　　一些志愿者满心抱着练"地道"英语的希望,结果接待的却是来自非英、美国家的游客,觉得很失望、郁闷。首先是抱怨听不懂,或者听起来吃力,然后觉得运气不好,觉得英语变体口音太重,是"不标准英语":

> 　　做世博会志愿者之前觉得很新奇,对要和很多老外打交道有期待。但是,真正见识了就很失望,外国人的英语大部分都讲得不怎么样,听不懂。世博很好玩,世博志愿者工作还算有意思,就是自己英语没有长进,比较失望。(JDR)

> 　　斯里兰卡人讲的英语太夸张了,我接待了一个 5 人团,听得云里雾里,他们觉得我英语不好,我觉得他们讲的不是英语,是斯里兰卡语和英语的混合语吧,太不标准了。本想通过世博提高英语,结果……唉,太郁闷了。(LJ)

我在非洲联合馆做志愿者工作,非洲联合馆好大,我记得建筑面积近3万平方米,是上海世博会11个联合馆中最大的一个,有四十多个非洲国家呢,比如刚果、几内亚、毛里塔尼亚、赤道几内亚、中非共和国、坦桑尼亚、津巴布韦、赞比亚、肯尼亚、喀麦隆、尼日尔、莫桑比克等,我能背出大部分哦,在那里泡了不少日子。这些国家有的是英联邦国家,有的英语是他们国家的官方语言,我想他们英语会有点口音,但是交流应该没有问题,至少自己的听力会提高。没想到非洲人讲英语舌头大,口音重,听起来好吃力,比如three,他们发hrrrree。之前我知道要去非洲馆服务,就专门找安南的演讲听,但是和真人对话还是挺困难的,英语根本没有提高,连听力也没有提高。总算有些有趣的经历值得回味。(CXX)

我分在亚洲联合馆,里面有老挝和缅甸等展馆,和他们有过一些交流。他们的英语实在不太好,我好想去英国馆或者美国馆,体验标准的英语,起码去德国馆也好,听说德国人英语也很不错的。唉,我的运气不太好。(TXL)

不少受访者承认,报名参加志愿者的初衷就是想体验"标准英语",通过用英语交流,帮助自己提高英语水准。结果那些分在非洲馆、亚洲馆的志愿者发现自己英语根本没有提高,"连听力也没有提高"。他们对游客说的英语不是他们所期待的"标准的英语"而感到不快,甚至有抵触情绪。

在世博服务与游客的交流障碍中,有的缺少对自己的反思,指责对方英语"太不标准"。有个别人对英语变体的刻板印象不仅没有减轻,反而加强了:

阿拉伯英语的口音啊,我一般都听不懂,这能叫英语吗?太不标准了。我必须集中注意力努力捕捉关键词,否则就玩完了。什么学习机会?哪里有什么学习啊?每天人潮汹涌,我在月亮船(沙特馆)维持秩序啊。(SLL)

在泰国馆和泰国美眉用英语交流真叫累啊。后来学会连蒙带猜,手势语有点进步哈,英语好像退步了。本来我发音不准,和泰国人待了几周后我的发音受影响,同学笑我更不准了,那可怎么办?(ML)

世博会后更加发现标准英语只有美国人和英国人讲的算啊,别的应该都是不标准的英语,学了不太好。(WL)

受访者觉得阿拉伯英语太不标准,这毁了英语学习的机会,而不是觉得这是认识世界英语的机会。泰国英语也使志愿者觉得自己发音受影响而退步了。有的依然认为学英语只有英、美的才是标准的,偏见的存在使他们坚持认为"不标准英语"学了不好。

在坚持自己认为"客观"的好坏判断标准的同时,志愿者还对他们认为的好坏影响因素提出了自己不无偏见的认识,例如:把口音与教育程度低联系起来:

  发音的好坏受周围环境的影响,每个人对发音也有各自的敏感程度,也和教育的条件有关。(HW)
  日本人的英语比中国英语差多了,非洲更难听了,更蹩脚了,问了几次也没搞懂,教育程度太低了吧。(WYZ)
  印度的教育不咋地,因为他们的英语实在不敢恭维,我就是努力听也听不懂。(WB)

其实,在非洲和亚洲一些国家,英语是官方语言,也是学校教育使用的语言,但是我们的受访者仅从口音来判断其教育程度高低的不公正评价就是偏见的体现。那些能够有机会与英、美母语者交流的志愿者则很兴奋,感觉自己非常幸运:

  一天碰到一对英国夫妇,带了两个孩子,一男一女,问我吃饭的地方,小男孩最后用很地道的 RP 和我说"Thank you so much."那好听啊,真是种享受。人家的教育就是好哇。(WXQ)
  我分到了梦寐以求的美国馆,和馆内几个美国帅哥聊英语真是件享受的事情。虽然有时也听不太懂,那是我的英语不够好。志愿者服务结束后,我回来天天听 VOA,恶补,我的美音现在很标准了。这要感谢世博志愿者服务啊。(LN)

受访者崇尚英、美音的成见也激发了学习的偏见,以为练好美音、模仿了地道口音,就是学好了英语,从而不去关注语言内容和语言实际运用能力。这种口音偏见产生的标准音捆绑式学习的语言态度对世界英语的认知负面性较强。

尽管焦点小组访谈主要是围绕语言态度进行的,但与其相呼应,志愿者对不同国家的访客或一般意义上的某个国家的人,也有一些文化定型的

印象,在访谈中流露了出来(表3-10):

表3-10 志愿者对英国人的印象

文化定型	访谈材料举例
彬彬有礼	• 他们说话和举止总是那么彬彬有礼。经常听到他们说"谢谢"和"请"。英国男性对女性很绅士,也很尊重。很多细微之处都体现了女士优先。让女性走在前面,先进电梯、公车、地铁。(DY) • 很有礼貌,一点小事谢个不停。(LJ)
认真严谨	• 做事的时候一板一眼。(SJ) • 英国人其中一个优点就是准时。他们一般会早到几分钟。(LB) • 从我认识的人身上,看到他们特别严谨。实习的时候看见我的上司有记事簿,他会逐条核对手上的事情。(FIT)
传统怀旧	• 他们保留了许多传统和传统事物,怀旧。人们最熟悉的莫过于伦敦街头那些将近百年历史的红色电话亭和红色邮筒、大雨伞、温网等等。他们的城市,特别是伦敦,犹如建筑博物馆。(HW)
拘谨保守	• 英国人比较保守。他们只接受熟悉事物,怀疑陌生的东西,和他们一交谈就能看出来。(TJ) • 他们不喜欢变化。(COY) • 没有美国人开放,他们拘谨、守规矩,比较保守。我带几个英国游客去英国馆的路上没什么交流,也许我的英语不够好。(WMM) • 他们经常不直接说出自己的想法。他们说我们能不能听听其他观点,实际上意思是我不喜欢你的意见。(SZ)
冷淡疏离	• 美国人在看表演时大喊大叫,英国人好像没有什么反应,比较冷淡。(LJ) • 英国人一般不喜欢谈论自己的隐私。当然他们很有礼貌,但喜欢跟人保持一定距离。(AQ) • 他们看起来不是很好亲近,跟自己无关的事物,他们好像漠不关心。很难看到他们有强烈的感情,也不喜欢跟陌生人打交道。(SJ)

受访者对英国人的文化定型既有正面的表述,如彬彬有礼、认真谨慎,也有较为负面的偏见,如拘谨保守、冷淡疏离。有些是未必带有明确感情或评价色彩的地域文化历史符号,如红色电话亭、红色邮筒等(HW)。这些印象中少数有个人直接经验的基础,如FIT谈到实习时的上司有记事簿,有些似有某些经验基础但并不具体,例如LJ谈到英国人看表演的反应,更多的是泛泛而谈,流于抽象的概括或评判,如"他们不喜欢变化"(COY)、"英国人比较保守"(TJ)。在指称上,多用总体性的"英国人""他们",很少再做更具体的区分。

与对英国人的印象正负兼有不同,志愿者对美国(白)人的印象非常积极正面:

表 3-11　志愿者对美国(白)人的印象

文化定型	访谈材料举例
思想开明	• 向外教说明我的想法要比跟其他老师轻松一些。我觉得他们对待不同的观点更加宽容,不会认为我不尊重他们。这大概就是世博期间我跟美国人说话比跟其他外国游客说话更加自然的原因吧。我不会担心自己举止是否恰当,或有没有哪里做错。(JL) • 我喜欢美国人的思维和交流方式,不做作,非常开放。(WD)
热情随和	• 美国人都很热情友善,脸上总带着笑。我交往最多的是外教,刚开始我称呼他 Mr. Duke,后来变成 Anderson。他对待学生像朋友一样。我其实给他增添了很多麻烦,不过他从不责怪我,相反,还很亲切。(LJ) • 我记得一次在世博园碰到一对美国夫妇,他们咨询了中国馆,后来我们聊了很久,他们甚至还给我看他们儿女的相片。(TKF) • 他们说话都很随和。有些游客还问我到哪里可以买便宜的手工艺品,怎么砍价。(GT)
创造力强	• 说到美国人,我会想起 Steve Jobs 和苹果公司。他们都有很强的创新能力。(ZXT) • 美国人的话,不能不说说他们的独创性。难怪他们会有这么多天才。(AQ) • 他们在很多领域都很牛,我觉得,最重要的原因就是他们人才济济,像爱迪生、比尔·盖茨、马克·扎克伯格。(GYB) • 他们有许多顶尖的大学,哈佛大学、耶鲁大学等等,还发明了很多对人类生活有巨大影响的事情,像可口可乐、飞机和计算机。他们的创造力是难以忽视的。我也喜欢看他们的广告。有一个游客还给我看了他自己拍的短片。很特别,印象很深。他们很喜欢 DIY。我觉得更喜欢他们了。(SG)
富有冒险精神	• 他们喜欢冒险。我想他们就是这样长大的。(TXB) • 服务期间,我遇到一个美国人,现在我们成了朋友。他叫 Bob,比我爷爷年纪还大。他告诉我,他现在在中国做外教,放弃了美国高薪的顾问工作,让我很惊讶。(HL)
乐善好施	• 我看到一些美国游客带着亚洲或非洲小孩。后来才知道,那些都是被收养的孩子。在美国,这样的事情不少,有些家庭即使自己已经有了一两个孩子,也会收养孩子。在我看来非常善良。(ZKY) • 我美国朋友的妈妈到中国来仅仅是为了在云南红十字会工作,帮助贫困儿童的教育。我很感动。朋友还告诉我,很多美国人会参加各种志愿者活动。(GLJ)

(续表)

文化定型	访谈材料举例
注重效率	• 我在美国的时候,美国人的高效让人印象很深。所有的事情都井井有条。当时我是一名翻译,协助中国公司验收购买的设备。我们到达的时候,所有的文件已经准备妥当。我们提前完成了验收,我们的主管原先以为要拖后两三天才能完成。(HL)

受访者对美国(白)人的印象基本上都是正面的,用于形容他们的言语基本也都是积极的。与对英国人的印象相比还有一个不同之处,就是印象比较具体,信息源也更丰富。其中有不少基于个人经验,有直接经验来源,包括与外教的接触、出国经历、结交美国朋友,也包括世博期间的志愿服务。还有一些来自公共信息资源,如大学名称、历史名人、电脑公司等。所用的指称语也比较具体,如"一个美国人"(HL)、"一对美国夫妇"(TKF)、"一些美国游客"(ZKY)等。不过也可看出,志愿者也常使用不加区分的泛指概念,如"美国人""他们",或者全称概念,如"美国人都很热情友善"(LJ)。从这些印象中,还可看到之前形成的印象会在一定程度影响后来交流时的心态,如 JL 在跟外教交流的过程中形成了美国人比较宽容的印象,这使这位志愿者在世博期间跟美国人交流时比较放松自然,"不会担心自己举止是否恰当,或有没有哪里做错"。

表 3-12　志愿者对非裔美国人的印象

文化定型	访谈材料举例
运动天赋	• 大多数顶尖篮球比赛里,可以看到很多黑人。(HL) • 很多体育明星都是美国黑人。我想他们有体育天赋。(LL) • 一说到美国黑人,我脑海里会立刻闪出科比的形象。(HYS)
热情亲切	• 有一次,我从教室回宿舍,碰到了一名黑人,他冲我微笑了一下,后来我们开始聊天,说到彼此要去的地方。他来自美国,爸爸在一家外资公司工作。还有一次,在咖啡馆碰到一个年轻的黑人,体型很壮。我们聊了很久,他还邀请我一起去参加 party。他们很热情。不过我身边的朋友都提醒我要小心。(TG)
懒散	• 室友交换到了国外大学学习,通过他我了解到美国黑人工作不怎么努力,满足现状。他经常看见几个黑人女人坐在图书馆门口聊天,很悠闲。走路总是慢吞吞的。他们不喜欢工作也没什么事业心。对家庭也没有责任感。很多人甚至吸毒。(MY) • 我们校区有一些黑人。好像很闲,摩托车开得飞快。(TXB)

(续表)

文化定型	访谈材料举例
收入低	• 在国外学习的朋友告诉我,多数体力活,建筑、清洁、洗衣、公交都是黑人在干。他们挣的钱应该不多。生活水平肯定很低。(COY) • 美国黑人都厌倦了生活,挣钱不多。(ZKY)
不可靠	• 和美国黑人独处不是很安全,有点害怕。(LB) • 虽然不是很公平,但是情不自禁会把他们跟坏人联系到一起。(TJ) • 我发现美国很多犯罪分子都是黑人。曾经,我在新闻网站上看到,傍晚的时候,有黑人袭击路上跑步的人。我妈妈跟我说,去纽约旅行的时候,导游提醒他们不要去中央公园北边的黑人区域。搞不好被杀了,线索都找不到。电影电视剧里也看得到黑人区域充满了暴力、毒品、抢劫、各种犯罪事件。(SXJ)

志愿者对非裔美国人的印象相对白人似乎更单一。正面印象最突出的是体育天赋,负面印象最突出的是犯罪率高、令人感到不安全、害怕。这些印象的来源,大众媒体似乎最多,还有"在国外学习的朋友告诉我"(COY)、"妈妈跟我说,导游提醒他们"(SXJ)等间接、间接又间接的来源,个人直接近距离接触的经验相当少。即便有正面直接经验,感受到对方"热情"的受访者 TG,也被许多朋友提醒要"小心",承受着信息源之间的张力。对于犯罪率高等印象,志愿者大多联系到自己的主观感受——害怕,而并没有再去追究信息的可靠性以及背后的原因。有意思的是,对这些印象中隐藏的偏见,志愿者并非完全不知晓:"<u>虽然不是很公平,但是情不自禁</u>会把他们跟坏人联系到一起。"(TJ)这呈现了文化定型的顽固性、稳定性,也给可能的干预留出了空间。

表 3-13 志愿者对日本人、印度人的印象

文化群体	文化定型	访谈材料举例
日本人	勤奋聪明	• 日本是一个勤劳的民族,也很聪明。发明了各种智能机器人。(JL) • 刚开始我其实很讨厌日本人。但后来学了日语以后也接触过一些日本人,他们很友好,有些刻板但很礼貌。做什么都很认真。我到现在还是很讨厌日本政客,福田康夫除外。(WS) • 日本人都很聪明,他们什么都做,游戏机、车子、电脑、电子产品、机器人。喔,我特别喜欢日本动画,都很棒。(GZQ)

(续表)

文化群体	文化定型	访谈材料举例
日本人	注重礼节	• 我对日本的印象大多数来自日本的连续剧和电影。在电视剧和电影里,他们一直在鞠躬,也可以看得出有非常鲜明的等级划分。日本人礼貌、严肃、服从上司,也很谦虚。日本人很重视教育,普遍教育程度高。(PFJ) • 日本人有严格的礼仪规范,有点做作。(CSY) • 他们说话会用敬语,特别是跟老师、老板、上级说话的时候。(JLW)
	集体倾向	• 日本人有强烈的集团主义意识,如果跟群体反差太大,往往被摒弃在团队之外。连叛逆的年轻人行动起来也仿佛单个巨大生物体,极其一致。(LP)
	男性主导	• 我爸爸的朋友跟一个日本姑娘订了婚。她性格很安静温顺。我觉得挺软弱的。她自己认为是一种尊重。我想这是文化差异。她拼了命取悦爸爸的朋友。他喜欢她估计也是因为她很听话。(YPF) • 在婚姻家庭生活中,性别差异很大。工作上也存在性别差异。日本的主妇、女儿要做全部的家务,负责饮食。丈夫生病时,妻子们会照顾得很周全。反过来情况就不同了,在日本这是正常现象。日本的女性相当传统,认为自己看起来必须令人"赏心悦目"。感觉她们没有西方女性那么聪明、成熟和独立。例如,她们努力让自己外貌、行为上很萝莉、可爱,说话也不直接。(GLY)
	傲慢	• 我觉得日本人看不起其他亚洲国家的人,这点让我很讨厌。(FTT) • 日本人认为自己比其他独特的国家更独特,也不认为自己是亚洲人。(WH) • 日本人觉得只有日本有四季。(LX) • 他们觉得日语是世界上最难的语言,外国人学不好日语。(JX) • 他们的野心没有止境。(HHY)
	压抑	• 日本人有尊重长辈的传统。他们不管什么时候都那么正经八百的,很压抑。他们不能跟长辈顶嘴,不能跟长辈平起平坐,学业上承受很大的压力。女性也很压抑,她们被要求要萝莉、可爱、被动,结婚后又要做家务和煮饭。(ZKY) • 日本人活得蛮压抑的,据说日本的自杀率是世界上最高的。富士山上经常有集体自杀的报道。(MXM)

（续表）

文化群体	文化定型	访谈材料举例
印度人	传统	• 他们保留了很多传统,例如咖喱、纱丽和朝拜。（FIT） • 我记得一些电影人物,比如说,阿克巴大帝。（KLW） • 我会立刻想起玩蛇的人,在电影里看到过好多次。很遗憾这次没有碰到印度人。（LX）
	贫穷脏乱	• 看了《贫民窟的百万富翁》,一直在想是不是印度到处都是贫民窟。（LFY） • 记不清这种印象怎么形成的。对印度的唯一印象,脏乱。（SZ） • 贫穷的印象,是因为Raj（美国电视剧《生活大爆炸》人物）。（SG）
	教育程度低	• 那里的人很难获得适当的教育。更别提什么高等教育了。（PY） • 孩子们都不去上学,穿着父母改小的衣服。（HH）
	节俭吝啬	• 我曾给印度人工作过。他们真的很节约。那一次给一个公司培训做翻译。他们一直提醒我们去吃午饭时要把机器关闭。我们本来打算开着,午餐时间很短,很快会回来使用机器。（HW） • 他们生活都很节省,也不在意脏乱。（TKF） • 很吝啬,喜欢讨价还价。（WXL）

受访者对日本和印度这两个亚洲国家的文化定型差异较大。对日本是五五开,一半是正面积极的,如勤奋聪敏、注重礼节,一半是负面的,如男性主导、傲慢、压抑。印象虽有部分来源于个人经验,但深入的直接接触很少,更多是来自电视剧、电影、动画等文化产品。志愿者的叙述大量使用"日本人"、日本"民族"这样的宏大概念,也不乏极为负面的判断和厌恶的情绪。对印度人的印象则是一边倒,除了"传统"外,基本都是负面的描述:贫穷脏乱、教育程度低、节俭吝啬。对印度人的印象来源比较贫乏,更多依赖电影、电视剧,偶有个体经验。

从以上材料可以看出,第一,这些文化定型有负面的,也有正面的。与语言态度有一定的联系,例如对美国(白)人的印象无疑是最为正面的,对英国人的印象好坏参半,而对其他国家或族裔的评价负面为多。也有不甚对应之处,例如对日本英语的总评价是最低的,但不少志愿者对日本的动画等文化是比较喜爱的。第二,总体而言,志愿者的文化定型中有明显的权力不平等影响。例如他们对英、美文化传统、历史人物等相对较为熟悉,提及英国的首相丘吉尔、伊丽莎白女王、足球运动员贝克汉姆和美国的篮球运动员科比、总统奥巴马、歌手麦当娜、迈克尔·杰克逊等,都能如数家珍。但对于印度这样一个邻近的文明古国,志愿者了解的历史文化人物非常有限,更多的是对贫民窟、卖艺人的印象。第三,有相当一部分志愿者的定型充满了明显的过分概括、偏见甚至歧视,如印度的"孩子们都不去上学""美国黑人都厌倦了生活",而且对自身的歧视态度毫无觉察。这也折射出了跨文化教育的一种缺失,甚至可能的误导,值得反思。第四,志愿者的文化定型的构成和来源较为多元,有大众媒体、他人的经历转述或传言,也包括一些个人的实际经历。有些定型在世博前就有了,有些则是世博中的经历。原来持有的定型与现实中个人跨文化交际经历之间的关系是怎样的,可能是较为复杂、因人而异的,这也是要进一步深入考察的。

3.2.2.2.2　态度中立宽容:"英语能交流就可以了,不必纠缠其口音"

近三分之一的志愿者在访谈中对各变体的态度表现得较为中立客观,对于英国英语和美国英语以外的变体态度较为宽容,不把"口音"视为交流的障碍:

> 英语能交流就可以了,不必纠缠其口音或者语音是否标准。(CL)

> 很多印度人英语口音很烂,但他们可以很好地用英语交流。发音是语言很重要的部分,但不是全部。(JL)

> 个人认为像英音或者美音就像是普通话,是一个标准的范本,但是肯定不能否定其他的口音,就像不能否定这么多千奇百怪的中文方言。(JJW)

> 我在意大利馆,最漂亮的馆之一。意大利馆参观的人那叫多啊,我的任务就是维护秩序、指路,有时做些简单的讲解。我的英语还行,基本游客能听懂,游客的英语五花八门,没啥标准,不过无所谓,来这里看文化,玩得high,我们大概能交流就行了。(XZ)

> 英语嘛有的标准如英国人、美国人、加拿大人,澳大利亚人也行。其他都不太标准,但是有口音才是有文化。我总结了一下:意大利人讲英语像唱歌,俄罗斯人像吵架,法国人像吃了夹生饭,印巴人讲英语

都像嘴里含了一块烫的红烧肉,很模糊。都挺好玩,我都能接受,也学着说几句玩玩。(Jack)

这些志愿者意识到语言是用来交流沟通的,这个认识很重要,使他们摆脱了口音偏见,认为英、美音只是一个标准的范本,不必遵循和崇尚标准音的课本,更不能因此否定其他变体的口音,"就像不能否定这么多千奇百怪的中文方言"。而且"有口音才是有文化"的宽容的认知,也让志愿者对不同变体有积极的语言态度:

> 对于有着不同口音诸如印度、巴基斯坦、非洲等口音的人,只能是尽量去适应。(PBL)
>
> 只要不妨碍交流,英语有点口音蛮好的,如果全世界的人说英语都没有口音,都和女王讲得一样那多没劲。我也学了几句法国英语、韩国英语、日本英语呢,回来学给同学听,他们乐着呢。(XS)
>
> 世博会是个各种口音大比拼的地方,挺好玩。虽然我听不清每个字,但是可以交流啊。有个印度一家六口问我吃饭的地方,那个"来屎壳郎"(restaurant)我听了几遍才搞清楚。后来的巴基斯坦人、新加坡人,还有印尼马来西亚人,他们发音差不多,一讲"来屎壳郎"我就马上明白了,学了几招绝活哈。(YS)
>
> 有的外国游客虽然英语很奇怪,但是多听了慢慢也能听懂。他们的礼貌和热情是对我最好的鼓励,我们同学要拼命挑选美国馆、英国馆、加拿大馆,至少澳大利亚馆。我不在乎,我能后来基本听懂五湖四海游客的英语,他们也能和我交流,太刺激了,太有收获了!以后争取到国外世博会去做志愿者。(ZSC)

这些访谈者对英语变体的态度总体就主动多了,有的是"尽量去适应",有的则不仅接受,还乐滋滋地去"学",不是为了取乐,而是觉得有文化意义,觉得是"收获"而不是"受罪",甚至激发他们去国外做志愿者,深度体验各种英语变体和获得跨文化经历。

3.2.2.2.3 趋向开放:"全球化就是英语多元化"

有的受访者对世界英语的态度表现得较为开放,有些甚至表示觉得其他变体的发音十分"特别""可爱""独特",如:

> 我现在觉得每个人的口音都是独特的,不可能全世界都一个口

音。我们不应当对那些有口音的人持有偏见。例如,我有一次接待柬埔寨国王团时,与驻上海领馆的负责人交流也很愉快,虽然我磨合了很久才习惯他的口音。之前认为他们的口音很难听懂,但接触之后发现习惯了就不难懂了。(SQZ)

一些志愿者表示在与说"非标准英语"的人交流时,只要抱着宽容认真的心态,可以较快地适应和理解。觉得一些英语变体"难听""难懂""难以理解"等其实都是心态问题:

> 我遇到的很多外国人说的都不是地道的英国英语和美国英语,一开始有点奇怪,后来认真听就慢慢适应了。(SXJ)
> 之前认为印度人的口音很难听懂,但习惯之后就不难懂了。(SJ)
> 世博会后最大的改观就是对日本英语,我在世博会之间接待了很多名日本游客,他们说着非常清晰易懂的英语,完全出乎我的意料之外。我原本以为我会碰到一些困难,至少,我要花点时间才能适应他们说话,但事实却不是如此。(SZ)

一些志愿者也意识到语言偏见问题,认为只要不抱有歧视和成见,学会尊重,"非标准英语"也就不是那么难以理解:

> 美国黑人口音没想到蛮难听懂的,但我仔细听后,发现听懂了大部分。我觉得,只要认真去听,不要有歧视和讨厌的态度去听,什么英语都能听个八九不离十吧。(LQT)
> 什么难听不难听,标准不标准,人家就是这么讲英语的,只能你去适应,难道让人家去适应你? 不可能吧。反正我有了思想准备,知道世博会里面的人讲英语会有不同口音,慢慢习惯,当然还要尊重人家。(MH)

还有一些志愿者提到了"英语多元化""全球英语",对世界英语有了一定认识,所以不应该歧视有口音的英语。如果只是发音标准,却不能有效交流,所学的英语也没有真正意义:

> 没必要歧视有口音的英语,全球化就是英语多元化,中国人讲的英语还有各地的口音呢。
> 我待的时间比我同学长,因为我是志愿者里面的组长,接触的外

国游客比较多,英语是世博通用语,外国游客的英语差异很大,令人惊叹。我的英语被摧残了,不过我不介意,因为见识了真正交流的全球英语。(GY)

全球化是什么意思?做过世博志愿者你就知道了。就是全球人都会讲英语,讲出来的英语不一样,但是你要听得懂,还能进行交流。这就是有了全球化做大事的本事了。我是学国际贸易的,这次经历让我感触很深,英语教学开放性不够,不如印度和新加坡,甚至不如孟加拉国。我接待的孟加拉国大学生英语很熟练,很流利,虽然我听不太懂。我们中国学生一般发音很标准,很好听,不流利,不能有效交流,有什么用!有屁用!(ZY)

这些访谈材料让我们看到了大学生语言态度的积极客观和开放明智的一面,世博会给了他们了解真实英语的机会,从而也学会用宽容和开放的态度去接纳和交流。这也给我们一些启示,如果教学中或志愿者培训中能更多地扩展世界英语,那么跨文化交际的效率可以有更多的提高。

3.2.2.2.4 反思:"为什么我们上课只有英、美音?"

一些志愿者通过世博的经历,意识到自己语言学习的局限性,态度发生一定变化,并认为英语教学也应开放多元化。他们开始反思中国的外语学习,提出英语学习不能只学 RP 和 GA,不能只在标准发音上面花工夫:

一直觉得自己的英语不错,还参加过演讲比赛,得过奖。去了世博后第一天就蒙了,一个印度人对我说:"WA DIM",我就 pardon 了几次,他又指指我的手表,我明白了他在问"What Time"。我们学的都是标准音,还要模仿 BBC 或 VOA 发音,一到实际运用,就抓瞎了。我们老师教学时也应该让我们听听不同口音的英语。(LML)

大一的时候,我们语音课老师说我们只能学 RP 和 GA。我们在做世博志愿者的时候发现,光听懂英、美英语是不够的,平时上课如能听听不同国家的英语可以帮助我们世博的交流啊。(RH)

有的受访者对中国的外语教学方法和教材提出了疑问和挑战:

世博后,感觉实际交流跟教科书上的东西很不一样,感觉他们(指外国游客)说的都是些很简单的话语,交流中最重要的是意思表达清楚,跟书上所学完全不一样,不像我们书上学的那么学术,那么讲究。

(JY)

为什么我们上课只有英、美音？我们的课堂以后应该开放一些,因为真实世界里的英语不只有英、美音,这是世博志愿者让我感受到的。应该让英语老师也去做志愿者感受一下真实英语。(HL)

我们组有两个新加坡志愿者,虽然只待了十天不到。他们的英语比我们厉害多了,他们什么英语都能听懂。他们说他们老师上课什么口音都有,他们也不介意,只要讲得好就行了。我们是否太注重标准音了？(YDL)

我们英语老师可鄙视那些难听的非洲大舌头英语和印度的含糊英语啦,只让我们学 Queen's English。我开始也鄙视有口音的英语,到了世博知道学外语是要交流啊,听懂才是王道吧。外语教师凭什么只让我们学女王的英语,鄙视平民的英语？(DXY)

这些问题很有批判性思考,"为什么我们上课只有英、美音"？"我们是否太注重标准音了"？"凭什么只让我们学女王的英语"？这不仅是质疑,更是有深度层面的文化思考和教学层面的建设性的建议。

语言和文化多元意识的提高是一些志愿者在世博服务中的重要收获,对课堂中语言文化相脱节的状况有的也提出了自己的想法：

世博最大的收获是发现真正的英语原来不是和我们课堂上学的一样的,英语是各种各样的,不仅仅是美式英语和英式英语两种。强调英、美音其实没有必要,就是为了 show 吧。(WBS)

在短短的一个月中(我在中国馆的协助接待服务中)接触到了来自全世界各地的贵宾游客,在同其交流的过程中,基本可以用英语进行交流,偶遇非英语国家游客时,还是会有些沟通困难。在一个月的实践过程中,我感觉英语依然还有很大的提升空间,尤其是听力和复杂情景下的描述与表达。因为在描述某些中国文化或特色时,可能会出现描述不清的情况。我们过去上的英语课好像太单一了。(ZC)

不少访谈者提到,通过世博经历后发现英语原来不是和课堂上学的一样的,并提出了语言教学单调、不能很好地和文化相结合的问题。这些世博志愿者活动带给他们的积极思考为改变语言态度、接受世界英语打下了一定的认知基石。

3.2.3　世博前、后志愿者态度的比较

3.2.3.1　刻板印象的松动

有部分志愿者在世博前、后都接受了访谈,比较两次访谈内容,发现经过世博他们的语言态度有了相当程度的变化。比较明显的是刻板印象的松动、削弱,对"标准英语"不再那么无条件尊崇,对"非标准英语"不再那么一概排斥(表3-14):

表3-14　世博前、后的态度比较:刻板印象削弱

化名	世博前	世博后
WXJ	美音才是正宗的英语,奥巴马的英语多赞啊!我们寝室的男生都在模仿他的英语!	为了演讲和辩论,老师让我天天模仿奥巴马的英语,我的演讲效果还是不错的。可是在世博志愿者工作中我看到了自己的奥巴马英语根本没有交流优势,因为人家游客没人讲奥巴马英语,讲的都是奇怪的、好玩的英语。
SXJ	标准的口音可以给别人留下好的印象。	老师说我的英音学得很地道,可是在做志愿者的时候,有个以色列客人说我的英语像在演戏,不自然,我很受伤。
TKF	我赞同只有英音和美音才是地道的英语。	我在德国馆服务比较多,德国人的英语讲得不是一般的好。还有丹麦人、挪威人的英语也很地道啊。
LMC	非洲英语口音太重,不够正宗,会影响交流能力。	非洲国家英语也有不同,虽然有口音,但是稍微多听一会就能习惯,不会影响交流,他们很热情,很能侃。
COY	我无法接受说英文带口音。我一直觉得印度英语、美国黑人英语和日本英语别人听不懂。	世博志愿者期间,服务的游客讲的英语都有口音,第一周比较艰难,第二周居然我能听懂有口音的英语啦,包括印度英语、黑人英语、日本英语基本也能听懂。慢一点、仔细一点,你会发现就是音调有民族风格,其实都差不多。
LCL	如果不能发好英国或美国这两种标准音,以后出国怎么和外国人交流啊?	世博志愿者服务工作让我意识到外国人讲英语不标准的多得是,我们太标准反而显得做作。能和有口音的各国人交流那才是真本事哦。
WXX	新加坡这种不标准的英语千万不能学啊!	新加坡人的英语虽然发音有点口音,可是所向披靡啊,谁的英语他们都能听懂,和谁都能交流,他们的志愿者比我们的强,偶服了。

从世博前赞美、模仿"奥巴马英语",到世博中发现外国游客没人讲

"奥巴马英语",再到世博后认识到自己的"奥巴马英语"根本没有交流优势,这一发现改变了其语言态度,也削弱了其原有的刻板印象。原来以为标准口音会得到赞美,却被说成"演戏""做作";世博前一直以为英、美音才是地道的英语,世博后认识到德国人、丹麦人、挪威人的英语都很地道,甚至非洲国家英语也不会很影响交流;世博前对新加坡英语有严重偏见,世博后觉得他们学的是真英语,"所向披靡",跨文化交流效率高。这些世博前、后的变化正是志愿者跨文化实践活动的意义所在,就是打破偏见与隔阂,使语言态度有所正向的变化。

3.2.3.2 对英语交流能力盲目自信的反思

一些志愿者的世博前、后的变化体现在对于个人英语交流能力盲目自信的反思:

表 3-15 世博前、后的态度比较:对盲目自信的反思

志愿者	世博前	世博后
JMK	我英语过了六级,还是优秀呢,所以我对服务世博很有信心。	我分在非洲联合馆,一开始和非洲馆工作人员交流根本不行,和来非洲馆的非洲游客交流也障碍很多,他们的英语我过去根本没有接触过,那语调和腔调,我都快崩溃了。后来才慢慢适应。看来我的英语应该反思了。
ZJW	我美剧看得很多了,我的口语是比较溜的,服务世博外国人小菜一碟!	唉,世博客人讲的英语和美剧里面的英语差别太大了,我的口语溜不出来了,只好吭哧吭哧地勉强交流。我太吃惊了,英语的实际运用和学校的学习不是很搭界啊。
PWW	我的英语不算好,勉强过了四级,但是口语还行,应该不会有什么大的困难的。	在世博期间最大的困难是听力不行,口语也不太行了,因为外国游客的口音五花八门,我有时很尴尬,脑子一片空白,晕了吧。后期好多了。
Sherry	我是英语专业的,接待世博游客和讲解与交流绝对没问题,我们有四个外教呢,从大一到大三都有外教。	我们的外教都是美国人,我们也学了美音,以为学会美音走遍天下都不怕,结果在世博会期间就出现问题。我的美音客人基本能听懂,也有表扬我的英语不错,但是他们的口音我没辙了,听不懂。我用得最多的词是 sorry, pardon, please repeat。看样子以后外教也要请些不同口音的,让我们有所准备。

原以为过了六级或是英语专业的,美剧也看了不少,世博接待任务是

件轻松的活,自信心都很强,世博的体验让他们对自己的盲目自信有了反思:在非洲馆无法与讲非洲英语的游客交流、听不懂,美剧里的英语溜不出来,甚至出现"崩溃""脑子空白"的现象。他们也意识到了英语的实际运用和学校的学习有差距。部分地由于外教基本都来自英、美国家,学生在无形中逐渐形成了英语地道的就是英、美英语的成见。所以文化定型和成见的形成不仅是学习者个人的原因,还受外语教学方面长期的定式思维和政策的影响。

虽然在定量数据反映出来的正面变化不太明显,但访谈材料还是有较好对比度的,呈现出有相当一部分志愿者个体在世博会的过程中,其语言态度产生了明显的变化,从保守、刻板,变得更加开放、灵活、宽容,这也会对今后较为有效地进行跨文化交际实践有一定的帮助。

3.3 两年后的回访:世博文化实践对志愿者的持续影响

在世博结束后的两年中,我们陆陆续续对 23 位参加过志愿者服务工作的对象进行了简短的回访。回访对象是从原来 178 名参加访谈的志愿者中抽取的,方法是发邮件征询是否愿意参加回访,24 位没有回邮件,有的在国外表示不方便,有的直接回复不参加,最后有 26 位同意参加回访,后有 2 位出差、1 位生孩子放弃回访,最终参加回访的是 23 位原世博志愿者。这 23 人的情况是:7 人参加了工作,包括小学或中学老师、公司职员、营销人员、翻译;8 人出国留学,留学地包括美国、英国、澳大利亚、印度、菲律宾;4 人读研究生;4 人本科大四未毕业。访谈的主要方式是电话,有 7 位是面谈。访谈内容主要是世博经历对他们后续工作学习的影响。

从回访可以看出,世博经历对他们后来的工作学习产生了一定的影响。例如,世博期间在世博中心服务的小 A,在其接待外国旅游团队的过程中,体会到语言态度和跨文化交际的重要性。毕业后成为跨文化交际方向的研究生。又如,世博期间在印度馆服务的小 B,对印度英语从讨厌到慢慢习惯、接受,并对印度文化有了兴趣,毕业后去印度攻读社会工作硕士,因为"印度的社会工作专业世界排名高于中国"。

原在世博菲律宾馆做志愿者的小 C,服务期间增加了对菲律宾的了解,毕业后赴菲律宾留学。在暑期我们的回访中,他谈到了世博志愿者工作对他去留学的影响：

> 在世博期间,我第一次和菲律宾人打交道,过去对菲律宾很不了解,觉得他们穷、落后,英语难听。接触后发现他们的英语讲得比我们好很多,和英语是母语的国家除了口音外,没有很大的差别。我还了解到美国对菲律宾有50年的托管,从而使菲律宾成为亚洲唯一从民间到官方均使用英语交流的国家。他们的文化也是亚洲最接近欧美文化的,教育制度和教学方式是美国的一套体系,其文凭得到国际普遍认可。菲律宾美国人可多了,长期居住的美国公民有30多万人呢。你知道吗,因为菲律宾人对多元文化有很强的适应性,菲律宾人被称为"全球公民"哦。我现在在读MBA,英语也有点菲律宾口音了哈。感谢世博给我的全球英语意识。

该志愿者提到要感谢世博给他的全球英语意识,也就是对世界英语的认知。实际上,这样的认识在世博志愿者活动结束时就产生了,两年的菲律宾学习则加固和提升了该认识。

小D原在世博园区做一般志愿者,工作主要是给游客指路,帮助他们解决困难。在此过程中产生了对黑人的好感,这使他在日后的中国教师工作中意识到环境对黑人的歧视时,感到很不舒服,并试图与领导沟通,尽管暂时并未能改变现实：

> 外国游客中黑人不少,一讲话就很能分辨出美国黑人和非洲黑人。对黑人有了好感。后来在中学当了老师,有个国际班,外教比较多,我发现居然对美国黑人有歧视啊,我们不招美国黑人教师,因为过去有家长投诉,说是孩子会被黑人的发音带坏了。我和领导解释了,没人听。

中国不少学校包括国际学校都有不成文的规定,不招聘黑人教师,而且教师、家长也默认。小D的志愿者服务经历提升了他的世界英语意识和对语言偏见的认识,所以敢于提出不同看法。

小E在世博中服务于印度馆,培养了对印度英语的兴趣：

> 世博中接触了印度人,学会听印度英语,我还专门进行了研究,到网上和别人交流,比如：印度英语中,P发B,T发D,K发G,R发L,没有爆破音和清辅音等。一次学校来了印度客人,印度英语不太好懂啊,老师抓狂的时候想到我在印度馆工作过,也许我可以帮忙。的确

我帮了忙,做了会议翻译和旅游陪同翻译。顿时觉得世博志愿者工作的体验太好了。以后有印度人来我就被"抓"去做翻译。现在毕业了,我在翻译公司做,我的特长就是给印度、巴基斯坦客人做翻译。

短期看世博志愿者活动的意义不是很明显,两年后小 E 的经历发现:语言态度的转变对职业生涯会产生建设性的影响,其意义远大于世博的志愿者活动。

3.4 世博篇小结

通过与世博前、世博后的问卷材料比较和分析显示,世博志愿者对各英语变体的评价的基本排序是,美国英语变体(包括美国英语、美国黑人英语)最高,其次是中国英语、英国英语、印度英语,最后是日本英语。与其他几地英、美变体优势相比,上海世博的特点是美国变体优势。除了世博志愿者较多把美国黑人英语混同于美国英语之外,这一美国变体优势似乎也与以往研究中上海就读的大学生对美音的推崇较为一致(颜静兰,1994),或许在上海这样一个流行文化影响较大的国际大都市,美国文化如流行音乐、好莱坞电影、体育运动等对大学生的影响更突出一些。

世博志愿者的语言态度在整体稳定的情况下,对某些变体的评价在世博前、后有一定变化,评分有所上升,尤其是英国英语、中国英语和日本英语世博后的总体评价显著高于世博前。

世博志愿者的语言态度与三个运动会性质的大型活动相比,在没有外部干预的自然状态下,似呈现了更丰富多元的材料或者说更大的张力:一方面是语言文化定型(刻板印象)的赤裸裸的呈现和执拗的坚守,世博之后部分文化定型并未改变,甚至还似乎得到"证实"有所强化;另一方面是朝向开放的明显的语言文化态度的改变,以及世博经历对学生后续个人发展方向和世界观的持续影响,包括对学业和择业的直接影响。

世博会呈现的这种态度的固着和改变的张力,可能与世博会的活动特征有关,主要有以下三点:一是世博会的时间长。该活动持续 184 天,大大超过奥运会(17 天)、亚运会(16 天)和大运会(12 天),每个志愿者平均有一个月的时间去经历、适应、比较、习惯使用不同英语言变体的交际活动;二是世博会主题思想是城市多元文化融合,这可能使志愿者以自己的方式去观察、体验和思考文化之间的差异和融合的可能或困难;三是世博会参观者一般是来自国外的政府官员、文化团体、学生和旅游者,其着眼点是文化交流,因而他们更愿意主动和积极交流,这也给了志愿者更多的交流机会,并在此交流中建构自己的文化印象、文化认同和文化观念。因此,世博会提供了更大的跨文化交流体验空间,使志愿者能够发挥个人的主体性,向多元方向自我建构。此外,这里呈现的态度张力,可能也与作为跨文化交际教师的研究者对文化定型的关注、敏感和侧重有一定关系。

为何志愿者的文化刻板印象如此突出?为何在跨文化活动中,不仅有朝向开放的态度变化,还有语言文化定型的维持,甚至强化?这需要引起跨文化交际教育者的反思。并不排除"跨文化交际悖论"(高一虹,1995)的尴尬,即教师在试图促进学生的跨文化交际能力时,向他们传递了某些文化刻板印象,或者没有向他们传授如何去批判性地对待文化特征的概括。这也给高校教育特别是外语教学中的跨文化教育提出了很严肃的反思课题。如何在学生的成长过程中,将语言文化态度融入日常教学实践,并给予正面的引导,这也有待探索。

第四章 广州亚运篇*

4.1 亚运篇引言

4.1.1 研究背景

第16届亚洲运动会(简称"广州亚运会")于2010年11月12日至27日在广州举行。此次运动会的赛会志愿者约6万人,服务领域主要包括礼宾接待、语言翻译、安全保障、沟通联络、竞赛组织支持、新闻运行支持等。志愿者招募委托部分专业机构、团体开展定向招募,其中语言服务类的志愿者多出自当地著名大学,如中山大学、暨南大学、广东外语外贸大学等。我们选取了广东外语外贸大学(简称广外)英语语言文化学院的大三、大四年级的学生作为群体调查对象,考察当代大学生,特别是跨文化志愿者对不同英语变体的语言态度有何不同。通过比较志愿者和非志愿者的语言态度,考察在亚运会这种国际大型赛事过程中本地大学生参与跨文化语言服务的经历对他们的语言态度是否存在一定的影响。

4.1.2 研究对象

本调查选取了来自广东外语外贸大学共179名英语专业学生参加语言态度调查,其中以119名在亚运期间作为语言类专业志愿者的学生为主要的调查对象;调查中还将同一群体的在校大学生中的非志愿者的语言态度作为调节变量进行初步比较,有利于更全面了解中国大学生在跨文化活动过程中的语言态度。受试者的综合情况详见表4-1:

---

* 本章涉及的内容,曾以阶段性成果的形式发表以下论文:赵玉超、陈建平,2013,广州亚运会志愿者对不同英语口音的态度调查,《语言学研究》(2):155-167。

表 4-1　亚运会所有受试者样本特征($n=179$)

项目	年级		性别		志愿情况		各类别合计
	大三	大四	男	女	是	否	
人数	107	72	17	162	119	60	179
百分比	60%	40%	9%	91%	66%	34%	100%

表 4-2　亚运会志愿者样本特征($n=119$)

项目	年级		性别		志愿服务期间英语使用情况			各类别合计
	大三	大四	男	女	从不	偶尔	每天	
人数	105	14	9	110	11	40	68	119
百分比	88%	12%	8%	92%	9%	34%	57%	100%

由于参与调查的学生全部来自外语类高校英语专业的中、高年级，具有比较扎实的英语专业知识和较强的口语表达能力，对各类英语变体口音的认知有一定的敏感度；从表 4-2 可以看出，大多数志愿者在志愿服务期间有机会使用英语进行跨文化交流。此次调查在亚运会结束后一个月进行，在同样的专业知识背景下，志愿者和非志愿者对世界英语变体的态度差异，在一定程度上反映了十多天的跨文化交流或跨文化接触的经历对志愿者语言态度的影响程度。我们认为，尽管这些志愿者所经历的跨文化接触的时间并不长，但这种影响力较大的国际赛事以及志愿者参与各项服务活动时所体现出来的热情与动力对于他们的跨文化意识必定会产生影响，把非志愿者学生作为调节变量进行初步的比较在一定程度上可以观察跨文化接触对跨文化意识的交互作用及其变化过程。

4.1.3　研究设计

本研究采用量与质相结合的研究方法，定量的研究与奥运志愿者语言态度考察的研究设计一致，以便提供可供跨区域比较的数据。比较遗憾的是，由于一些局限，对亚运会志愿者的考察未能在活动举办之前对他们安排主观反应测试的前测，当前调查仅采集到活动之后的数据。不过，除了开展与其他区域相同的语言态度主观反应测试之外，我们还从语言态度的行为取向层面，对亚运会志愿者进行了交际意愿(willingness to communicate)的考察，因为开展此项调查，有助于了解语言态度对实际交际行为取向所产生的影响,揭示语言态度与交际态度/意愿的互动规律以及语言态度研究在跨文化交际研究方面的重要意义;此乃针对广州亚运会的研究设计的特色之处。此外,我们还收集了部分非志愿者大学生的定量数据,与志愿者的数据进行了比较。质的研究主要体现为后期与受访者的面对面访谈,通过分析录音材料,了解受访者语言态度后归纳形成的趋势性印象。

4.1.4 实施过程

2010年12月,我们在广东外语外贸大学英语语言文化学院进行了主观反应测试。为了得到学生的认真配合以达到较为理想的效果,此项调查均作为课堂的练习安排到课堂活动中进行,参与调查的学生被告知,这是一项旨在考察他们的英语辨别力及敏感性的测试,在填写完个人基本资料后开始播放录音,每段录音播放三次,受试者边听边对该声音进行四个维度的评分,并判断说话人的国籍/民族背景。五段录音全部播放完后,测试结束,进行问卷回收。整个测试时间约为15~20分钟。

4.1.5 统计分析

问卷调查获得的所有数据的输入和处理都是通过统计软件包SPSS16.0进行的。数据分析方法主要包括:(1)对受试者对各变体说话人的判断情况以及对各变体四个维度上的评价进行描述性统计;(2)针对志愿者对各变体的总评价进行同根性分析,并用单因素方差分析(one-way ANOVA)检验对五种变体的评价是否有显著差异;(3)用独立样本 t 检验分析志愿者与非志愿者对各种英语变体的评价是否有显著差异。

4.2 亚运志愿者和非志愿者对世界英语的态度

4.2.1 对各英语变体的识别率

本小节的材料包括了对亚运志愿者的识别率和语言态度分析,以及志愿者和非志愿者的比较。我们首先聚焦于志愿者。

在调查中,研究对象在听完每段录音后,还需以填空的方式判断发音人的国家/民族背景。该问题为开放式填空,没有提供任何选项,以防止限制或误导研究对象的思维。以此了解英语专业学生对世界英语变体的辨识度。表4-3是志愿者对各变体的识别情况,即对各录音说话人的国籍/

民族背景判断：

表4-3 志愿者亚运后对各英语变体的识别率（$n=119$）

变体	错误/未填		接近		正确	
	人数	百分比	人数	百分比	人数	百分比
美国黑人英语	85	71%	25	21%	9	8%
英国英语	37	31%	6	5%	76	64%
中国英语	92	77%	13	11%	14	12%
印度英语	48	40%	16	14%	55	46%
美国英语	82	69%	8	7%	29	24%

由表可见，志愿者对各英语变体判断的正确率依次是英国英语（64%）>印度英语（46%）>美国英语（24%）>中国英语（12%）>美国黑人英语（8%），其中对英国英语和印度英语的判断准确率大大高于其他英语变体，超过一半的人无法判断出黑人英语、中国英语和美国英语。

过半的志愿者能准确判断出英国英语，这与该变体作为"标准英语"在中国的流行密不可分。我国的英语教育，尤其是高校英语专业，长期以来将英国英语视为唯一的英语标准，英语视、听、说材料大多力求以纯正的英国英语来发音，因此学生们普遍对这种变体比较了解。此外，还有一个重要原因在于，本研究的受访者所在学校——广东外语外贸大学，一直以英国英语为课堂教学模板，高年级学生在经过前几年的集中式专业学习后，对英国英语口音的敏感度更高，因此对该变体的辨识度高于其他变体是理所当然的事。

印度英语作为"非标准"英语口音，仍然有大约一半的志愿者能准确辨认出来，还有另外14%的志愿者能够基本判断出该说话人来自亚洲国家。部分原因在于，亚运会样本的所有志愿者都是英语专业学生，他们在专业学习过程中接触到的英语变体相对多一些，包括"非标准"变体，而印度英语作为英语本族语之外的变体，在发音上与"标准"口音有着迥异而令人印象深刻的特点，如/t/音浊化成/d/音，/k/音浊化成/g/音等。在后期访谈中，当被问到哪种口音更让人印象深刻时，有部分受访者指出印度英语的语音特点，甚至认为该口音"很搞笑""怎么听也听不懂"。其次，广州作为南方的对外贸易中心城市，经常会举办各种展会、论坛、交易会等,英语专业学生作为翻译人员参加这种活动的机会比较多,能接触到各种英语变体的口音,特别是亚洲国家的商人如印度商人的英语;这一原因也在后期访谈中得以体现,大部分受访者均有参加中国(进)出口商品交易会(简称"广交会")①翻译工作的经历,而印度英语是他们在当翻译过程中会经常遇到的英语变体。此外,亚运会的服务经历也可能对他们有影响。

志愿者对美国英语的辨认度不高,在美国文化(如美剧、美国脱口秀节目)流行的大背景下,超过一半的英语专业学生不能准确判断该变体,这一现象似乎令人费解。不过,这也许反映出一种现象,尽管美国英语当今的流行程度高于英国英语而受到普遍的模仿,但由于美国英语在全球化的背景下融合了不同英语国家的口音,使美国口音与英国口音相比没有显示出"鲜明"的特点;同时,若考虑广外的英国英语教学传统,即由于对英国英语语音系统的强化训练而对美国英语没有系统介绍的实际情况,且该问题为开放式填空,没有提供任何选项,由学生自行填写说话人的国别,任务难度较高,使学生难于判断使用者的国别背景。综合上述因素,也许就不难理解学生面对普通美国英语口音时会觉得似曾相识但又难于在快速反应中做出正确判断的部分原因;事实上,大部分受访者都爱好看美剧,课余时间花了不少时间在美剧上,却不能很好地辨认出该口音,这一结果原因仍有待继续挖掘。

此项调查中作为中国英语代表的录音,发音基本准确,在语调方面具有中国英语的一般特征,但没有"强烈"的中国英语特点;中国英语作为国人常说的英语口音,却也让志愿者们难以辨认,看来使人费解;美国黑人英语的判断正确率最低,也许是因为志愿者们对该变体不太了解,但是由于其与美国英语口音上的类似,仍然有21%的志愿者能大致判断出该口音来自美洲,有的甚至将其误认为是普通美国英语。

总体上说,受试者对说话人的国家/民族背景的判断准确率不太高,很大的可能是由于该项设计采用开放性问题,要求受试者自行写出国家/民族/种族背景名称,没有采用列明变体名称让受试者选择的方法。这种设计要求受试者在短时间内准确辨别出说话者的具体背景的确具有较大的

---

① 2006年10月15日,温家宝总理在第100届广交会开幕式上宣布,从第101届开始,"中国出口商品交易会"更名为"中国进出口商品交易会"。

难度,同时由于问卷涉及国家/民族/种族三种概念,也许这是造成判断难度的主要原因。不过,受试者在过后的回忆中普遍认为他们对于语音语调的标准程度具有判断能力,尽管一下子说不清说话者来自何方,但还是可以判断出他们的英语的标准程度;这也许可以部分解释他们对印象较深刻"标准"英国口音和"非标准的"印度英语口音的正确率总体高于其他变体的原因。学生们对印度英语口音较为敏感的结果也许可以进一步说明处于广州这个国际都市的英语专业学生课余从事的翻译实践所获取的跨文化交际经验以及印度英语本身的语音特点对他们的英语口音辨别能力产生重要的影响。不过,上述现象的原因仍值得继续深究,对于在此后的研究中改进问卷亦具有启发意义。

4.2.2 对各变体的总体评价

表4-4是志愿者在亲和力、一般能力、地位、运动能力四个维度对各变体的态度在七级语义区分量表上打分的平均值,并由四项分值的总和构成志愿者对五种英语变体的总体评价(如表4-4和图4-1所示)。从表及图中可以看出,志愿者们对美国英语评价最高,其次是英国英语、中国英语、美国黑人英语、印度英语;其中对两种"标准英语"变体——英国英语和美国英语的评价明显高于中国英语、美国黑人英语和印度英语。

表4-4 亚运会志愿者对各变体的总体评价同根性分析 ($n=119$)

	变体种类	n	Subset for alpha=0.05		
			1	2	3
Scheffe[a]	印度英语	119	12.3025		
	美国黑人英语	119		14.3109	
	中国英语	119		14.6303	
	英国英语	119			20.1282
	美国英语	119			21.0994
	Sig.		1.000	.908	.054

进一步的单因素方差分析和LSD事后检验结果显示,志愿者对五种变体的总体评价可分三个组别(表4-4)。评价最高的是美国英语($M=21.10$; $SD=2.12$)和英国英语($M=20.13$; $SD=2.33$),评价居中的是中国英语($M=14.63$; $SD=2.36$)和美国黑人英语($M=14.31$; $SD=2.48$),评价最低的是印度英语($M=12.30$; $SD=2.87$)。各组内的变体间差异不显著

($p>0.05$),组间差异显著($p<0.001$)。其中差别最大是美国英语与印度英语($MD=8.7969$)。

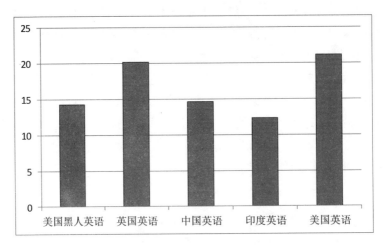

图 4-1 亚运会志愿者对各英语变体的总体评价

从上述图表可以看出,总体来说,志愿者们对"标准英语变体"的评价显著高于"非标准英语变体"。这一结果与北京奥运会志愿者的语言态度调查结果一致。虽然上述关于志愿者在英语变体使用者国别背景的识别率调查中美国英语的辨别率并不是最高,但我们认为这种结果与当前的评价态度并不矛盾,因为不能识别具体国别不等同于不能区别"标准和非标准变体";将变体与特定的国别对应是一种具体的辨别能力,而对口音的态度是一种综合的感觉,是对"标准"和"非标准"变体的一种直觉的反应。

在后期访谈中,当被问到对英语口音的看法时,所有受访者均表示在他们看来,英语有着"标准"和"非标准"之分,英国英语和美国英语是"标准英语"。以下从访谈的笔录中选取部分典型的评论意见,可以从一定程度上对他们的评价做出说明。由于长期接受"标准英语"课堂教学和美国媒体文化熏陶,使学生大体上将英式和美式口音归属于同类的"标准英语",并在语言态度上更加接受英式和美式这类"标准"口音,大多数同学认为"标准英语""听起来很舒服","关键是能听懂"(黄同学)。但也有受访者对存在不同口音持包容态度,认为"英语变体多是个好事。语言上能打破不同地方的隔阂,让不同的人群能够相互交流"(周同学);"口音都OK,不会因为带某口音有偏见"(黄同学);"现在英语很普及……理性上应该都去接受(不标准口音)"(周同学)。也有受访者明确肯定"非标准"口音的标签作用,认为"听一个人的口音可以大概知道一个人的层次和教育背景……有口音,会给我一种不太发达的感觉"(陈同学)。此外,还有受访者在访谈中表现出对口音的前后矛盾态度,一方面认同口音的存在意义,认为应该宽容对待,"大家既然都是(操)非英语母语人,就没有评价人家的权利,大家都是这样子,可能有时候我会私下笑话他们的口音,但是说不定人家回去也会这样笑话我"(范同学);另一方面又不自觉地表现出对"非标准"口音的排斥,"你一说就能给人一个好不好的印象……如果我跟那些杂七杂八的人说话,可能会学到他们的坏毛病"(范同学)。

当被问到自己的目标英语口音是什么时,部分受访者表示目前没有明确的目的口音,有的同学认为只要能交流就够了,"只要信息能够传到,能够交流就可以了"(周同学);也有同学是根据自己未来的出路选择目的口音,"如果去英国,就往英音发展,去美国就学美音。在外企的话尽量往美音发展,因为商务交流中美音用得更多"(黄同学),"如果以后想专业方向发展,还是往标准靠拢,如果只用来交流,就没必要强调口音了"(刘同学)。还有部分人用自己的专业标准要求自己,"因为我是英语专业学生,而且听一个人的口音可以大概知道一个人的层次和教育背景,比如你听一个人说'塑料普通话',你会对他有看法。心理学上也说,如果你口音上比较纯正,人家会比较对你有好感。我会希望有一口非常纯正的地道口音,英、美都行。不要英、美混杂,又带中国特色"(陈同学)。

从上述访谈的评论意见中可以看出,受访的中国学生虽然对不同英语变体的口音持有一定理性的包容和容忍度,但他们对于"标准"与"非标准"英语变体还是持有明显的区别态度,并认同英国英语和美国英语同属于"标准英语"。这可以从获得最高评价的美国英语(21.0994)和英国英语(20.1282)的相近的得分中略见一斑。

4.2.3 对各变体在具体范畴上的评价

图4-2和表4-5旨在呈现志愿者在地位、亲和力、一般能力、运动能力四个范畴上对各变体的评价对比。如图所示,美国英语和英国英语除了在亲和力上差别较大,其他得分基本相近,处于上层,另外三种"非标准变体"得分均低于前两者,位于下层;仔细来看,在亲和力上,评价最高的是美国英语,评价最低的是印度英语;在一般能力范畴,印度英语依然评价最

低,紧接着是中国英语,评价最高的是美国英语;在地位范畴,英国英语得分最高,紧接着是美国英语,得分最低的还是印度英语;而在运动能力上,得分最高的是美国英语,最低的还是印度英语。由此可见,总体来说,除了地位上稍低于英国英语,美国英语在其他层面上的评价都是最高的,而印度英语在四个范畴所得的评价均为最低。

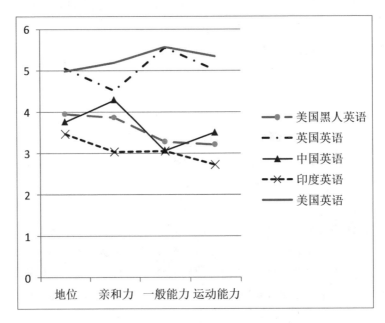

图 4-2　亚运会志愿者对各英语变体在四个范畴上的评价比较

表 4-5　亚运会志愿者对各英语变体在四个范畴上的评价比较

变体	地位		亲和力		一般能力		运动能力	
	均值	标准差	均值	标准差	均值	标准差	均值	标准差
美国黑人英语	3.95	0.67	3.87	0.90	3.28	0.87	3.21	0.95
英国英语	5.05	0.59	4.52	0.94	5.55	0.75	5.01	0.89
中国英语	3.76	0.67	4.29	0.74	3.07	0.81	3.51	0.96
印度英语	3.47	0.78	3.03	0.93	3.06	1.09	2.73	0.91
美国英语	4.99	0.54	5.19	0.82	5.57	0.79	5.35	0.74

我们用单因素方差分析和 LSD 事后检验的方法对志愿者们在四个范畴上对各变体的评价进行了差异检验。F 检验结果显示,每项范畴的差异在 $p<0.001$ 的水平上都具有显著意义($df=4$;地位 $F=145.972$;亲和力 $F=100.588$;一般能力 $F=276.571$;运动能力 $F=198.022$)。总体来看,英、美英语在四个范畴的评价较高,另外三个变体评价较低。

基于上述定量数据分析结果,本章分别以柱形图方式展示各个具体范畴(见图 4-3—图 4-6),并结合对访谈内容的定性归纳分析,对各个范畴的差异情况做进一步讨论和说明:

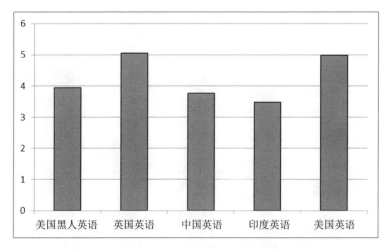

图 4-3 亚运会志愿者对各英语变体地位的评价

在地位范畴(图 4-3),志愿者们对英国英语和美国英语的评价无显著差异($p>0.05$),英、美"标准变体"与其他三种"非标准变体"在 $p<0.001$ 水平上差异显著,中国英语和美国黑人英语的评价在 $p<0.05$ 水平上有显著差异($MD=0.18487$),与印度英语在 $p<0.05$ 水平上有显著差异($MD=0.28782$)。

该项研究结果与以往的研究一致,在地位范畴,研究对象对"标准变体"的评价显著高于"非标准变体"。这与英国英语和美国英语长久以来作为标准、示范性英语口音在中国学生英语课堂上的传播密不可分,很多中国的英语学习者把英国英语和美国英语作为标准口音加以模仿,认为这才是标准、地道的英语口音。另一方面,英、美等国经济实力雄厚,其文化和价值观在中国越来越广泛地传播,强大的民族活力使中国学习者认可其口音在地位上的优越性。值得注意的是,尽管英国英语与美国英语在此项的数值无显著差异,但学生对英式口音的评价还是略高于美式口音,说明英国英语在地位范畴方面的优势在一定程度上仍然反映人们的传统认知。对美国黑人英语的地位评价显著高于中国英语,很有可能是由于美国黑人英语与美国英语口音上存在一定的联系。在对该变体进行民族身份判断时,有21%的研究对象把该口音误认作美国口音,因此,黑人英语在地位上的得分略高于中国英语和印度英语。

在亲和力范畴(图4-4),志愿者们对各变体的评价之间均有显著差异(中国英语与英国英语组间差异 $p<0.05$,其余组间差异 $p<0.001$),其中美国英语评价最高,印度英语评价最低。

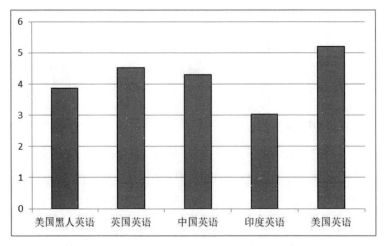

图4-4 亚运会志愿者对各英语变体亲和力的评价

在以往的研究中,相对美国英语的热情奔放,英国英语被认为更加冷漠、保守,在这一点上,本研究的结果与前人的研究一致,英国英语的亲和力显著低于美国英语。在访谈中,也有受访者评价英国人说英语"字正腔圆得厉害……美国英语比较随意,很容易就接起来了,伦敦音是一个字一个字说清楚再说下一个字的感觉。感觉说伦敦音的人会更绅士,信得过,规规矩矩的,说美国英语的人就很潮的感觉,比较年轻"(范同学);以前的研究也认为,非英语国家的人们会对英语"标准变体"给予地位上的高评价,亲和力上也更加认同英语的本族语变体,但在本研究中,中国英语的亲和力却接近英国英语,不过又显著低于美国英语。这也许说明中国英语使用者对于本土英语变体正在逐渐形成认同。而对美国英语的高评价则与美剧、美国脱口秀节目在大学生群体中的受欢迎程度密不可分,这也说明受访者对美国英语口音的认同度较高,或许受到"晕轮效应"(halo effect)的影响,不仅认可其标准口音的优势地位,而且在情感上也亲近它们。

在一般能力范畴(图4-5),受访者对五种变体的评价明显分为高分和低分两个组,前者包括英、美英语,后者包括其他三种"非标准变体",两组之间的差异在 $p<0.001$ 水平上具有显著意义,高分组内部没有显著差异($p>0.05$),低分组内部之间也没有显著差异($p>0.05$)。

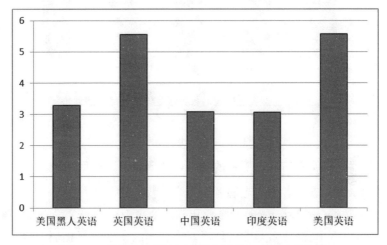

图4-5 亚运会志愿者对各英语变体一般能力的评价

结果表明,受访者对英、美本族语说话者的一般能力高度认同,这也许是由于英、美在社会经济发展上是发达国家,社会经济活力强于发展中国家,受这种民族活力的影响,受访者对来自这些经济强国的人的能力更有信心。这种情况与其他几地的考察结果基本一致。

在运动能力范畴(图4-6),英国英语和美国英语的评价在 $p<0.05$ 水平上有显著差异($MD=-0.3389$),美国英语高于英国英语;英国英语、美国英语与另外三种变体的评价在 $p<0.001$ 水平上均有显著差异。中国英语与美国黑人英语在 $p<0.05$ 水平上有显著差异($MD=-0.2983$),前者高于后者。印度英语与其他四种变体在 $p<0.001$ 水平上均有显著差异,低于其他变体。

结果表明,同地位、一般能力一样,受访者在运动能力方面也更看好英国英语和美国英语的使用者,对中国英语仍然不太看好,美国黑人英语和印度英语也是明显落后。这在一定程度上说明语言态度对其他非语言能

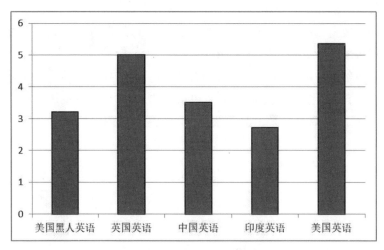

图 4-6 亚运会志愿者对各英语变体运动能力的评价

力评价的盲目影响,其结果往往会造成偏见的产生。

4.2.4 志愿者与非志愿者的语言识别率和语言态度比较

4.2.4.1 志愿者与非志愿者识别率比较

以下数据(表4-6)呈现志愿者和非志愿者对于发音人背景的判断正确率。可以看出,志愿者与非志愿者对各变体的识别情况相似。尽管从比例上看,志愿者对印度英语的识别情况好一些,非志愿者对英国英语的识别情况好一些,但交互表卡方检验显示,两组人在五个变体上的 Pearson 卡方值均未达到 $p \leq 0.05$ 的显著水平。

表 4-6 志愿者与非志愿者对各英语变体的识别率比较

(志愿者 $n=119$;非志愿者 $n=60$;单元格内数字为观测频次/观测频次百分比)

变体	组别	错误/未填	接近	正确	$x^2(df)$
美国黑人英语	志愿者	85/71.4%	25/21%	9/7.6%	0.084(2)
	非志愿者	44/73.3%	12/20%	4/6.7%	
英国英语	志愿者	37/31.1%	6/5%	76/63.9%	2.525(2)
	非志愿者	12/20%	3/5%	45/75%	
中国英语	志愿者	14/11.8%	13/10.9%	92/77.3%	2.443(2)
	非志愿者	5/8.3%	3/5%	52/86.7%	

(续表)

变体	组别	错误/未填	接近	正确	$x^2(df)$
印度英语	志愿者	55/46.2%	16/13.5%	48/40.3%	5.652(2)
	非志愿者	39/65%	5/8.3%	16/26.7%	
美国英语	志愿者	29/24.4%	8/6.7%	82/68.9%	1.153(2)
	非志愿者	13/21.7%	2/3.3%	45/75%	

从以上数据的分析结果来看,志愿者与非志愿者对多元英语变体的识别能力依然相似。这说明短期的跨文化接触不足以影响他们在发音人背景方面的判断能力。

4.2.4.2 志愿者与非志愿者态度比较

图4-7和表4-7展示了亚运会期间担任志愿者的英语专业学生与非志愿者英语专业学生对五种变体在四个维度上的评价平均值以及总体评价比较。从图表中可以看出,两类人群对五种英语变体的评价相似,志愿者对英国英语、美国英语(亲和力除外)、美国黑人英语的评价略高于非志愿者的评价,对中国英语(地位除外)和印度英语的评价略低于非志愿者的评价。t检验结果显示(显著性水平$p<0.05$),志愿者与非志愿者对五种变体的评价,无论是在总分还是各范畴评价层面都没有显著差异。结合变体辨识率也没有组间差异的情况来看,本研究的英语专业志愿者样本可以看成是英语专业普通大学生的一部分。

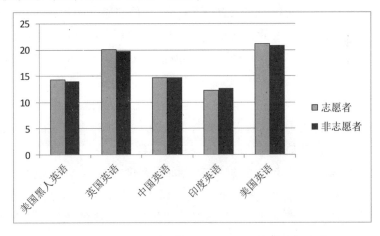

图4-7 志愿者与非志愿者对各英语变体的总体评价

表 4-7 志愿者与非志愿者对各英语变体在四个范畴上的评价比较

（志愿者 $n=119$；非志愿者 $n=60$）

变体		地位		亲和力		一般能力		运动能力		总评	
		志愿者	非志愿者	志愿者	非志愿者	志愿者	非志愿者	志愿者	非志愿者	志愿者	非志愿者
美国黑人英语	均值	3.95	3.92	3.87	3.71	3.28	3.23	3.21	3.17	14.31	14.03
	标准差	0.67	0.72	0.90	0.89	0.87	0.87	0.95	0.96	2.48	2.19
英国英语	均值	5.05	4.97	4.52	4.4	5.55	5.5	5.01	4.86	20.13	19.74
	标准差	0.59	0.61	0.94	0.86	0.75	0.86	0.88	1.03	2.33	2.60
中国英语	均值	3.76	3.63	4.29	4.32	3.07	3.28	3.51	3.54	14.63	14.76
	标准差	0.67	0.64	0.74	0.76	0.82	0.90	0.96	0.99	2.36	2.33
印度英语	均值	3.47	3.61	3.03	3.15	3.06	3.07	2.73	2.81	12.30	12.64
	标准差	0.78	0.79	0.93	0.83	1.09	1.14	0.91	0.96	2.87	2.68
美国英语	均值	4.99	4.82	5.19	5.23	5.57	5.55	5.35	5.30	21.10	20.89
	标准差	0.54	0.67	0.82	0.92	0.79	0.79	0.74	0.83	2.12	2.38

从上述以广州地区英语专业大学生为样本的调查数据分析看来，尽管大学生对世界英语变体的辨识力仍然有限，但他们通过课堂教学和课外跨文化接触的经历所获取的经验已足以使他们对各类英语变体初步形成不同的语言态度；两组学生相近的评价分值进一步验证了这种趋势。调查结果显示，亚运会大学生志愿者对各类英语变体的语言态度总体趋向保守，普遍认同"标准英语"变体，对印度英语评价最低，对美国黑人英语和中国英语的评价居中。这种较为保守的态度与以往对大学生的语言态度调查以及本项目其他几地的调查结果基本一致。

亚运会期间志愿者与非志愿者之间的态度差异的初步对比分析显示，无论是对各变体的总体评价还是各维度上的评价，志愿者与非志愿者之间的态度差异都不明显；志愿者对本族语者变体的评价略高于非志愿者，对包括中国英语在内的非本族语者的评价略低于非志愿者，但两组人之间的差异未达到统计显著水平。这一方面说明,志愿者是大学生群体的一部分,对志愿者样本的研究发现也在相当程度上代表了大学生群体。学生平时生活在广州这个国际交流活动比较频繁的国际都市,其环境在他们形成语言态度方面起着较为重要的作用。同时,志愿者可能是大学生群体当中语言态度略偏保守的一部分。这可能是因为国际活动志愿者的选拔要求英语要"好",而根据长期以来的外语教育评价标准,英语(口语)好坏的判断是以英、美英语为标准的。如果在保证英语基本能力的前提下关注到多元文化背景下的交流能力,或许对未来的跨文化志愿者选拔是一个提醒。

总体而言,调查结果反映出我国大学生在形成语言与文化的多元意识、养成对不同语言变体的包容态度方面存在较大差距。在我国的大学生未来走向国际、承担国际交流与合作的重任时,在广州这样一个国际大都市中,多元文化意识和包容的语言态度是必不可少的。因此,培养学生对不同文化的包容态度是一个必须引起重视的课题,理应成为我国大学生跨文化交际能力培养的必要内容。这种能力的培养也将是一个长期的过程,有待在外语教育的长期目标和日常实践之中得到不断的增强。

4.3 对世界英语变体的交际意愿

本研究中,志愿者和非志愿者对世界英语变体的语言态度调查结果的相对一致性以及其他相关调查结果(本书第二、三章;周榕、陈国华,2008)表明,对"标准英语"的偏好已然是当代中国大学生语言态度的共同点。不过以主观反应测试为工具,主要还是认知和情感层面的态度测量。为了进一步在行为取向层面用量化的方法考察大学生的语言态度,或者说考察大学生对各类英语变体在认知、情感层面的态度是否影响他们在跨文化互动中的交际意向,本章研究者在对亚运会志愿者的语言态度调查结束数月之后,在语言态度调查结果基础上,将调查扩展至对同一类型的大学生群体的语言态度与交际意愿之间的关系上,进一步研究他们对操不同英语口音的人的持什么样的交际态度/交际意愿。

二语"交际意愿"是二语学习者因素研究领域中发展较为晚近的一个

子领域,是从母语交际焦虑的研究发展而来。在原来的母语交际研究领域中,它是指比较稳定的人格特质。不过根据 MacIntyre 等人(1998)的观点,二语交际意愿是复杂的情境建构,既包括特质性的也包括状态性的特征。新近的倾向将其定义为"在有选择和机会的条件下主动发起交际的可能"(MacIntyre,2007:567;转引自 Dörnyei & Ryan,2015:180)。二语交际意愿直接影响二语使用者是否参与交际以及在交际中的表现。因此,比起认知和情感层面的态度,作为行为取向层面的态度,"交际意愿"与实际交际行为的联系更为紧密(文献综述参见施渝、樊葳葳,2015;彭剑娥、谢黎嘉,2014)。

扩展调查仍基于上述五种英语变体口音,但设计了若干个涉及交际意愿的问题,旨在考察英语专业学生的交际意愿。本调查选取广东外语外贸大学英语语言文化学院的 190 名英语专业三年级学生作为调查对象(表4-8),采用主观反应测试的方法和相同的录音材料,要求研究对象听几段录音并分别为每个朗读者打分。主观反应测试包含与上述语言态度调查相同的五种英语变体,分别是:属于"内圈"的英国英语、美国英语、美国黑人英语,属于"外圈"的印度英语和属于"扩展圈"的中国英语。与语言态度调查的不同之处是,调查问卷改由一系列涉及交际意愿的问题组成,要求被调查者在听到一段录音后,即听了不同英语变体口音之后,根据自己与该种变体口音的说话人的交际意愿程度进行打分。

表 4-8　交际意愿调查对象(英语专业三年级学生)

学生性别 学生人数	男	女	合计
人数	31	159	190
百分比	16%	84%	100%

为设计一份合理的交际意愿调查问卷,笔者通过"头脑风暴"的方法(附录Ⅲ,补充工具Ⅲ-1),从 26 名外国语言学及应用语言学专业的三年级研究生中收集他们关于交际意愿的看法,并从他们的回答中总结出体现交际意愿的八个方面,提炼出八个问题(表4-9),最后生成交际意愿的调查问卷(附录Ⅲ,补充工具Ⅲ-2)。

表 4-9　交际意愿调查八大问题

Q1	你在何种程度上愿意支持该说话人？
Q2	你在何种程度上愿意与其交谈？
Q3	你在何种程度上愿意帮助该说话人？
Q4	你在何种程度上愿意与其分享你的感受和经历？
Q5	你在何种程度上愿意与该说话人合作？
Q6	你在何种程度上愿意向其示好(如送礼物)？
Q7	你在何种程度上愿意更多了解该说话人？
Q8	你在何种程度上愿意与其相处？

此项调查于 2011 年 10 月在广东外语外贸大学英语语言文化学院的 190 名英语专业大三学生中进行。由于涉及交际意愿的调查是语言态度调查的延伸研究项目，可以看成是相对独立的子项目。此项调查选择另一批背景相似、英语水平相当的学生作为调查对象，以避免同一批学生由于前期参与调查的经验所带来的负面效果。为了得到学生的认真配合以达到较为理想的效果，此项调查还是作为课堂教学的一部分以英语学习问卷的形式在语言实验室进行。参与调查的学生被告知，调查问卷旨在了解他们在英语学习方面的一些情况，以便为教学改革提供指导。不过交际意愿调查与前期语言态度调查的样本，可以视为来自同质的学生总体。

在实施问卷调查时，当学生填写完个人基本资料后开始播放录音，每段录音播放两次，受试者边听边对该说话人从八个问题上进行打分，在 7 级刻度表中 1 代表"非常勉强"，4 为"既不勉强也不乐意"，7 为"非常乐意"。五段录音全部播放完后，测试结束，进行问卷回收。整个测试时间约为 15 分钟。

问卷调查获得的所有数据的输入和处理均通过统计软件包 SPSS16.0 进行分析。由八个方面的问题构成的关于交际意愿的平均值见以下表 4-10。该表列出的数值反映了学生对五种英语变体口音说话人的交际态度/交际意愿存在差异。

表 4-10　大学生对五类口音群体的交际意愿($n=190$)

美国黑人英语		英国英语		中国英语		印度英语		美国英语	
均值	标准差	均值	标准差	均值	标准差	均值	标准差	均值	标准差
4.85	1.05	6.18	0.90	4.98	1.19	4.18	1.20	6.27	0.86

进一步的同根性分析、单因素方差分析和 LSD 事后检验结果显示，这些英语专业大三学生对五种变体的总体评价可分三个组别（表 4-11），即对英国人和美国人的交际意愿相对较高，两者没有显著差异，成为一个组别；其次是中国口音和美国黑人口音说话人，构成另一个组别；印度口音说话人的受欢迎程度最低，单独成为一个组别。

表 4-11　大学生对五类口音群体的交际意愿同根性分析

说话人	n	Subset for alpha=0.05		
		1	2	3
印度口音	190	4.1842		
美国黑人口音	190		4.8533	
中国口音	190		4.9941	
英国口音	190			6.1816
美国口音	190			6.2658
Sig.	190	1.000	.687	.936

为了更直观表现这些大学生对五个说话人的交际意愿情况，五项平均值在图 4-8 通过柱形图加以表现；从图中可以看出调查对象对美国人和英国人的交际意愿度最高，其次是中国人和美国黑人，最后是印度人。

图 4-9 和表 4-12 分别列出被调查者在八个问题上对五种口音说话人的具体平均意愿水平。从图表中可以大体看出，"标准英语"变体说话人（英国英语和美国英语）在八个问题上的得分都高出另外 3 个说话人，均高于 6 分；此外，调查对象对中国英语和黑人英语说话人的交际意愿情况大体相似，总体处于中间（"既不勉强也不乐意"）偏上的水平，但对印度英语说话人在 Q2、Q5、Q8（何种程度上愿意与其交谈、跟其合作、与其相处）上的态度显得较为勉强，在 Q3、Q6（何种程度上愿意帮助说话人、向其示好）上较为乐意。交谈、合作、相处均与语言交流密不可分，在这三个问题

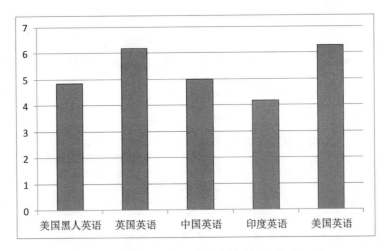

图 4-8　大学生对五类口音群体的交际意愿：平均值

上,"非标准"口音说话人的得分均在平均值上下,一定程度上说明调查对象对"非标准"口音的排斥感,然而在 Q3、Q6 显出较高得分,说明调查对象乐于对这种人群提供帮助和示好,这或多或少地反映了中国人"和为贵"的心理特点。

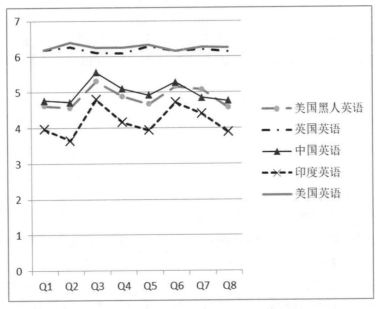

图 4-9　大学生对五类口音群体的交际意愿：具体问题得分

表 4-12　大学生对五类口音群体的交际意愿:具体问题得分($n=190$)

变体	Q1 均值	Q1 标准差	Q2 均值	Q2 标准差	Q3 均值	Q3 标准差	Q4 均值	Q4 标准差	Q5 均值	Q5 标准差	Q6 均值	Q6 标准差	Q7 均值	Q7 标准差	Q8 均值	Q8 标准差
美国英语	6.19	0.99	6.39	0.95	6.26	1.05	6.26	0.98	6.34	0.93	6.16	0.94	6.27	0.98	6.25	0.96
英国英语	6.18	0.99	6.27	0.95	6.11	1.14	6.10	1.03	6.28	0.95	6.16	1.07	6.20	1.06	6.15	1.07
中国英语	4.77	1.37	4.72	1.41	5.56	1.30	5.09	1.44	4.92	1.39	5.28	1.30	4.85	1.44	4.76	1.46
美国黑人英语	4.62	1.32	4.56	1.37	5.30	1.23	4.88	1.35	4.67	1.38	5.16	1.32	5.07	1.30	4.57	1.28
印度英语	3.96	1.38	3.64	1.39	4.79	1.43	4.16	1.45	3.93	1.37	4.72	1.52	4.39	1.56	3.88	1.37

上述趋势在访谈中可见一斑,如当被问到在跨文化交流中对对方的口音期盼时,大部分受访者表示不会排斥对方口音的存在,"只要能够交流就够了"(黄同学),"觉得都 OK,因为学习都有一个过程。我们自己也会经历这个(不标准的)过程……每个人都想标准"(刘同学);也有人在认同的同时表示无奈,"无所谓偏好,只要能顺利交流就好……有些口音会对交际过程产生影响。听不懂也没办法"(周同学),"会想尝试听一下,比如说印度口音,训练一下,因为以后不一定只接触 native speaker,还可能会跟他们打交道"(刘同学);还有少数受访者表示"会更偏向于跟 native 的人交流而非 nonnative。因为好听,可以学习"(范同学),"更想跟标准口音人交流……口音不一定会对交际的可能性有影响,只是说如果有英语本土人在那,我会更愿意跟他们交流"(陈同学);也有人用英语专业的标准要求自己,"我觉得作为英专人,应该有更好的腔调,就是比较纯正的英、美音"(刘同学)。

尽管学生意识到在实际交际中接触非标准口音是不可避免的,但在交际意愿方面产生一定的回避心理,也显示出一定的包容态度;当谈起自己的跨文化交流经验时,不少受访者都无意中表露出自己的态度偏好,如"发现对方有口音,会更专心一点听他讲话,如果可能还是想了解一下,尽量去听懂。如果还是听不懂,会想说如果对方能说标准口音就好了。如果交流也没必要,意义也不大,能避免就避免吧"(刘同学),"我现在还是觉得,接触了那么多嘛,内心还是有一定的偏向,会偏向于标准的"(范同学)。

从上述的结果分析中可以看出,此项涉及交际态度/意愿的调查结果与前期关于语言态度调查结果基本一致,不仅支持了"标准英语"口音在语言本身层面较"非标准英语"口音更受欢迎的结论,而且通过进一步延伸到对交际态度/意愿的调查,其结果从一定程度上揭示了人们的语言态度与交际态度/意愿密切相关的规律以及语言态度研究在跨文化交际研究方面的重要意义。

4.4 亚运篇小结

本章首先考察了亚运会志愿者对五种英语变体的识别率和语言态度。发现在识别率方面,与其他几个活动的志愿者相比,广州亚运会志愿者对英国英语的识别率最高,对于印度英语的识别率也相对较高,而对中国英语识别率并不高。这可能一方面与广州这个志愿者所在的国际都市大环境有关,另一方面也与这些英语专业学生所在的以英国英语为教学样板的外国语类高校教学环境有关。在语言态度方面,志愿者的总评价明显分为三大层,评价最高的是英国英语、美国英语,其次是美国黑人英语和中国英语,评价最低的是印度英语。也就是说,志愿者的语言态度保守,内圈"标准变体"至上。这个结果与其他几地相似。

此外,我们将亚运会志愿者与非志愿者的语言态度进行了比较,发现对内圈英语口音的偏爱已是被调查的近两百名大学生的共同点,志愿者比非志愿者的语言态度在均值上似乎略为保守,即对内圈"标准变体"的评价更高,对其他"非标准变体"评价更低,但并未达到具显著统计意义的水平。这一方面较充分地揭示了大学生群体的语言态度共性,为高校外语教育中的语言态度、跨文化意识培养提供了参考,也对跨文化志愿者的选拔和培训提供了启示,即不应单方面注意以英、美英语为标准的英语水平高低,还应注意语言态度的开放性和多元英语变体的(接受性)技能。

在此基础上,我们将调查对象从志愿者群体扩大到高校普通英语专业大学生群体,进而研究大学生在行为取向层面对操不同英语口音的人的交际意愿。结果发现,被调查的学生对五种世界英语变体的交际意愿与志愿者的语言态度具有一致性的倾向,即更愿意与讲英、美英语的人交流,其次是讲中国英语和美国黑人英语的人,最后是讲印度英语的人。这种在交际意愿上崇尚内圈"标准变体",其次是本土变体和内圈"非标准变体",最后才是其他"非标准变体"的排序,揭示了行为层面的语言歧视倾向。这种倾向在访谈中也得到进一步的佐证。不过,由于前后两项调查的开展相对独立,当前基于间接比较的倾向性结论仍有待未来在针对同一批受访者所设计的调查中加以验证。

也许可以认为,我国外语教育历来强调"标准性"这一概念,在很大程度上影响着大学生们的语言态度和交际态度的形成。我国英语课堂教学长期对学生灌输"标准英语"的概念,在中学英语课本和英语词典上将单词的英式读法和美式读法也分别作说明,英语录音材料也长期以内圈英语为教学模板,学生普遍认同属于内圈的"标准"英语变体便成为自然而然的结果;而对于其他变体,则很自然将其看成是"不标准"的,进而使他们在一定程度上形成了对于"非标准变体"及其文化的负面态度。对于英语专业的学生来说,这种保守的语言态度可能更加明显。

总体上讲,针对亚运会期间广州地区高校外语专业学生英语不同变体的语言态度的研究结果,为高校的跨文化教育,尤其是在加强跨文化意识、开放性语言态度的培养方面提供了启示,同时也为广州作为国际化都市的跨文化交际环境建设提出了值得进一步思考的问题。

第五章 深圳大运篇*

5.1 大运篇引言

5.1.1 大运会背景

2011年8月12日到8月23日期间,深圳市举办了第26届世界大学生夏季运动会(简称"大运会")。官方数据显示,共计152个国家及地区的7865名运动员参与角逐了306项体育比赛项目(24个大项)的奖牌。① 经过12天的激战,大运会顺利闭幕。

大运会亦是志愿服务的盛会。志愿者总人数约127万(赛会志愿者约2.2万,城市志愿者约25万,社会志愿者约100万),刷新大运历史记录。② 其中近两万名深圳高校学生是赛会志愿者的主体(90.9%)。他们服务于63个赛事场馆及媒体运行中心、总部宾馆、大运村等重点区域以及开幕式、闭幕式等重要场合。③ 另外,近600名外语教师志愿者在世界大学校长论坛、国际学术会议以及服务与接待中心承担同声传译、外语主持、口语翻译和接待等任务;100多名体育教师志愿者承担比赛裁判、比赛讲解、陪同训练等任务。④ 整个过程中,学生和教师使用的语言包括汉语、英语、法

---

* 本章涉及的内容,曾以阶段性成果的形式发表以下论文:刘毅、邓婷婷,2013,深圳大运会学生志愿者对世界英语的态度——与奥运前主观投射测试结果的比较,《语言学研究》(1):212-223。史咫阳,2013,深圳高校教师志愿者的语言态度与世界英语教学,《深圳职业技术学院学报》(6),47-53。本章节同时作为广东省社科共建项目"世界英语态度与身份认同"(编号:GD15XWW27)。

① 数据来源于http://zh.wikipedia.org/wiki/2011年夏季世界大学生运动会#.E5.BF.97.E6.84.BF.E8.80.85(2020年12月20日检索)。

② 数据来源于http://www.szlib.gov.cn/szii/szdyhdetail.jsp?v_recno=30990(2020年12月20日检索)。

③ 据数据来源于http://news.sina.com.cn/o/2011-04-21/031122329557.shtml(2020年12月20日检索)。

④ 数据来源于http://www.szlib.gov.cn/szii/szdyhdetail.jsp?v_recno=3448(2020年12月20日检索)。

语、俄语、西班牙语、葡萄牙语、日语、韩语和阿拉伯语等。而使用频率最高的外语当属作为"国际第一通用语"的英语。那么，当面对操不同英语变体的外国与会者时，志愿者们能否准确识别并持包容的态度？他们对各英语变体的态度与民族身份认同和国际身份认同具有怎样的关系？

研究选取大学生志愿者与教师志愿者作为研究对象，考察他们对世界英语的态度以及投射出的国际与民族身份认同。研究问题如下：

（1）大学生志愿者对世界英语的识别能力、语言态度如何？民族与国际身份认同是怎样的？在大运会前后有无发生变化？

（2）教师志愿者对世界英语的识别能力、语言态度如何？与大学生志愿者是否存在差异？

（3）教师和大学生志愿者对世界英语教学有何认识和建议？

5.1.2 研究方法

研究综合主观反应测试的定量研究和访谈的质的研究方法。主观反应测试工具与奥运篇一致。

5.1.2.1 研究设计

主观反应测试的实测总信度α系数，总量表为：学生大运前测试0.806、大运后0.854；教师测试0.782；各分项指标也较好（见表5-1、表5-2），达到可接受水平。

表5-1　大运前、后学生测试信度表

变体	总量表		地位		亲和力		一般能力		运动能力	
	大运前	大运后	大运前	大运后	大运前	大运后	大运前	大运后	大运前	大运后
美国黑人英语	0.799	0.796	0.827	0.770	0.741	0.763	0.798	0.857	0.829	0.835
英国英语	0.842	0.863	0.769	0.755	0.778	0.750	0.832	0.838	0.868	0.843
中国英语	0.865	0.829	0.698	0.777	0.792	0.774	0.874	0.788	0.854	0.762
印度英语	0.800	0.782	0.635	0.726	0.581	0.717	0.809	0.749	0.931	0.710
美国英语	0.842	0.896	0.762	0.762	0.845	0.804	0.875	0.805	0.871	0.791

表5-2　教师测试信度表

变体	总量表（16项）	地位（4项）	亲和力（4项）	一般能力（4项）	运动能力（4项）
美国黑人英语	0.765	0.881	0.882	0.860	0.853
英国英语	0.847	0.910	0.885	0.908	0.900

(续表)

变体	总量表 (16项)	地位 (4项)	亲和力 (4项)	一般能力 (4项)	运动能力 (4项)
中国英语	0.820	0.742	0.843	0.844	0.878
印度英语	0.766	0.827	0.860	0.862	0.867
美国英语	0.823	0.805	0.862	0.829	0.870

·访谈

研究辅以小规模学生和教师志愿者的半结构式个人访谈,主要涉及四部分内容:

a. 英语学习背景:英语学习经历;跨文化交际的经历。

b. 语言态度:对"标准英语"和"非标准英语"的看法;对具体英语变体如"美国英语、英国英语、印度英语、中国英语、美国黑人英语"等的看法。

c. 大运会经历:大运中接触不同英语变体的情况;大运中对所接触英语变体的看法;大运后对不同英语变体的看法。

d. 对世界英语教学的看法:课堂中是否应该让学生接触不同的英语变体;具体教学建议。

5.1.2.2 研究对象

主观反应测试样本包括291名大学生志愿者与146名教师志愿者,均来自深圳学校。他们全部参加了前测,参加前测的大学生志愿者中,有96人参与后测。教师志愿者146人,包括120名大学英语教师和26名中学英语教师。具体样本信息见表5-3、表5-4。

表5-3 大运前、后主观反应测试大学生志愿者样本特征

样本特征		大运前 $n=291$		大运后 $n=96$	
		人数	百分比	人数	百分比
性别	男	53	18.2	24	25
	女	238	81.8	72	75
专业	英语	141	48.5	33	34.4
	商务英语	88	30.2	32	33.3
	其他外语	3	1.0	0	0
	文科/社会科学	59	20.3	31	32.3

(续表)

样本特征		大运前 $n=291$		大运后 $n=96$	
		人数	百分比	人数	百分比
学校类型	综合大学	203	69.8	96	100
	职业院校	88	30.2	0	0
英语水平	未达到大学英语四级	125	43.0	15	15.6
	已达到大学英语四级	27	9.3	28	29.2
	已达到大学英语六级/专业英语四级	113	38.8	51	53.1
	已达到专业英语八级或相当水平	26	8.9	2	2.1
志愿服务类型	语言服务	170	58.4	65	67.7
	非语言服务	103	35.4	31	32.3
	尚不清楚	18	6.2	—	—

表 5-4　大运前主观反应测试教师志愿者样本特征（$n=146$）

样本特征		人数	百分比
性别	男	38	26.0
	女	108	74.0
从教学校类型	综合大学	46	31.5
	职业院校	74	50.7
	中学	26	17.8
获得最高学位	学士	33	22.6
	硕士	96	65.8
	博士	17	11.6
出国访学或留学经历	没有	88	60.3
	半年左右	15	10.3
	一年左右	17	11.6
	两年左右	10	6.8
	三年以上	16	11.0

(续表)

样本特征		人数	百分比
志愿服务类型	语言服务	146	100
	非语言服务	0	0
	尚不清楚	0	0

如表 5-3、表 5-4 所示,大运前的学生志愿者中有 30.2% 来自专科职业院校,其余为本科综合大学,这是与其他几地有所不同之处。女生比例较高,占 81.8%。从专业分布上看,本科英语和专科商务英语专业的比例共占 78.7%。然而在英语水平方面,有相当一部分(43%)学生未达到大学英语四级,这可能与商务英语专业的学生为专科职业院校有关。在服务类型方面,学生志愿者确认参与语言服务的人数比例不到六成(58.4%)。

教师样本中女教师比例亦较高,占 74.0%。从学校类型上看,有 17.8% 教师来自中学。77.4% 的教师拥有硕士或博士学位;有出国访学或留学经历的教师接近四成(39.7%)。

由于客观条件限制,大运后仅集中了 96 名曾参与大运前测试的学生,此外还有未参与前测的 110 名志愿者参与主观反应测试。为了对比方便,下文的后测数据分析仅包括参加了前测的 96 名。大运后测试样本英语水平高于前测样本。

大运后的访谈样本包括 16 名学生志愿者和 10 名教师志愿者(表 5-5、表 5-6)。

表 5-5 大运后访谈大学生志愿者样本特征($n=16$)

样本特征		人数	百分比
性别	男	5	31.2
	女	11	68.8
专业	英语	7	43.8
	文科/社会科学	5	31.2
	工科/自然科学	4	25.0
学校类型	综合大学	16	100
	职业院校	0	0

(续表)

样本特征		人数	百分比
英语水平	未达到大学英语四级	1	6.3
	已达到大学英语四级	5	31.2
	已达到大学英语六级/专业英语四级	8	50.0
	已达到专业英语八级或相当水平	2	12.5
志愿服务类型	语言服务	10	62.5
	非语言服务	6	37.5
服务期间使用英语情况	每天都用	10	62.5
	偶尔要用	6	37.5
	从来不用	0	0
是否参加主观反应测试	仅参加前期测试	0	0
	仅参加后期测试	10	62.5
	参加前、后期测试	6	37.5
	前、后期测试都没参加	0	0

表 5-6　大运后访谈教师志愿者样本特征（$n=10$）

样本特征		人数	百分比
性别	男	3	30.0
	女	7	70.0
教授专业	商务英语	6	60.0
	文科/社会科学	4	40.0
	工科/自然科学	0	0
从教学校类型	综合大学	3	30.0
	职业院校	6	60.0
	中学	1	10.0
获得最高学位	学士	1	10.0
	硕士	6	60.0
	博士	3	30.0

(续表)

样本特征		人数	百分比
出国访学或留学经历	没有	6	60.0
	半年左右	2	20.0
	一年左右	2	20.0
志愿服务类型	语言服务	10	100.0
	非语言服务	0	0
服务期间使用英语情况	每天都用	2	20.0
	偶尔要用	7	70.0
	从来不用	1	10.0
是否参加大运前主观反应测试	是	2	20.0
	否	8	80.0

5.1.3 研究过程

5.1.3.1 数据收集

数据采集由大运会课题主持人和6名研究执行者完成,包括1位教师志愿者和5位学生志愿者。

针对学生和教师志愿者的主观反应测试的前测实施于2011年7月,在学校会议礼堂分别进行。后测仅针对学生,于课堂进行,实施时间为2011年10月。

大运会结束后的同年9月至10月期间,课题主持人与6位研究实施者先后对16名学生志愿者(表5-5)与10名教师志愿者(表5-6)进行半结构面谈。访谈语言为普通话,全程录音,每次每人访谈时间为25～50分钟,地点主要在校园餐厅、宿舍和教学楼。

5.1.3.2 数据统计

定量数据分析用SPSS 17.0软件包进行,主要内容包括:

(1)描述性统计:对五种英语变体识别率和评价得分;

(2)卡方检验:对比大运前、后测中学生志愿者对各英语变体的识别率以及大运前测试中教师志愿者和学生志愿者的识别率;

(3)独立样本t检验:对比大运前、后测试中,学生志愿者对各英语变体的总评分以及大运前测试中学生和教师志愿者的总评分。

对于受访学生和教师的访谈材料,我们按照"英语学习经历、语言态度、大运会经历、英语教学建议"四部分进行了主题分析。

5.2 大运前、后学生志愿者对世界英语的态度

5.2.1 对各英语变体的识别率

表 5-7 大学生志愿者大运前、后对各英语变体的识别率卡方交叉检验
(大运前 $n=291$;大运后 $n=96$;单元格内数字为观测频次/观测频次百分比)

变体	类别	错误/未填	接近	正确	$x^2(df)$
美国黑人英语	大运前	203/69.8%	85/29.2%	3/1.0%	3.233(2)
	大运后	60/62.5%	33/34.4%	3/3.1%	
英国英语	大运前	133/45.7%	61/21.0%	97/33.3%	8.945*(2)
	大运后	29/30.2%	32/33.3%	35/36.5%	
中国英语	大运前	87/29.9%	39/13.4%	165/56.7%	0.761(2)
	大运后	33/34.4%	11/11.4%	52/54.2%	
印度英语	大运前	205/70.4%	11/3.8%	75/25.8%	27.195**(2)
	大运后	51/53.1%	19/19.8%	26/27.1%	
美国英语	大运前	127/43.6%	57/19.6%	107/36.8%	3.253(2)
	大运后	32/33.3%	21/21.9%	43/44.8%	

* $p<0.05$; ** $p<0.01$

"正确""接近"和"错误"识别的分类同奥运篇。两次测试的识别率总体趋势相同,按从高到低的顺序排列依次是中国英语、美国英语、英国英语、印度英语和美国黑人英语。"正确"识别率过半的仅中国英语;其后按由高至低顺序排列为美国英语、英国英语、印度英语,正确率在两到四成多;而美国黑人英语的正确率极低。

卡方检验结果显示,学生志愿者对英国英语、印度英语的识别率在大运后有显著提高。就英国英语而言,活动前,错误比例 45.7%,高于活动后的 30.2%。活动后,"正确"和"接近正确"的比例都高于活动前。就印度英语而言,活动前志愿者对该变体的识别错误比例高达 70.4%,活动后对

该变体的识别比例"接近正确"有所提高。

由此可见,为期十二天的大运会志愿服务经历对提高大学生志愿者识别世界英语的能力有一定影响。在访谈中,参与"一对一"服务的志愿者似乎对这方面的体验较深。志愿者在这类服务中仅为一位参与大运会的外国友人服务,包括英汉翻译和陪同购买日常用品的生活服务。在参与一对一的服务中,志愿者使用英语的频率较高,可以接触到不同的英语变体,有助于提高自己的英语水平。

> 锻炼一下自己口语,听各个国家的人不同的口音这些,就是锻炼自己的听力。(S12)

> 因为真的是十几天都是跟着一个外国人,还有接触其他外国人……觉得每天都有进步。

> 哦,因为处在那种环境下,逼着你去想英语用英语。(S15)

这种短期的高频率接触对不同英语变体的识别也起到了促进作用。受访学生 S11 在回忆与一名牙买加运动员交流的经历时提到,仅仅一天的"一对一"服务对其理解牙买加英语产生了帮助:

> 我发现他讲的英文有点听不懂,牙买加,跑步的,特别快这样子。反正听不懂,就是很难听,我只能说 pardon pardon,他讲得太快了,口齿也不是很清晰……跟了一天,到了下午的时候吧,我就觉得说比较能适应他那个语速,能听懂大概意思……(S11)

通过与牙买加运动员一天的交流,该学生志愿者从听不懂到能够大致听懂"较快"的陌生英语变体。S11 的例证说明,对陌生英语变体的短期接触有助于迅速听懂。同时,他也指出,适应不同英语变体的语音和口音还需要更多的时间进行交流:

> 语音跟口音的话肯定还是不能适应,可是语速能适应了,大脑适应强度一天下来嘛,就很好,我觉得时间是需要的。(S11)

不过对很多志愿者来说,对英语多元变体学习的机会有限,提高不多。志愿者在赛前曾参与"通用知识、通用技能、职业素养、场馆和岗位"等培训,但是主要局限于面授志愿服务英语必备语句和对话,以及相关工作的专业英语知识(如全英语境的大运会代表团团长大会),并发放相应纸质资料,①并未涉及关于"世界英语"变体特点的相关知识。在会议的实际服务过程中,接触多种英语的机会有限,或服务对象较单一,或使用的话语简单,缺乏深入交流:

> 我们基本上就是随员,随着一个,然后偶尔也会有他的一些朋友就是需要沟通一下,但是总体来说(接触外国人的机会)应该比较少。(S12)

> 我们就只工作了两天吧,而且去注册口那里工作,基本上问的话就问你是什么 member 吗?然后你要入住酒店吗?你是一个人来的还是团队啊?你的团队已经到了吗?之类的问题,没有怎么样,而且才两天,我遇到了一个巴西的、澳大利亚的、印度的,就比较记得,那些其他那些讲英文的也就讲几句话,他们登记一下信息就进去(酒店)了。(S11)

> 其实真正使用(英语)的机会还是挺少的,因为我们可能是只是接待工作,然后平时跟外国人,跟外宾的交流也只是局限于 greeting 阶段吧,就比如说像问路啊。(S2)

如果跨文化交流活动持续时间更长,志愿者拥有更多机会直接接触不同英语变体的话,或许会对提高世界英语的识别能力产生更有效的作用。

从排序上看,学生志愿者对中国英语呈现出最强的识别能力,其原因在于研究对象接触本国英语的机会较之于非本土英语多,熟悉程度更高。不过,同样是对于本土英语,日本大学生的准确判断率达到百分之八九十(Chiba et al.,1995;McKenzie,2010),我国奥运会志愿者为百分之六十几(表 2-6),但大运会学生志愿者的相对准确率偏低。对比奥运研究(表 2-1、表 2-4),大运学生志愿者总体英语水平(表 5-3)相对较低,由此大运会志愿者的准确率可能会受到影响。尽管有百分之十几(大运前 13.4%,大运后 11.4%)的学生能够将"中国英语"归类至"亚洲英语"(表 5-7),将其与内圈英语区分开来,但其错误答案亦包括"澳大利亚、新西兰、加拿大、美国、英国"等多个国家。

由表 5-7 可见,研究对象对非本土英语的辨别能力普遍不高,最高的美国英语也不过是大运前的 36.8% 和大运后的 44.8%。该结果与日本大学生对非本土英语不足 50% 的较低识别率趋同(Chiba et al.,1995;McKenzie,

---

① 数据来源于 http://zsb.szu.edu.cn/enroll_5.html(2020 年 12 月 20 日检索)。

2010)。这种情况的出现与两国学生所处的 EFL 学习环境有一定联系。英语在中国和日本均属于外语,学生接触英语变体的机会有限,尤其是接触英、美"标准变体"之外的英语变体的机会有限:

> 日常生活中讲英语或者听别人说英语的机会都不是很多。主要是在上课时才有机会说,比如跟同学表演对话,回答老师的提问等。而真正接触外国人说英语,还是在大一时的英国外教……但跟他的交流也基本只有在课堂。(S10)

> 我真正接触英语应该是从初一开始,到现在研究生的话有十一二年的时间了。但接触外国人的机会相当少,大学的时候才有外教上课,但每周也只上一次课。(S7)

研究对象在十几或二十年的英语学习经历中,接触英语的普遍方式是在课堂上与中国籍英语教师、同学或为数不多的外籍英语教师交流。在这种学习情境中,学生听到和开口说中国英语的机会相对较多,对本土英语的熟悉程度则较高。当然,学生在课堂之外也可通过一定的渠道接触世界英语,如观看电影、电视剧、娱乐节目,收听英、美广播和歌曲等。所接触的非本土英语中,英、美英语是最常见的,因此识别能力也强一些。

> 我很喜欢听欧美歌曲的,直接摁 google 里面的,从第一首播到下一首。(S6)

> 大一时老师经常推荐英文电影……主要是英国那边或者美国的,像《大学新生》《野孩子》《勇敢的心》等等。我个人比较喜欢看美国的脱口秀节目,还有美剧《越狱》。(S9)

> 大学的时候因为要考四级啊八级啊,因为要考听力嘛,听得最多的就是 VOA 啊,BBC 啦,新闻听力啊什么的。(S7)

对包括印度英语以及美国黑人英语在内的其他英语变体则较少接触:

> 印度的听得比较少,所以听起来还是比较困难。以前有个印度来的外教就是这样子。(S9)

> 印度英语?我看过《三傻大闹宝莱坞》,里边的主角有讲一点印度英语……(S8)

> 接触印度英语机会很少啦……看过《三傻大闹宝莱坞》,那里有一点点(印度英语)。《生活大爆炸》里不是也有个印度的嘛,他说的

就跟其他人不一样。(S13)

很少(听过美国黑人讲英语),不是在现实中,可能是在电视电影中,很少。(S2)

美国黑人英语?奥巴马说的算吗?算的话就算有吧,就网上听过他的一些竞选演讲。(S7)

黑人英语只是在电视里看过一些,现实中还没有交流过,也就是在大运会时候偶尔会打个招呼,没有过多接触,一般就是在书上啦、电视上啦、媒体上看得比较多。(S14)

即使是在有限的机会中,这些学生也可能不会特意关注各种英语变体的特点。如受访学生 S11 所言,"《生活大爆炸》,那个看了很多就是没有去注意那些口音,没有去模仿,就是光笑完就算了"。在欣赏影视作品时,该学生主要关注的是故事情节,并未注意剧中出现的不同英语变体的特点与区别,未能促进其相应语言变体识别能力的提高。

另外,学生志愿者将印度英语错误猜测为马来西亚、伊拉克、日本、韩国、巴西、阿拉伯、非洲等国家或地区使用的英语,即尽管没有准确识别该变体,但至少能够将其与内圈英语区分开来。相较之下,学生对美国黑人英语的识别水平相当低,甚至无法准确区分美国黑人英语和其他内圈、外圈及扩展圈英语,错误答案极其分散,包括加拿大、英国、美国、南非、印度、日本、伊朗、利比亚、法国、德国、葡萄牙、俄罗斯英语等。学生接触美国黑人英语的渠道主要是新闻、娱乐媒体,多是间接的。也还不能准确区分说话人(如奥巴马)及其所说的英语变体,以为黑人说的就是美国黑人英语。可能有相当一部分学生将美国黑人英语混同于美国英语。McKenzie(2010)曾发现,日本学生对较常接触的标准英音识别率高于接触略少的格拉斯哥英语。本研究的发现与其有一致性,但一些变体的辨识率之低还是有些令人吃惊。

还值得一提的是,对于美国英语,大运前后分别约有两成的学生判断出其属于北美英语;对于英国英语,大运前后分别有 21.0% 和 33.3% 的学生将其归为欧洲英语,即这些受试学生能够判断出英语说话者所属大洲地理区域,但将英国英语视为法国、德国、意大利、丹麦等欧洲其他国家的英语,并未意识到或并未在意它们之间存在第一语言/本族语、第二语言/外语的区别。其原因可能是这些学生习惯于"欧美英语"这种表达方式,笼统地将"欧洲各国英语变体"视为与"美国英语"并列的一类。访谈中有人说:"欧美英语为标准英语。"(S6)"最喜欢听欧美国家的人讲英语。"(S7)此处欧洲各国英语变体相互之间的差别已经被模糊化,它们与美国英语被视为一个整体,并且被冠以"标准英语"的称号,得到偏爱。这种现象在奥运、亚运和世博的志愿者中似未出现。

另外,约20%的学生将美国英语误认为是英国英语,11.4%和10.6%学生将英国英语与美国英语混淆。这种"美""英"不分的情况在访谈中也有所体现:

> 我还不会区分英式和美式(英语)……我对美式和英式区分很模糊的。(S6)

> 我们没有辨别(英式发音还是美式发音),我们只知道我们的书目是牛津版,外国人发音的,但是我们也不知道他是美式发音还是英式发音……英式和美式英语有什么区别? 就单词上面来说呢,大部分单词还是一样的,有些不一样呢也并不是完全不一样,它就是结尾有一点点区别……但是你要我自己举例吧,我就举不出来。(S8)

> 发音肯定是听出来是不同的。但是辨别可能就有问题了。我也不知道哪种算是英式,哪种算是美式。也没有人跟我说过他们的区别是什么,自己也没有主动去研究偏美式和英式的特点是什么……(S9)

尽管英、美英语属于在中国较常见的"标准英语变体",但仍有学生无法准确区分。这种现象在其他几个活动的志愿者中似并未发现。

总体而言,大运学生志愿者对各英语变体识别率的高低排序与其他几个活动的志愿者大致相同,即本土变体、内圈"标准"变体的辨识高于"非标准"变体。不过在具体的识别率上,有些方面低于奥运,从访谈中也发现一些变体混淆的情况。这可能与大运志愿者样本的构成有关,即除了本科院校学生外还包括了一部分专科院校学生。此外,大运后的识别率提高有限。这一方面与其他几个活动的情况有相似性,另一方面也可能与大运时间长度、学生的跨文化交流机会有限不无关系。

5.2.2 对各英语变体的态度

本小节将综合五种英语变体在大运前、后测试的总评分(各变体在各自四个范畴的评价之和)、四个范畴(地位、亲和力、一般能力和运动能力)评分,以及访谈数据,回应有关志愿者对英语变体态度的研究问题。鉴于志愿者对于变体的识别率的局限性,特别是对印度英语、美国黑人英语的识别率较低,因此本小节呈现的相关态度,不宜理解为精准地针对目标变体,而有可能是泛泛地针对某个"非标准变体"。

5.2.2.1 总体评分分析

大运前、后学生志愿者对各英语变体的总评分的比较见图 5-1、表 5-8(按得分从高至低的顺序排列)。

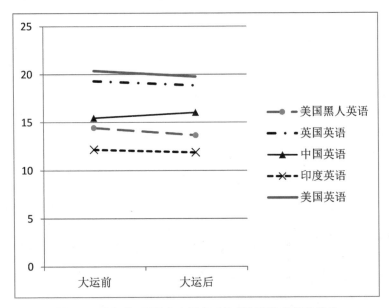

图 5-1 大运前、后学生志愿者对各英语变体的总体评价

表 5-8 大运前、后学生志愿者对各英语变体的总评比较

变体	大运前($n=291$)		大运后($n=96$)		总值差	$t(385)$
	总值	标准差	总值	标准差		
美国英语	20.37	2.89	19.76	2.24	0.618	2.170*
英国英语	19.30	2.80	18.84	2.11	0.464	1.711
中国英语	15.45	3.24	16.02	1.93	-0.562	-2.055*
美国黑人英语	14.43	2.41	13.66	2.17	0.770	2.783**
印度英语	12.17	2.87	11.88	1.71	0.287	1.189

* $p \leq 0.05$; ** $p \leq 0.01$; *** $p \leq 0.001$(余表同)

比较大运前和大运后五种英语变体总评分的独立样本 t 检验(表5-8),除中国英语的评价显著上升外,其他变体的总分均有所下降,其中美国黑人英语和美国英语的下降达到显著水平,但总体排序并未发生改变。

学生志愿者对五种英语变体的评价模式与奥运等活动的情况类似:美国英语和英国英语得分遥遥领先其他三种英语变体。这说明研究对象的语言态度趋向保守,对内圈"标准英语"(美国英语、英国英语)评价高,对外圈英语(印度英语)和扩展圈英语(中国英语)的评价低。此发现与其他学者(Chiba et al., 1995; Matsuda, 2003; Fraser, 2006; 周榕、陈国华, 2008)关于亚洲学生对世界英语的语言态度研究结果较为一致:日本、中国、韩国学生偏爱本族英语变体/内圈英语(尤其是英、美英语),相对排斥非本族语英语变体/外圈和扩展圈英语(如斯里兰卡英语、马来西亚英语等)。

与中、日、韩三国学生的态度相比较,Chiba 等(1995)发现较之于美国英语和英国英语,马来西亚学生更加肯定马来西亚英语。造成此差异的原因可能为"英语在这四个亚洲国家的地位各不相同":马来西亚是外圈英语国家,英语属于第二语言,因而学生有较多机会使用本土英语,对本民族英语较为认同。中国、韩国、日本是扩展圈英语国家,英语属于外语。在 EFL 学习情境中,学生接触英语变体的机会相当有限,主要是受到英、美文化的冲击,对英、美英语较为熟悉。而同时,英语教育往往坚持"英、美口音为上,英、美英语为标准"的原则。由此,中、日、韩学生在有意、无意之中逐渐形成"亲英、美"的语言态度。大运之后的访谈数据亦为这一解释提供了一些依据:

> 我们从一开始学英语时,老师就告诉我们要选择英国英语或者美国英语。这是个标准和规范,就像一加一等于二,一定要相信这个,其他的都是错的。(S7)

> 我们英语课本的那些课文读音要么是英式的,要么是美式的。既然课本主要是这两种,那我们自然比较倾向喜欢这两种(英语变体),权威嘛。(S12)

> 以前热播的大片啊,美剧啦,像 BBC 像 VOA 啦,好的片子啦,好的迪士尼动画片啦,这些都是很经典的教材,那么很经典的大片都是被选来当影视鉴赏可以用的,所以有时候你没办法,你周围都是这样

的文化环绕着,碰巧你又读英文嘛,就 pick up 了,就会选择美式或者英式。(S14)

可见,我国推崇英国英语和美国英语的英语教育政策以及英、美文化为主流外国文化的现状对国内学生语言态度的形成起着举足轻重的作用。

比较对英、美英语的评价,发现大运会志愿者对美国英语的评分高于英国英语。该结果与奥运志愿者(活动前)、世博志愿者以及 Fraser(2006)、颜静兰(1994)、周榕和陈国华(2008)早先的发现相吻合,呈现出"在处于扩展圈的亚洲国家,美国英语评价之高大有超越英国英语"的趋势。该趋势印证了 Crystal(2003:127)的观点:"美国在诸多领域已成决定性因素,英语的未来必定与该国的未来密切联系。"

但大运后测表明,尽管英、美英语的排序未变,但评分均有所下降,其中美国英语的评分下降具有显著性。这或许是通过参与大运会的语言服务活动,学生提高了对自己使用中国英语的信心,某种程度上可能导致了对其他英语变体评价的降低。受访者在谈到大运对自己语言态度的影响时说:

> 对外国人的态度不要把自己看低了,不要把他们看得太高了,人和人是平等的。

> 我感觉经历这次很值得……在跨文化交流中,人和人是平等的,不要把一些国家的人说的英语看得太重,也不要把另外的看得太轻。(S3)

> 可能哪种口音并不是最重要的。因为每个人讲英语的话多少都会带有自己民族的口音,每个语言都是平等的,没有哪个是标不标准的。(S15)

大运的经历使部分志愿者增强了平等意识,对本民族英语变体也更有自信了,对"一些国家的人说的英语"也不盲目崇拜了。除此之外,变体评价的显著下降也不排除主观反应测试重复使用可能会使效度降低(见奥运篇分析)。

中国英语正确判断率排名第一,领先于英、美英语约二十个百分点,总评价排名却仅居第三,明显落后于美国英语。"对本土英语的识别能力最高,但对其评价却低于英、美英语"的情况也在 Chiba 等的研究(1995)以及北京奥运会志愿者的研究中出现。可见大运志愿者总体上对其本土英语变体持否定态度。

然而大运后,尽管总体排序未变,学生志愿者对中国英语的评价上升,并具有显著水平。从后面的各维度分析来看,都有上升的趋势,尤其以"运动能力"的评价上升幅度为大。从访谈资料看,这一结果似与他们对英语使用自信心的提升有关。在参与大运服务过程中,志愿者用英语与外国友人开展交流,提高了他们对自己使用中国英语能力的信心:

> 英语上,首先我自信心提高了,敢去说了,然后第二,我觉得听了一些标准的和不标准的发音,我觉得我能够纠正一下、弥补一下自己英语发音的不足,能够让英语发音比以前更好一些。(S1)

尽管提高了英语自信心,S1仍将不同的英语变体分为"标准"和"不标准"两类。这也说明大运经历并未改变志愿者崇尚英、美英语变体的态度。但通过接触其他"不标准的英语变体",志愿者意识到语言交际功能的重要性,更加有信心使用中国英语开展交流:

> 就是说起到一个交流的目的就可以了,因为不同的国家的人,他的英语都是相当于咱学外语一样,都是相当于二外,所以呢他说英语的水平其实也是,不是说像标准英语国家那样的,所以就是说交流,就算是在学校学,用的时候要大胆地说,不要怕说错,想,每次交流都想说一个完整的句子,有时候不大可能,就是这样的。(S3)

有的受访者自认为英语不好,但却可以和参加大运的外国人用不同英语变体顺利开展交际活动。

> 有一个女记者荷兰的,我就跟她说我的英语很差,跟她说我们平时这边学英语但很少说英语,然后即便是说英语,也是对着机器在那里自言自语,然后她就说我们也是,她说她也说得不好,我就跟她一直说,当时说了一路。(问:你和那个荷兰人交流没有问题?)对。(S7)

这样成功的交际经历应有助于学生志愿者提高使用中国英语的信心。对中国英语信心的提高或许可以说明后测中国英语总评分上升的原因,证明大型跨文化活动在一定程度上提高了学生志愿者对本土英语变体的认同和自信。

美国黑人英语和印度英语的总体评价排于末位,分别为第四、第五位。两种变体的后测分数均有所下降,美国黑人英语的下降达到显著水平。不过鉴于这两种变体的识别率较低,这是否体现了学生志愿者的语言偏见还不宜下明确结论。有意思的是,学生的访谈却展示了对美国黑人英语和印度英语两种不同的态度。尽管后测中美国黑人英语的评分有显著性下降,但有两位受访学生却表示大运会改变了他们对这一变体的态度:

> 大运之后,因为经过大运会我接触的外国人比较多,有自己用英语跟他们交流的经历之后,感觉我们要更加宽容一点吧,毕竟我们在交流中要重视平等,要尊重对方。以前总觉得黑人讲话怪怪的。但这次我服务的那些黑人运动员都很好,沟通没多大问题。(S7)

> 美国黑人一般都是比较粗鲁,英语不标准不好懂,就像是另一个地方的方言。但是我接触到的外教跟我在大运中交流的一个黑人,却是非常地绅士,完全打破了之前我对美国黑人的看法,口音和行为都非常地礼貌,和我想象中的不礼貌不标准非常地不一样。这让我认识到美国黑人并不像影视中的那样,其实美国黑人也会说比较标准的英语,也受到比较高等的教育,比较有礼貌。(S10)

两位受访学生以前均对美国黑人英语持有偏见,认为黑人英语"怪怪的""比较粗鲁",但参与大运的经历改变了他们的态度。另一方面,也有学生志愿者对印度英语的负面评价通过大运活动得到固化,加深了其语言文化定型:

> 印度人讲英语……对我的耳朵就是一场灾难,听不懂,就是感觉怪怪的……大运会没有改变我的这些看法。更加证明了我原来的感觉,亲眼见识。(S10)

受访学生在经历过大运会之后,其语言偏见明显增强了,对印度英语变体的负面评价只是单方面对交流对象的,看不出任何的自我反思。这一语言偏见的固化也在大运后主观反应测试中得到一定程度上的反映。

后测的各变体评价排序相较前测未见变化,也显示大运会对学生语言态度的影响有限。从访谈数据观察,部分受访者的语言态度并未受到大运会经历的影响。

在大运期间,没有多少机会可以跟他们进行交流,只是偶尔可以说说话,但一般也仅限于简单的日常问候或者就一问一答。像有一天,一名外国官员问我"What is the correct time, please?"然后我就回答:"Five twenty-three"。然后就是"Thank you""You are welcome"之类的话。都是简单的(话题)。谈不上说对他说的英语有什么看法上的变化。(S8)

大运会期间,我们基本上是随员,随着一个,偶尔才会跟别的外国人沟通,总体交流是比较少的……对不同国家人讲英语的看法,大运会之后还是差不多吧。我之前去过广交会啊、展会,就是世界各地(英语)大概有一个了解,看法还是都差不多。(S12)

上述受访者直言大运会经历(还包括广交会、展会等)对其语言态度没有显著影响。原因之一可能是这些跨文化交流历时较短,其间接触不同英语变体的机会有限,且交流甚浅。

5.2.2.2 各范畴评分分析

◇地位

地位范畴包括"受人尊重/不受尊重,收入高/收入低,教育程度高/教育程度低,彬彬有礼/不拘小节"四项内容。五种英语变体的评价均值见图5-2、表5-9:

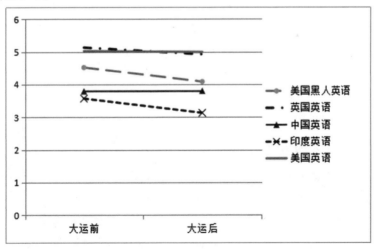

图 5-2 大运前、后学生志愿者对各英语变体地位的评价

表 5-9　大运前、后学生志愿者对各英语变体地位的评价比较

变体	大运前($n=291$)		大运后($n=96$)		均值差	$t(385)$
	均值	标准差	均值	标准差		
美国英语	5.02	1.02	4.99	0.68	0.025	0.279
英国英语	5.13	0.91	4.92	0.67	0.209	2.424*
中国英语	3.79	1.02	3.80	0.62	−0.003	−0.038
美国黑人英语	4.52	0.97	4.08	0.84	0.435	3.944***
印度英语	3.57	1.10	3.13	0.66	0.444	4.761***

由表可见,对地位的评价均值仅有中国英语在后测中有未达到显著性的微小提升。其他变体均有下降,除美国英语外,其他三种变体的评分下降达到显著水平。排名方面,英国英语在大运前测中分数居首,但后测分数则降至第二。美国英语则从前测的第二跃至后测的第一名。美国黑人英语、中国英语及印度英语在前、后测的排名未变,分别为第三、第四和第五。

在大运结束后的访谈中,学生对英、美两种变体的地位是这样具体评价的:

肯定英国人/英国英语

英式吧,就觉得它是传统正宗的……礼貌方面又是表现得比较彬彬有礼。(S12)

英语语言最纯正的还是英式英语……就感觉它的历史就在那里了,我们不能改变。就会想说纯正的英式英语地位就比较高贵。(S16)

就是《傲慢与偏见》这种电影,里面的那些人,因为他们都是贵族,衬托出那种气势,然后感觉说那样子的(英语)比较好听。(S5)

肯定美国人/美国英语

选美式也是没办法。美国还是比较强势的,包括经济,包括文化。我发现他们的英语还是主流倾向。(S14)

一开始到四年级应该是英式英语比较占主导地位,然后到了后来美式英语就开始流行,老师就也开始重视美式英语,到现在我也是比

较偏向于美式英语。(S4)

> 我觉得按现在总体发展趋势来看美式英语地位比较重要一点,因为感觉大家都在学美式英语,比较普遍了,中学那些都在学美式英语。(S9)

对于英国英语,受访者表现出对其"悠久历史地位"的认可,从而认为其地位传统正宗(S12)、高贵(S16);对于美国英语,受访者在美国经济、文化等领域的迅速发展(S14),以及中国英语教育重视美国英语(S4)与学生自身的从众心理(S9)的共同影响下,开始认可其地位。

后测中英国英语和美国英语的地位评分均有下降,前者还达到显著水平,这可能和有些志愿者(前面提到的S3)通过参与大运会语言服务,认识到不应将外国人看得太重有一定的关联性。美国英语地位在后测中高于英国英语,可能是与学生志愿者在大运会期间接触的美国人身份有关。例如,S16在大运期间负责为美国籍大体联主席基里安作翻译,当问及该志愿者接触了哪些国家的人时,她说"对,大体联主席,就一个人。""还有他身边的两个秘书,他们是美国人。"这一呈现为排他性的交流经历,似乎提高了美国英语在她心目中的地位。另一位受访者服务对象则包括一位美国教授:

> 服务过程中我就有几次随车的经历,在车上我就跟一个来自中国台湾的女运动员还有一个美国的算是教授,他是年纪比较大的老爷爷,五六十岁了吧,我跟他们两个比较聊得来……然后美国的那个老爷爷,他跟我讲了好多事情,我们都是用英语交流,有时候有一些单词也是有他学校的名字我不认识,他就会给我拼写出来,告诉我在哪个州,然后他跟我讲了很多他年轻时候的事情。(S7)

受访者在大运期间有机会和美国教授进行日常交流,一方面增加了亲和力,另一方面在学到英语知识的同时,也可能提高了美国英语在他心目中的地位。

美国黑人英语在地位范畴的前、后测得分都位居第三,排名高于中国英语,但后测分数有显著下降。访谈中学生志愿者对美国黑人英语的印象贬多褒少:

> (美国黑人英语)一方面可能就比较难听懂一点,然后差不多也

是一个笼统的概念吧。

能听懂,但是觉得有点怪那种,就不是标准的。(S2)

我们学校也有些黑人外教,是美式的。但总感觉就是没有标准美式那么好听,有点怪。在电视上看,就感觉听不懂他们讲话,如果不看字幕,我是听不懂的。(S6)

主观地认为美国黑人英语"难听懂",那么该英语变体即为"不标准"。另一方面,也可能受"美国黑人身份所带来的种族、文化偏见"影响:

美国黑人讲英语就听不懂啊,感觉教育程度不高,一种玩世不恭的感觉。(S6)

黑人在我印象中就是光着头长得很大头大脑的那种,我也听过……感觉更靠近粗鲁这个词,有点含糊。黑人是有口音的,还有些不合正统语法的口语,但是我也表达不出来。

但就是和白人不同的,这个我思考过。(S8)

在电影里听过美国黑人讲英语……感觉就好像很多脏话。(S12)

对"美国黑人/黑人"的身份歧视导致对他们所讲语言"地位"的否定,否定其教育水平和礼貌程度。不过也有部分学生从其他角度表达了对美国黑人所说的英语的肯定:

我觉得黑人发音还是比较准确的,印度人才是很难懂,听着比较吃力。(S1)

一般就是在书上啦、电视上啦、媒体上听得比较多……像奥巴马那种说话还是很标准的,要看他的受教育程度。他们(教育程度)要低一点的话,就像我们语法所说,他们好多发音啊、语法呀,都跟正规英文有很大区别。(S3)

这些较为"正面"的评价,有些也是出于偏见,是与其他"非标准变体"做比较进行排序。虽然同是"非标准变体",美国黑人英语至少就地理位置来看仍处在"内圈",而印度英语处在"外圈"。这样的正面评价仍然是以英、美(白人)英语为中心的。有少数人,如S10(见第158页),的确通过个人交流接触等方式,改变了原来对黑人的负面文化定型。不过应该指出的是,这里的正面印象有时似乎与"美国黑人英语"无关,而是对某些并非讲美国黑人英语的黑人(如奥巴马)所说的("标准")英语或个人风度气质的评价。

总体而言,学生志愿者对于美国黑人英语的认识不清楚,对美国黑人的印象来自大运经历的也不多,可能跟接触机会有关。

中国英语在大运前、后测试中均排名第四,较靠后。后测的评价比前测有些微提升,没有达到显著水平,这点跟奥运志愿者的情况有一致之处(表2-8)。访谈结果显示,通过参与大运会语言服务,有志愿者(S3)认识到不应将外国人看得太重,隐含不应轻视中国英语之意。此外,受访者将中国英语与美国黑人英语和亚洲外圈英语比较时,评价比较正面。

(美国黑人)那些方言啊,俚语啊,包括语法不规范,一些不规范词汇啊,肯定要跟咱们学的,在中国学的标准英语是不一样的。(S3)

中国人讲英语,比日本人好。这是给我的印象。就是比上不足,比下有余。(S16)

其实,中国英语听起来也是还不错的……中国口音听起来不会说很难听,最起码中国人可以听得懂吧。而且,在亚洲国家,中国人讲英语很是很不错的。这次大运会就有好几个日本人夸我的英语说得很好。(S7)

在第一位受访者心目中,美国黑人英语不规范,比不上中国学的"标准英语"。尽管有明显的语言偏见,但肯定了中国英语的地位。第二位受访者认为中国英语优于日本英语,虽然"比上不足",仍具有一定的地位。第三位受访者对中国英语做了正面辩护,积极肯定中国英语在亚洲的地位,并用亲身经历的实例佐证。这些表述在一定程度上证明,大运会等大型国际活动对于提高本土英语变体的地位是有一定作用的。

然而在泛指层面上,受访学生更多表达出对本土英语地位的不认同:

听中国人讲英语就是没有native speaker的那种感觉。中国腔挺浓的。(S1)

Chinglish,就是明显有一些口音啊,语法啊,就是接近中国语言的思维……我觉得(中国英语)不太可能成为参照标准。一个语言它有它本来的那个文化根底,我觉得还是要在它的发源地。(S12)

上述评价中,受访者使用"中国腔、Chinglish"等字眼指代"中国英语"

时,其标准是与"内圈英语"进行比较,流露出对中国口音英语的主观偏见,不认可其"地位"。

学生志愿者在泛指中国英语时,评价比较负面,但在评价本国某类群体的本土英语时,持相当肯定的积极态度:

> 我觉得正式场合,一些播报的广播人(中国人)的英语就很好,听着就像英、美国家的人在讲。(S5)

> 我觉得中国的英文老师都挺好的,例如我大三的班主任,他发的是英式的,我就好喜欢,大一时候的 Miss Wang,发音也很清楚,很流利。(S6)

> 火候到、练习够、强度够的话,中国人只要把音发准了,都是很倾向于美式发音的。像我们这次过来的其中有一个人他的英语学得不错。出国学了几年,所以他的英语就好……他发音还挺准的。(S14)

> 我就发现中国学生讲英语有一个规律,从发音的音调上来说,女生说英语比较好听,但是男生(说英语)呢可能是声音比较深沉或者别的原因,感觉就是不太好听。女生普遍说得还行,只有部分可能说得不是很好。(S8)

对部分群体的肯定,如播音员、英语教师、海归等,仍是以英、美英语为中心,作为模仿者比谁模仿得更像,离目标变体更近。因此这样的"积极"仍然是保守的语言态度。

需指出的是,"中国英语"的地位在学生志愿者心目中不及英、美英语,并不意味着他们缺少民族、国家认同。实际上,中国大学生民族、国家认同的主要载体为汉语普通话,而非中国英语(高一虹等,1998)。事实上,大运志愿者表现出对民族语言的充分认同:

> 有时候我在想,说不定以后我们的汉语,我们的普通话也会成为真正的国际性语言。就像这次啊,我遇到韩国的运动员,他们有时候会跟我说几句汉语,像"你好""谢谢""再见"。他们还会问我一些关于汉语文化的东西,像汉语拼音、声调。(S10)

印度英语的地位得分在大运前、后两次测试中均排名最后,低于其他四种英语变体,且后测分值具有显著性下降。

访谈材料与定量数据呈现的较为一致,主要体现为否定性评价:

（1）发音错误

她(印度外教)说 Thank you 会说出 Tank you。(S6)

有个印度的,他讲的那个英语很奇怪……他不是说 yes,他是说 yas,首先他说 yas,我就有点愣了一下,我完全没有想到别人说 yes 会说成 yas。(S11)

印度人讲英语就是有一些辅音容易发的偏离,就是发的不准。(S12)

印度人讲英语,就是那个尾音 de,di 会发成 da。(S16)

（2）卷舌口音

印度人讲英语卷舌……我超级不喜欢,真的有点不知道在讲什么。(S6)

绕不出来,他那个舌头老是出不来,个别的音发不出来感觉。(S14)

（3）语速太快

之前我们有一个来自印度的教授……有时候他讲课讲得快的时候,我们还是听不太明白他在讲什么。(S7)

（4）听不懂

印度人说英语不大好懂,像烧开水,咕咚咕咚的那种感觉。(S3)

他(印度人)讲话我是真的听不懂,不喜欢。(S4)

(印度英语)我超级不喜欢,真的有点不知道在讲什么。(S6)

印度吧,口音很重,有时候就听不清楚他说什么,所以交流起来,听力这方面就有障碍,就是比较困难一点。(S12)

大运会期间,接触到的印度人,他们说话(英语),就是我们每次都会有个别的音会听不懂。(S14)

（5）总体感觉

印度人讲英语……对我的耳朵就是一场灾难,不是听不懂,就是感觉怪怪的。……

大运会没有改变我的这些看法。更加证明了我原来的感觉,亲眼

见识。(S10)

上述五个方面,既有对其"语音正确性、发音特点和语速"的否定评价,亦表达出"听不懂"的交流障碍以及"总体感觉怪"的语言偏见。或许基于这些主观认识,研究对象对印度英语的地位极其不认可,如(S10)所说,大运的经历可能加深了这些偏见。

◇亲和力

亲和力范畴包括"热情/冷漠,亲切/严肃,可靠/不可靠,易于亲近/不易亲近"四项内容。五种英语变体的得分情况见图5-3、表5-10:

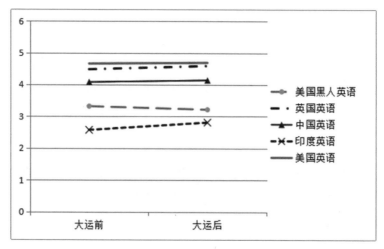

图5-3 大运前、后学生志愿者对各英语变体亲和力的评价

表5-10 大运前、后学生志愿者对各英语变体亲和力的评价比较

变体	大运前($n=291$)		大运后($n=96$)		均值差	$t(385)$
	均值	标准差	均值	标准差		
美国英语	4.66	1.02	4.69	0.74	-0.033	-0.344
英国英语	4.48	0.97	4.59	0.74	-0.113	-1.193
中国英语	4.08	1.01	4.14	0.73	-0.057	-0.597
美国黑人英语	3.32	0.81	3.22	0.86	0.100	1.033
印度英语	2.57	0.86	2.81	0.58	-0.247	-3.162**

美国、英国、中国和印度英语的亲和力后测分值均比前测有所上升,其中印度英语的分值提升达到了显著水平。美国黑人英语的后测分值有下降未达到显著水平。中国英语的排名则从地位范畴的第四位上升到第三位,后测分值还有稍许提高,但未达到显著水平。整体上看,亲和力范畴各变体的前后测评价变化不大。

访谈材料呈现的语言态度则更为复杂一些,对英国英语/英国人,以及美国英语/美国人的评价中,既包含肯定评价,也包括否定评价:

肯定英国人/英国英语

伦敦英语对于我们来说比较容易接受,容易听得懂,容易理解,听起来很顺耳。(S2)

从大一到大三接触的外教中,最喜欢的是剑桥大学的Kevin,他是英国的,发音很好听,很纯正的那种感觉……(S6)

后来就是听了BBC,说话比较快,给人一种节奏感比较强的感觉,所以就喜欢BBC,现在也更倾向于BBC。(S3)

《傲慢与偏见》女主角英语讲得特别好听。一方面是容易听得懂,听起来很明白,很顺耳;另一方面是她的发音很到位,很beautiful那种感觉。(S2)

像《哈利·波特》中,英国人讲英文,还有《功夫熊猫》中,就是讲得比较慢,比较清楚,比较舒服。(S9)

美国人和英国人的气场很不一样,英国人看起来很gentle。(S11)

英国人礼貌方面又是表现得比较彬彬有礼。(S12)

肯定美国人/美国英语

美式英语读起来比较轻松;英式的总感觉比较硬,太正经的感觉。(S4)

因为美国是一个比较年轻的国家,所以它的口音就不会像英式英语那么沉重死板,更加年轻化,更容易让人接受,有更多的变化空间。更喜欢美国人讲英语,更容易接触,更容易沟通。(S10)

自己比较喜欢美式,听起来更好听一些。美国人讲英语就是音比较圆,比较能听得懂,英国人的话嘴比较扁平,有时候也太连贯了,反

正听不是很懂……(S11)

我比较喜欢美式,更有感觉,就是美国人说话感觉比较自由,不会那么拘谨,但英式的话可能过于标准,会给人有种太严肃的感觉。(S16)

另外有个大概六十多岁的美国外教,她人很好,她的发音就是美式的,还是不错的。(S6)

刚上大学时接触最多的就是 VOA,美国之音……感觉是比较浑厚,有那种底气。(S3)

慢速的 VOA 又是超慢的,那个能听到睡着。(S5)

我看过一部美国的电视剧,叫《绝望的主妇》。我从第一季看到第七季,那个女主人公发音就是非常流利的,听了让人觉得很舒服……(S7)

美国人,他会热情奔放,他说的(英语)会比较更加的夸张一些吧,发音方面的话,他们有那个特点。(S7)

很想学美式英语。感觉是美国那边人,都很活泼幽默;英国人就是太正式、严肃。(S15)

访谈材料中的评价主要集中在三个方面:首先是对变体语言特点的评价。针对英国英语,受访者对其正式场合的"严肃"特点持肯定态度。但更多的是持否定态度,抑或认为其过于严肃、正经,抑或认为其发音较难懂。相较之下,对美国英语,更多的人表现出愿意亲近的态度,认为"容易接触""活泼幽默""热情奔放"且"比较自由"。

其次是对某类人或某个媒体渠道英语特点的评价。谈及英国英语之时,有学生将英国英语与英国外教、BBC、英国电影英语联系起来。其中,英国外教的英语被贴以"纯正"标签;BBC 被认为"节奏感强",但也有人认为"太快";而英国电影中的英语则在语速、语音特点、可懂性以及语感方面均得到一致好评。类似于英国英语,美国英语与美国外教、VOA、美剧英语相联系。美国外教英语被认为发音不错;VOA 英语被美誉为"浑厚,有底气"或者被批判为"语速太慢";而美剧中的英语得到"流利、舒服"的好评。一个是"电影",一个是"电视剧"也揭示了英国英语和美国英语在中国的流行途径的差异所在。

再次是对说话者的直接评价。当受访学生将英、美英语与其国人联系起来时,反映出对英、美人士的文化定型,即对英国人"绅士、彬彬有礼"的肯定和对其"过于严肃"的否定,对美国人"热情奔放""活泼幽默"的肯定,以及对其"过于随意"的否定。上述性格、品质特征为人的社会属性。Bradac(1990)认为,在日常交流中,听话人会从说话人使用的语言变体特征来推论说话人社会特征,对他们进行社会评价。即便是在访谈这样的直接材料中,也不难看出受访者会将对说话者其"社会人"的性格、品质与其语言联系起来,将对前者的主观评价投射到后者之上。

在以上材料中,似乎志愿者心目中地位、亲和力的区分并不是那么清楚,在亲和力方面,主要还是停留在"喜欢""好听"等比较笼统的感觉和认知层面,并赋予变体或说话人一些特征。其中像"纯正"这样的特征,或许也跟地位有关。材料中并没有发现受访有很亲近、认同于该群体的程度。这或许也从一个侧面说明,志愿者的语言态度、文化刻板印象仍是比较粗糙的,在范畴或维度的区分上并不大细致明确。

中国英语的亲和力得分低于美国英语和英国英语,居第三位。该排序与奥运一致,反映中国学生对本土英语的亲和力评价低于本族英语(英、美英语)。而这种语言态度与日本学生认为"日本英语比英、美英语更具亲和力"(McKenzie,2008a,b,2010)的发现有所不同:中、日两国学生对最为熟悉的本土英语的识别率均最高,但在亲和力评价层面,前者却低于后者。此差别也体现出中国学生在情感投射层面对本土英语/国人的亲和力认同还不够。访谈材料中也有一致性的发现:

> 鹦鹉学舌嘛,学的不像,然后怪怪的,然后讲起来就是念课本念书一样,没有感情。(S13)

"鹦鹉学舌"这一说法,清晰地表达了英、美英语的"忠实模仿者"(高一虹,2014a)身份认同。不过访谈中也出现了一些认同本土英语或本族人所讲英语的观点:

> 外国人我不敢讲,我怕别人听不懂,我就不会跟那个人讲。我也怕他听到我的发音不标准,口齿不清晰……同样中国人的话他就一般可以懂,就算说错了一些语法,他就可以按照中国人的思维方式去理解,可以猜我讲的意思。(S11)
>
> 我觉得中国(籍)的英文老师挺好的,他们有一个特色就是既对

我们中国文化很了解,又会站在你的立场教学,能够以中国人的思维方式和表达方式教学,有助于我们去理解。(S6)

可见,从"相通的思维方式和表达方式"的角度出发,受访学生对本国国民/本土英语表现出较强的亲近意愿,即认为中国人之间能够以相通的思维方式说英语,更加容易沟通交流,所以更愿意亲近彼此。

美国黑人英语的亲和力排名第四,位列美国英语、英国英语和中国英语之后,仅高于印度英语。尽管美国黑人英语被误认为其他内圈、外圈和扩展圈英语国家,但其评价亲和力得分仍然低于中国英语。从某种意义上看,或许可以说明研究对象对中国英语的亲和力认同感高于这些除英、美"标准英语"外的非本土英语变体。另外,该英语变体的亲和力比美国英语低。考虑到鉴别力的有限,这里的材料不宜过度解释。有可能在一定程度,在亲和力范畴,较之于美国英语,研究对象对美国黑人英语存在一定语言偏见。该偏见可能与对其地位的否定有关:即认为美国黑人英语难懂、不标准,美国黑人/黑人教育水平和礼貌程度不高,所以在情感上亦表现出较强的疏远感。不过,也有学生在访谈中谈及对该变体的"喜欢":

> 他们(美国黑人)是比较,我感觉,很 relax,听他们讲,觉得音调也蛮好听的,好像在唱 hiphop,rap 那种。(S4)

该受访学生爱屋及乌,其积极性评价主要源于对流行文化(如黑人 hiphop,rap 歌曲)的喜爱。

印度英语在大运前、后的亲和力评价得分最低,排名最后,尽管大运后测分值有显著上升,表明学生志愿者对该变体偏见有一定弱化。但在辨别率较低的情况下,印度英语可能是作为某种不确定的"非标准英语"被评价的。在直接表达层面,除了表达出对其语音正确性、发音特点、语速、易懂性、总体感觉等五个方面的否定态度外(见第165页),部分学生也开始萌发一些"好感":

> 我看过《三傻大闹宝莱坞》,里边蓝正很有才华,说话很幽默……虽然听不太懂,但觉得还行。(S8)
>
> 我超喜欢 *Three Idoits* 电影中的蓝正。他有时候说印度语,有时说英语……以前在肯德基跟一个印度人讲过几句话,觉得他们的英语不

好听。不过,现在,觉得蓝正的英语也蛮好听的,可能是喜欢这个人吧。(S9)

这些评价体现出了一定的态度变化。

◇一般能力

一般能力范畴包括"自信/谦卑,有领导才能/无领导才能,精明强干/老实顺从,勇于进取/随遇而安"四项内容。五种英语变体的得分情况见图5-4、表5-11:

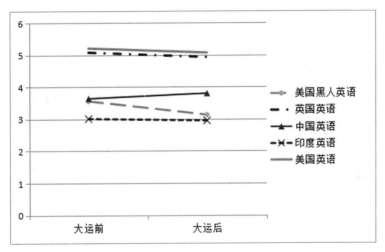

图 5-4 大运前、后学生志愿者对各英语变体一般能力的评价

表 5-11 大运前、后学生志愿者对各英语变体一般能力的评价比较

变体	大运前($n=291$)		大运后($n=96$)		均值差	$t(385)$
	均值	标准差	均值	标准差		
美国英语	5.21	1.14	5.07	0.76	0.147	1.433
英国英语	5.08	1.00	4.93	0.85	0.156	1.374
中国英语	3.64	1.20	3.80	0.72	-0.163	-1.610
美国黑人英语	3.56	1.06	3.13	1.00	0.424	3.442***
印度英语	3.01	1.13	2.95	0.64	0.060	0.638

在一般能力范畴,五种变体前后测的评价排序与地位、亲和力范畴一致。其中,仅有中国英语在后测中分值有所上升,但未达到显著水平,其

余变体的后测分值均有所下降,美国黑人英语的下降具有显著性。整体而言,此维度大运前后的态度变化不大。

对英、美英语一般能力的评价高于其他英语变体的情况与奥运研究结果相同,反映出中国学生的文化定型:英、美国民更为自信、精明能干、勇于进取、领导能力强。该文化定型可能是在英、美经济、政治、文化强国地位的长期影响下潜移默化形成的。

相较之下,研究对象对本国国民的一般能力评价略逊一筹。不过值得注意的是,本研究中中国英语的排序(第三位)在两次测试中均高于奥运志愿者(前测第五,后测第四,见图 2-4)。这一较高排序可能是由于本研究中的大运会学生志愿者地处改革开放前沿,呈现出更为自信和进取的精神面貌。

美国黑人英语排名第四,位于美国英语、英国英语和中国英语之后,反映了在一般能力范畴,研究对象对同为美国英语变体的美国黑人英语存在语言偏见,且大运经历有可能加深了这种偏见。

印度英语得分依然偏低,两次排名均为最后一位,后测略低于前测得分。反映研究对象对印度英语和文化在一般能力层面上普遍缺乏认同感。

◇运动能力

各变体在运动能力范畴的得分情况见图 5-5、表 5-12:

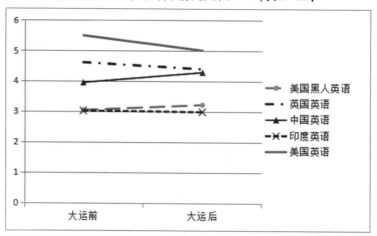

图 5-5 大运前、后学生志愿者对各英语变体运动能力的评价

表 5-12　大运前、后学生志愿者对各英语变体运动能力的评价比较

变体	大运前($n=291$) 均值	标准差	大运后($n=96$) 均值	标准差	均值差	$t(385)$
美国英语	5.49	1.18	5.01	0.64	0.479	5.046***
英国英语	4.61	1.23	4.40	0.75	0.210	1.999*
中国英语	3.95	1.27	4.29	0.61	-0.339	-3.489***
美国黑人英语	3.04	0.97	3.22	0.72	-0.189	-2.037*
印度英语	3.02	1.28	2.99	0.63	0.031	0.315

前、后测中,五种变体在运动能力范畴的排名与亲和力和一般能力相同。尽管排名未变,但四种变体的后测分值与前测相比发生了显著性变化。虽然仍排列前茅,美国英语和英国英语均呈显著性下降,而中国英语和美国黑人英语的后测分值则显著上升,印度英语仍位居末位,后测分值些微下降。这些变化显示,大运经历在这一维度上对大学生志愿者产生了一定的影响。

美国英语和英国英语的评分在大运前、后测试中均高居榜前位置,反映出学生志愿者对英、美两国运动能力的较高肯定,即受英、美两国长久以来体育强国地位影响,潜意识中已形成对这两国国民运动能力的高度认可。但统计数据显示,大运经历在某种程度上减弱了这样的意识。

中国英语仍排名第三,但后测分值有显著上升,表明学生志愿者在大运后对国人的运动能力更加肯定。访谈材料中学生志愿者对"本国体育崛起"产生的荣誉感亦佐证了定量结果:

> 当我国的运动员取得好成绩的时候,身为中国人,特别骄傲。我更加提高了民族荣誉感和自豪感。(S6)

> 我们现在多少可以称得上是体育强国,这一点我是很自豪,就大胆点、勇敢点讲吧。(S7)

两位受访者均对国人的运动能力感到自豪。后一位受访者甚至将这种自豪感作为激励自己使用本土英语的源泉。

美国黑人英语的运动能力评价与亲和力、一般能力评价相似,排名第四,位于美国英语、英国英语和中国英语之后。但在后测辨识率有所提高

的情况下(表5-7),美国黑人英语的分值有显著性上升,这可能与美国黑人运动员在大运会上的良好表现有一定的关联度,也可能与部分志愿者在大运会期间与美国黑人的实际交往有关:

> 大运会我接触的外国人比较多,有自己用英语跟他们交流的经历之后,感觉我们要更加宽容一点吧,毕竟我们在交流中要重视平等,要尊重对方。以前总觉得黑人讲话怪怪的。但这次我服务的那些黑人运动员都很好,沟通没多大问题。(S7)

受访者在大运期间与黑人运动员顺利交流,改变了他对黑人英语的偏见,更加认识到平等、尊重与宽容的重要性。

印度英语得分偏低的状态被延续,排名依然最后。反映研究对象对印度英语和文化在运动能力层面的认同偏低。

5.2.3 对英语变体和文化多元性教学的看法

本小节基于访谈材料,考察学生志愿者对外语教育中英语变体和文化多元性教学的认识和态度,旨在为未来以提高跨文化能力为目标的英语教育、培训提供参考。

被问及"对未来英语教学的建议"时,受访学生志愿者观点主要涉及"教学内容和目标"以及"教学方法和途径"两个方面:

(1)教学内容和目标

部分受访学生志愿者在大运中遭遇"听不懂"和"不敢讲"两个主要的交流障碍后,更加意识到"听和说"的重要性,有针对性地提出英语教学注重加强听、说能力的目标:

> 以后的英语教学中,听力这一块需要加强。(S12)
> 主要是让学生去讲,让他们多点机会去讲,多点锻炼。(S15)

也有人依据大运会中的亲身体验,开始认识到英语教学中文化学习的必要性:

> 以后的英语教学可以注重文化的学习,比如英国或美国在交往中注意哪些细节,哪些事情是不能做的,是禁忌或者什么,不然的话他们会不高兴。(S5)

以上有关语言和文化教学的建议,似乎仍是在原有英、美中心基础上

的,朝向培养完美的"忠实模仿者"(高一虹,2014a)。与此同时,也有志愿者渴望加强用英语介绍宣传中国本土文化的能力:

> 我觉得如果在学习英语的同时,我们还能更好地掌握我们国家的文化,我们才能更好地跟外国人解释什么的。例如,我那一次陪那个外国人买月饼,他就问我,"七星捧月"是怎么一个故事,我当时跟他解释了一下下,他说觉得很confused。我觉得自己的英语学得太少,有必要开始用英语了解我们自己的文化,然后才能宣传我们的文化。(S6)

此外,还有受访者建议将不同英语变体融入英语教学:

> 让学生多接触一些其他国家的英语,特别是那些已经把英语作为二语的那些国家(的英语),我觉得还是应该多接触一下为好……(S2)

> 以后的英语教学,可以多了解一些别的国家的英语吧,比如说可以听一下印度的英语,报告啊、新闻啊。(S4)

> 大学课堂上教师有必要给学生提供不同国家人说英语的素材,讲解其特点。因为以后接触的外国人还是很多的,那你现在就培养去分辨那些外国人说英语。外国人都长得很像,如果见到一个人,你能从发音方式就判断出了这是哪国人,无形之中就有一种亲切感,对交流那方面我感觉是很有必要的。(S8)

> 有必要让中国学生多接触一些除英、美国家以外其他国家人讲的英语。因为,我们有时不只是和英、美人合作,还会和其他国家的人交流。(S16)

尽管提出的缘由各异,但上述支持观点的目的统一,即提高不同英语变体识别能力,以顺利实现跨文化交流。这显示大运会加强了部分志愿者对语言文化多元性的意识。

相较之下,另外一些受访学生则在接触一些不同英语变体之后,维持或者加深了在英语变体选择上的语言和文化偏见:

> 多教一些标准的英语口语,可以是美国英语,也可以是英国英语,而且最好是那种比较标准的那种。(S8)

> 肯定是英、美,要模仿你就模仿正宗的那个。(S13)

> 老师讲课的时候比较注意英音和美音的区别……我建议就是选择一种单一语音去教学,否则的话,学生可能刚开始就会把不同的音混在一起说,就会给人的感觉比较怪。(S7)

> 中小学教育中,其实我觉得学英、美、加拿大这三个国家的英语都可以……我觉得可以多选用一下这三个国家的教学资源,老师什么的。(S10)

上述观点显露出对本族英语/内圈英语(尤其是英、美英语)的偏爱。强调"模仿正宗",用英、美英语标准来统一教学模式的观念,在大运后似乎反而加强了。

(2)教学方法和途径

针对未来英语教学方法与途径,受访者提出了一些建议。有人直接建议语言学学者和教材编写者重视研究世界英语语音特点:

> 我觉得最好教材编写者,或者语言学方面的专家,能够做一个指导性的、建设性的对不同英语的发音特点的总结,让大家一目了然。罗列出来,可以总结在一本书上,使用的时候让学生有针对性地对照这些总结出来的特点去听(不同英语变体)。这样他们就心中有数,知道它们(不同英语变体)的不同之处,一听就知道是什么意思了。(S14)

有些志愿者出于交流障碍的苦衷,提出英语的教与学应注重语言在真实语境中的实际运用:

> 大运会期间,接触到的印度人,他们说话,就是我们每次都会有个别的音会听不清楚……有机会的话真的是需要多多听英语……(S14)

> 我觉得讲到英语教学方面的话,就是应该多多接触生活中的一些场合,给学生创造一些直接跟生活有关的实用英语的那种场合吧。例如,可以通过演戏剧之类的……(S6)

5.3 教师与学生志愿者的语言态度比较

上一节考察大运学生志愿者对世界英语的识别情况以及语言态度。

本节将教师志愿者纳入研究对象与其进行比较。

5.3.1 对不同英语变体的识别对比

教师与学生志愿者在大运前对各英语变体的识别情况见表5-13：

表5-13 教师志愿者与学生志愿者对各英语变体的识别率比较（大运前）

（学生 $n=291$；教师 $n=146$；单元格内前数字为观测频数/观测频次百分比）

变体	群体	错误/未填	接近	正确	$x^2(df)$
美国黑人英语	学生	203/69.8%	85/29.2%	3/1.0%	12.804**(2)
	教师	119/81.5%	22/15.1%	5/3.4%	
英国英语	学生	133/45.7%	61/21.0%	97/33.3%	1.716(2)
	教师	72/49.3%	23/15.8%	51/34.9%	
中国英语	学生	87/29.9%	39/13.4%	165/56.7%	4.275(2)
	教师	31/21.2%	26/17.8%	89/61.0%	
印度英语	学生	205/70.4%	11/3.8%	75/25.8%	7.716*(2)
	教师	90/61.6%	14/9.6%	42/28.8%	
美国英语	学生	127/43.6%	57/19.6%	107/36.8%	6.091*(2)
	教师	49/33.5%	42/28.8%	55/37.7%	

* $p<0.05$；** $p<0.01$

由表可知，教师志愿者识别五种英语变体的正确率排序为：中国英语（61.0%）>美国英语（37.7%）>英国英语（34.9%）>印度英语（28.8%）>美国黑人英语（3.4%）。此排序与学生志愿者的识别率排序相同，即两群体都是对本土英语最为熟悉，对美国英语、英国英语和印度英语有一定了解，但几乎无法准确识别美国黑人英语。卡方检验结果显示，两群体对五种英语变体的准确判断率存在一定的差异：教师志愿者对美国黑人英语、印度英语和美国英语的识别率显著高于学生志愿者（$p<0.05$）；中国英语和英国英语的识别水平则不存在显著区别。

教师志愿者接触本土英语的机会较多，其识别准确率较高。他们的辨识有一些不失客观的特征描述，如"停顿""流利度"不足，也有一些只是笼统的主观判断，如"发音不标准"：

（中国人讲英语）对于流利度，可能喜欢停顿，比如说，嗯嗯啊啊。

即使我们程度比较高一点儿的可能也不会那么的溜。(T2)

首先当你听中国人讲英语的时候,最直观的印象就是"发音不标准",一个中国人只要一张口,不管他说的内容多好,逻辑怎么样,你一听发音,你就会觉得不标准。(T7)

至于美国英语和英国英语,教师早期接触渠道较之于学生更为局限,主要包括收听广播(如 BBC,VOA 等)和阅读课外读物:

我们老师就叫我们听那种美国之音啊或者 BBC 的那种广播啦,但是那个时候我就比较喜欢听美国之音,刚开始的时候,第一年级,就是大学一年级的时候就是听得那个 Special English,然后完了之后就开始听那种正常语速的。(T5)

我在读大学期间,我们当时那个时代呢就是 20 世纪 80 年代末 90 年代初,更多的人会喜欢美国英语多点,但是呢也有一些人,就是特别喜欢英国英语。我估计可能选择的原因是因为,有两个原因,第一个是因为他原来的基础,可以说他最初学英语时候的模仿,有些是接触英国英语的,比如《新概念(英语)》,那么他就会继续找英国英语。(T6)

受 EFL 教育情境中重视英、美英语教学以及英、美文化的强烈冲击影响,中国教师对这两种英语变体相较本土变体有更多的认识,具备一定程度的辨识能力。而较之于学生志愿者,教师对多个变体的辨识准确率更高,其原因之一可能是相当一部分(39.7%)教师研究对象有出国访学或留学经历(表 5-4),其访学或留学的国家中,美国多过英国。此外如访谈中所提到的,教师也拥有更多跨文化交流的工作经历:

我之前在公司里担任一个部门经理一样的(职位),下面当时有七个国家的,印度的、西班牙的、芬兰的、美籍非裔的,还有其他的几个国家的公司的员工,做国际的事务。(T3)

因为学翻译口译的,偶尔会听到各种(英语变体)的材料。(T2)

5.3.2 对不同英语变体的态度对比

5.3.2.1 总体评分比较

两受试群体对各英语变体的总评分比较见图 5-6、表 5-14。

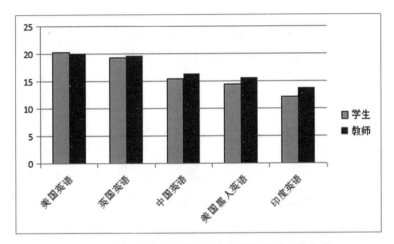

图 5-6　教师与学生志愿者对各英语变体的总体评价

表 5-14　教师与学生志愿者对各英语变体的总评比较

变体	学生($n=291$)		教师($n=146$)		总值差	t(435)
	总值	标准差	总值	标准差		
美国英语	20.37	2.89	20.08	2.63	0.295	1.037
英国英语	19.30	2.80	19.73	2.77	-0.426	-1.506
中国英语	15.45	3.24	16.37	2.58	-0.918	-3.210***
美国黑人英语	14.43	2.41	15.70	2.41	-1.274	-5.209***
印度英语	12.17	2.87	13.81	2.31	-1.641	-6.453***

表 5-14 显示教师与学生对各变体总评的高低排序是一致的，即美国英语>英国英语>中国英语>美国黑人英语>印度英语。对美国英语和英国英语的师生评分差异不显著，但对于中国英语、美国黑人英语和印度英语的评价差异显著，教师评分高于学生。

针对较为熟悉的非本土英语，教师志愿者对美国英语和英国英语的评分显著高于中国英语、美国黑人英语和印度英语，这一情况与学生评价一致，表明两受试群体对英、美英语评价均高于包括本土英语在内的其他英语变体，即 EFL 英语学习情境中，英语教育者与学习者对内圈"标准英语"的好评均高于外圈英语和扩展圈英语。并且，从总体上看，两受试群体各自对美国英语和英国英语的总体评分不存在显著差异。

针对本土英语以及较为陌生的非本土英语(美国黑人英语、印度英语),教师志愿者的评分均显著高于学生志愿者评分。其原因可能是,教师作为"英语教育者"的身份促使其表现出较为积极的态度。教师的访谈材料可提供一定的佐证:

对于中国英语,教师往往注重语言的交际功能,持较宽容的态度:

> 我们中国人学英语,跟老外,人家地道的人说英语,反正人家明白就差不多了,达到这个交际的目的就行了,我觉得。(T11)

> 我个人认为对我们来说语言是一种交际工具,能够尽量地让人家听懂,第二个呢不要让人家听的不舒服,尤其是自己是一个老师,那么尽可能希望自己的语音语调还能够被人接受,所以它是英国英语还是美国英语,当时倒是没有特别的留意。还有一个呢尽量语言能够优美的……让人听起来能够比较轻松一点。可能比较中国式的一点吧,听到是中国人说英语,不会是专门模仿什么,以前也是模仿,后来我真的特别讨厌去模仿。(T9)

第一位教师受访者比较看重中国英语的交际功能,但有意思的是,她用"地道"来形容外国人的英语,暗含中国英语不够地道。第二位教师同样看重中国英语的交际功能,且不讳言自己讲的是中国英语,但需要努力使自己的中国英语变得优美、轻松,并特别强调,尽管以前曾经模仿,现在不再愿意模仿他人,表现出对中国英语相当程度的认同。但在谈及语音语调的接受性时,还是将之归类为英、美两种变体之一。这些表述或可从侧面证明,虽然教师志愿者与学生志愿者一样崇尚英、美变体,但和学生志愿者相比,他们至少在理性上对中国英语持更加宽容的态度,认同感也更高一些。此外,在谈到对中国英语的感受时,教师志愿者会从自身职业的角度关注一些英语学习的实际问题:

> 中国人的英语我觉得可能首先我觉得有一个比较普遍的一个问题,就是阅读和写作的能力可能要强过听和说的能力,因为听说这方面的实践的机会要少一些。毕竟就是说中国虽然现在可能比原来好了,可是我总觉得在我们的日常生活当中能够跟外国人接触的机会也不是特别多。(T6)

> 我带的那些志愿者虽然是北大的研究生,英语也真的还不错,但

是他们可能很不自信,不想犯错,所以他们就会对自己的口音不自信,他们说话声音比较小,然后比较怯场。(T7)

两位受访教师分别指出中国语境英语学习和应用的问题,即听说缺乏实践机会;学习者缺乏自信。与学生相比,教师志愿者的表述反映出职业性的思考。

在谈及对美国黑人英语的印象时,教师志愿者的评价有褒有贬:

> 黑人讲英语就是很过瘾,会让你这样觉得。因为劲歌里 rap 里会有很多直白或者是很口语的东西在里面,然后当然也有很多很脏的、发泄的那些东西在里面。(T1)

> 这个可能和他的文化层次和教育水平有关,如果说教育程度好一点的,文化层次高一点的,他的英语可能并不觉得有什么区别哦,比如说奥巴马,还有米歇尔,他们俩的英语我觉得跟普通的那种白人的英语,说出来好像你听不出感觉,但是那种底层的,底层的那种黑人他们的英语可能还是就像我们的文盲的那种感觉,可能他还是有蛮大的那种特征的。(T6)

> 听过,但是这个地方因人而异,有的受过良好背景的话就讲得好,你看奥巴马就是个黑人嘛,但是有的黑人就是在电视电影里面,他就讲得非常的有他自己的特色,包括用词啊、语音方面。(T10)

第一位教师喜欢听美国黑人的劲歌,对美国黑人英语有一定的好感,但不讳言其用语有不雅的一面。后两位教师对美国黑人英语的评价没有一概而论,而是从文化教育背景的角度进行区分。

在五种英语变体中,教师志愿者对印度英语的评分最低。在访谈中,有教师明确表示不喜欢印度英语,不愿意和印度人交流:

> 可能还是印度人吧。我觉得他们的英语好像那个舌头都是卷着在发音的。反正我不喜欢印度人的英语,我真的受不了他们的英语。(T6)

> 然后我的感受就是反正我不会想要跟他们(印度人)聊天。(T7)

也有教师持较为超然或疏离的态度:

> 问:那印度人?

答:也没有说喜欢不喜欢,反正平时接触也不多。(11)

也有教师会用中性词语来评价印度英语:

问:那你什么感觉?他们(印度人)讲英语时候你是一个什么样的感受?

答:反正也不会像美国人英国人那样去表达,还是有差别的。(T9)

综上所述,教师志愿者对美国黑人英语和印度英语的总体评分显著高于学生志愿者。从访谈来看,教师对美国黑人英语的评价过度概括的负面评价相对少一些,注意到不同因素的影响,这也与教师志愿者测试的结果相符。不过,教师样本对各变体总评的高低排序与学生样本是一致的。

5.3.2.2 各范畴评分比较

◇ 地位

大运前测试中,两受试群体对五种英语变体的地位评分情况见表5-15:

表5-15 教师与学生志愿者对各英语变体在地位范畴的评价比较

变体	学生($n=291$)		教师($n=146$)		均值差	$t(435)$
	均值	标准差	均值	标准差		
英国英语	5.13	0.91	5.20	1.16	-0.069	-0.625
美国英语	5.02	1.02	4.92	0.90	0.096	0.967
美国黑人英语	4.52	0.97	4.32	1.05	0.194	1.922
中国英语	3.79	1.02	4.04	0.80	-0.250	-2.809**
印度英语	3.57	1.10	3.57	0.99	-0.003	-0.032

在地位范畴,教师与学生对各变体的地位排序相同,对内圈"标准英语"的地位评价高于其他变体。其中英国英语的评价居于首位,且均值高于学生(未达到显著水平)。可见作为教师,他们非常重视语言的规范,将英国英语作为首个模仿的样板。"纯正""正式""正规""严谨"以及"绅士",在教师们对英国英语的描述中频繁出现:

当你去伦敦的时候,你就觉得你在街上问路,随便问一个老太太,她的音简直就跟磁带一样,感觉特别的纯正……我感觉英式英语

更接近音标……(T7)

直觉上学术上更接近牛津音更为正式……(T8)

像我们教的 BEC,business English 里面,其实很多,我也是觉得跟英国的关系好像更重一点……很多很多教材,因为英音可能更严谨一些。(T4)

觉得他们说的话会有一种咱们传统的这种 gentleman 的这种感觉,这个音很好听,而且很清晰,确实很清晰。(T2)

我就觉得美、英从语言本身来说不是那么严肃、正规。……而且包括美、英里面有太多俚语了,也是短语,其实那些很难懂的。但是英国英语俚语就偏少,语言还是严谨一些,我感觉。(T8)

师生对各变体地位评价的明显不同之处在于,教师对中国英语的评价显著高于学生。其缘由在前文分析过,即教师志愿者比较重视语言的交际能力,不讳言自己讲的是中国英语,认为通过努力可以使自己的中国英语变得轻松、"优美"。此外,教师在教育方面给予了中国英语更多肯定:

其实我们中国人很多小孩都已经英语很好了,像我跟巴勒斯坦的那个人谈到,他说,现在你们中国的小孩是不是以后英语沟通没问题啊,我说应该是这样。广东一直在推英语,尤其是考试的能力都已经很超的了。(T6)

◇亲和力

师生群体在大运前测中对五种英语变体的亲和力评分情况见表5-16:

表5-16 教师与学生志愿者对各英语变体亲和力的评价比较

变体	学生($n=291$)		教师($n=146$)		均值差	$t(435)$
	均值	标准差	均值	标准差		
美国英语	4.66	1.02	5.08	0.98	-0.424	-4.155***
英国英语	4.48	0.97	4.64	1.00	-0.155	-1.561
中国英语	4.08	1.01	4.08	0.97	-0.006	-0.056
美国黑人英语	3.32	0.81	3.64	1.22	-0.322	-2.892**
印度英语	2.57	0.86	3.32	0.92	-0.752	-8.416***

在亲和力范畴,师生志愿者的排序相同,与地位范畴不同,美国英语排名第一,英国英语降为第二,中国英语升为第三。从均值上看,除了对中国英语的评价相同外,教师对各变体的评价均值都高于学生,其中对美国英语、美国黑人英语和印度英语的评价差异达到显著水平。

教师对各变体的评价普遍高于学生,似显示教师相较学生更为宽容一些,对包括"非标准变体"在内的更多变体有亲近感。有趣的是,虽然教师对中国英语在地位上的评价显著高于学生,但在亲和力维度的评价并不比学生高。或许他们对于中国英语的认同,更多是在理性的"地位"层面。

在英、美这两个"标准变体"之间,教师明显觉得美国英语更具亲和力。这在访谈中也有呈现,而且与对英国英语在地位范畴的高评价并不矛盾:

> 我是喜欢美式的多一些……美式的会给你的感觉……很舒服很自然。谈话的时候情感也会强一些。英式的显得好像是跟英国人说话会觉得很严肃。你会觉得很正式。(T1)

> 比如美国啊,英国啊,英国的口音会给人比较正式的、很严肃的感觉,然后我觉得可能跟美国人还是感觉最好一些。(T6)

> 美国人或者加拿大人的发音是比较扁的,然后比较适合笑着说,我很爱笑,所以我的发音就比较扁。然后英国人他很少是笑着说话的,比较垂直发音一点,然后所以就很难板着脸说话。(T7)

> 美国英语我们听 VOA 就比较多,他的这种声音啊,感召力就比较强。(T9)

从上述材料来看,教师不仅有比学生更加宽容的一面,似乎也有对变体的刻板印象更加牢固的一面。作为英语教育工作者,教师比学生更熟悉英、美英语,所谓美国英语轻松自然、英国英语正式严肃这样的观念有可能在他们的意识中更加固化。

◇一般能力

师生志愿者在大运前测试中对五种英语变体的一般能力评分情况见表5-17:

表 5-17　教师与学生志愿者对各英语变体一般能力的评价比较

变体	学生($n=291$)		教师($n=146$)		均值差	$t(435)$
	均值	标准差	均值	标准差		
美国英语	5.21	1.14	5.07	1.06	0.139	1.262
英国英语	5.08	1.00	5.08	1.09	0.006	0.059
中国英语	3.64	1.20	4.10	1.17	−0.466	−3.864***
美国黑人英语	3.56	1.06	3.95	1.05	−0.397	−3.702***
印度英语	3.01	1.13	3.45	1.06	−0.441	−3.911***

教师志愿者对英国英语的一般能力评价在分值上略高于美国英语,排名第一;而学生志愿者对美国英语一般能力评价在分值上高于英国英语,排名居首。不过这两个变体的师生差异均未达到 $p<0.05$ 的显著水平,教师对英、美变体的评价差异也不大。教师和学生对英、美人士的"自信、领导能力、精明强干、进取精神"的认同均较高。其他三种变体,教师与学生的排名一致,但教师的评分高于学生,师生差异达到显著水平。整体上看,教师的最高(英国英语)与最低(印度英语)评价之间的极差(1.63)小于学生(美国英语 5.21,印度英语,3.01,极差 2.2)。这有可能是由于,教师有更多的生活经历、更高的判断能力来区分个人能力与国家/族群背景,在他们眼中个人的一般能力与英语口音的关系并不是很大。

◇运动能力

师生志愿者在大运前测试中对五种英语变体的运动能力评分情况见表 5-18:

表 5-18　教师与学生志愿者对各英语变体运动能力的评价比较

变体	学生($n=291$)		教师($n=146$)		均值差	$t(435)$
	均值	标准差	均值	标准差		
美国英语	5.49	1.18	5.00	1.20	0.483	4.014***
英国英语	4.61	1.23	4.82	1.16	−0.209	−1.700
中国英语	3.95	1.27	4.14	1.10	−0.197	−1.674

（续表）

变体	学生($n=291$)		教师($n=146$)		均值差	$t(435)$
	均值	标准差	均值	标准差		
美国黑人英语	3.04	0.97	3.78	1.02	−0.749	−7.477***
印度英语	3.02	1.28	3.47	1.12	−0.445	−3.739***

教师志愿者对各英语变体的运动能力排序与学生志愿者没有差异，与一般能力的排序相同，呈现出对英、美英语较为肯定和对其他变体较为否定的态度。不过，与一般能力的情况相似，教师对最高与最低评价之间的极差（1.53）小于学生（2.47），尽管他们的最高评价都是美国英语，最低评价都是印度英语。究其原因，运动能力可能与一般能力类似，在经历更丰富、区分能力更强的教师群体被更多视为个人特征，而非国家/族群特征。

师生志愿者对各变体的态度整体上一致，不过有一些不同。一致之处在于两个群体的排序很相似，都是英、美"标准"英语至上，其次是中国英语、美国黑人英语，最后是印度英语。师生群体对于各群体的文化定型有相似性，这也意味着，教师有可能在教学中将自己的语言文化定型传递给学生。师生之间的不同在于，首先，教师评价的范畴区分似更明显一些，例如在地位上英国英语评价很高，在亲和力上美国英语评价很高，且显著高于学生。教师对于英语的"正规"显得尤为重视，将英国英语作为模版，同时又对美国英语很有亲近感。这些也得到了访谈材料的佐证。对于一般能力和运动能力，教师群体对变体的高低评价距离则较小一些，似乎并未觉得能够通过口音来清晰判断这些个人特征。其次，教师对多元变体的接受性似比学生更强一些。例如在地位方面，对中国英语的评价高于学生；在亲和力方面，对多个变体的评价都高于学生。

师生之间的比较结果，一方面让我们感到有所期待，即教师更丰富的生活经历、更细致的区分力和更包容的心态，有可能帮助他们正面培养学生的跨文化交际能力；另一方面，教师自身的文化定型，对于"规范"的刻板态度也可能在教育过程中传递给学生。

5.3.3 教师对世界英语教学的看法

本小节基于访谈材料，考察教师志愿者对世界英语教学的认识和态度，并与学生志愿者的看法进行比较。

如前所述,受访学生或是在英语变体选择上偏爱英、美英语,或是持"跨文化交流"目的而支持世界英语教学,抑或是从教师和语言学家的角度给予教学建议。相较之下,教师志愿者就"英语教学融入不同英语变体"的教学提议表现出更为个性化的思考,表达了反对、相对支持和矛盾三种倾向。有些教师对多元英语变体引入教学表示明确反对:

> 语言对于我们绝大多数的人来说吧,98%的人都是为了交际、获取知识、阅读等。研究者可能有必要研究各种英语,但学生没必要,他们现在是打基础的时候,语言本身学得不太扎实,如融入不同变体,对他们来说会觉得(英语学习)就更困难。(T6)

此受访教师将语言视为"学习、交流"的工具,提出重视"阅读能力"和"文化知识"的提高。但由于担忧学生学无余力,无法兼顾英语语言基础的学习与世界英语的学习,从而反对将不同英语变体引入课堂教学。

也有不少教师相对支持引入不同英语变体,这主要是出于适应学生未来实际交流的需要:

> 我觉得如果开选修课的话还是挺容易的,因为以后学生他要走向世界,接触的各个国家的人都有,然后当他可能大致地知道几大洲或者是几个主要国家他们在英语的发音上有些什么样的特点,那以后他可能在商谈和交流时候也许就更方便了……但是如果你太多地去让高中生去接触,可能会误导他们发音上不清楚。如果作为大学生,还是有可能的。(T1)

> 为了更好地与来自不同国家的人合作、交流,我觉得有必要去接触变体英语。但似乎也是刻意让他们去适应这个我觉得课堂是,顶多可能,也可以拿出来给他们讲一下他们的发音特点。(T2)

> 我教的课堂里面是可以,因为在国际商务英语他是来自不同的客户……因为这帮学生将来从事本职工作的话,他的客户就是来自不同的国家的……只要达到一个认知上的层次就行了,只要能够听懂他,大概知道他在说什么东西,这就可以了。没有必要一听就辨别出什么是印度英语,什么是美国黑人英语,但是比如说对他们报的数字能听清楚,然后报的地名这些东西他能够听懂,最关键的信息他能抓到,达到这个层次就可以了。(T3)

教师支持的多元英语变体的教学大多是有条件的、区别性的、适度的：

> 是否融入变体取决于学生的程度。本科生、研究生很有必要，因为已经有比较好的基础了，所以应有更多的认识，但高职类的学生没有必要。(T7)

> 课内没有多大必要，除非特殊专业的需要，比如同传、口译也许需要。作为学生还是需要标准的训练，标准就是以英、美为主，如BBC、VOA，尤其是一、二年级要打好基础，三、四年级如有翻译专业，口译上可能需要，或者将来工作需要。(T9)

还有一部分教师对多元英语变体的教学引入持矛盾或疑惑的态度：

> 我会告诉学生，我们的英语没有唯一的口音，要去中心化，还有别的口音的存在，不一定强调Queen's English。要有多元性，有开放的心理接受，但课堂上还是要以英、美口音为主，有差异性的时候要强调共性，包容多样性，但还是要尽可能标准。在课堂中学习不同英语变体，因为我不知道要多长时间，如一刻钟，(学习)效果不大。并且，英语的种类很多，那该选择那些英语呢？比如印度英语可以吗？(T4)

一方面赞成变体的多元性和变体之间的平等性，一方面质疑多元变体的教学可行性，这种矛盾和疑惑在教师中可能有一定的代表性。针对这部分教师，似乎应引导其区分态度和技能层面，并区分接受性技能和生产性技能，进而尽量根据学生未来的需要来扩展和开放英语变体的

其次，与部分受访学生一样，一些教师强调英语教育中本民族文化的传授和学习：

> ……校长论坛最后一天去华为参观，我一说是华为，喀麦隆校长就掏出了他自己的手机，惊讶地说他的手机就是华为的。然后我们就交谈了一些华为手机的信息，如在非洲的销售情况。他显得很有兴趣……后来英语课上有个介绍公司简介的活动，我当时就给学生讲了这个经历，也介绍了华为的一些具体的信息。我的意思是，我们应该把这种自身民族文化的东西用英语传达和分享给学生。(T7)

此教师亲历大运跨文化交流活动，意识到"使用英语学习和推广民族文化"的重要意义，从而呼吁教师在教学中引导、帮助学生践行这一行为。

再次,受访教师还提及一些更为具体的世界英语教学的形式和途径。在形式上,建议"选修教学""隐性教学"等:

(关于世界英语教学)我觉得如果开选修课的话还是挺容易的。(T1)

我们的教学材料(商务英语教材)中就有不同国家的英语课后的录音材料,让他们去听,请他们去讲,这个本来就融到这里面了,实际上这也是个隐形的训练项目。(T3)

即以选修课的形式实现世界英语教学;或者尝试在教材的选择上突破实现"英语多元化",加入更多不同英语变体的材料。

在方法途径上,建议"引入多媒体教学""创造跨文化交流机会":

比如,曾让学生介绍一个黑人歌手的rap,学生模仿他的语音特点包括身体动作。我觉得学生还是挺强的,因为好像年轻的孩子他们在抓语音的特点时候会抓得特别准,就学了几句里面的唱腔,包括他的身体的动作,感觉都很好,感觉挺不错。(T1)

变体不一定要放入课堂,因为还有其他开放的渠道,有互联网等更丰富的语言环境。(T4)

我们正在做,上课时给学生看一些不同口音变体的影片……个人认为有必要。(T8)

比如找一些留学生来做案例,同时,对此也应有一些限制,对方应该受过一些教育,有一定教育基础,有点思想内容,交流的内容比口音更重要。这中间产生的交流障碍不需要老师额外帮助,自己就可以解决。(T10)

即借助于流行文化(如歌曲、电影等)、互联网等途径,实现方便、快捷的世界英语教学。或者,如T10所言,提高组织与留学生的交流等,帮助学生在实际"跨文化交流"中不断认识和了解变体英语变体。

5.4 大运篇小结

在本书涉及的四项大型国际跨文化交流活动当中,深圳大学生运动会为时最短。在研究样本构成上,大学生志愿者当中除了本科学生之外,还包括专科学生;除了大学生志愿者之外,还包括了教师志愿者,尽管其定量数据仅涉及前测。在研究问题中,除了共同的语言态度与认同之外，还比较了师生志愿者的群体差异，并关注了师生对世界英语教学的看法。

在此情况下，首先，大运会志愿者的总体考察结果呈现了与其他几个活动基本一致的趋势。即，在英语变体的识别率方面，作为本土英语变体的中国英语识别率最高，其次是内圈"标准变体"的美国和英国英语，而其他"非标准变体"印度英语、美国黑人英语的识别率最低。其次，在对各英语变体的评价方面，内圈"标准变体"美国和英国英语的总体评价最高，其次是本土变体中国英语，其他"非标准变体"美国黑人英语、印度英语排在最后。各具体评价维度与总体评价的排序相似。最后，在大运后，学生志愿者的语言态度变化不大，多数变体的评价总体上有下降，或者没有显著变化，但中国英语的评价有显著提升。这种整体下降的趋势，可能与学生参与活动和测试的热情降温有关，也衬托了本土跨文化交流活动对提升本土英语的评价是有一定作用的。

大运研究提供了考察英语师态度的机会。作为中国的英语教师，他们既是英语的学习者，也是教育者，他们的语言态度也会影响到学生，是学生语言态度、跨文化交际能力的重要影响源。比较发现，教师的语言态度取向总体而言与学生一致，表现出英、美英语变体中心的特点。在此前提下，教师与学生的评价稍有差异。一方面教师可能更多受自身"英语教育者"身份以及个人跨文化交流经历的影响，对中国英语的评价在总分和地位、一般能力维度显著高于学生；对另外两个"非标准变体"的接受程度也高于学生。也许可以说，教师的语言态度呈现出张力，一方面相当传统，恪守英、美变体的"标准"；另一方面对本土变体"中国英语"更加自信，对其他"非标准变体"也更加开放。此外，也许是由于其生活经历和成熟程度的影响，教师对于不同评价范畴的区分似比学生大一些。访谈材料进一步呈现了教师的多向思考，以及教师对世界英语教学的困惑。这种矛盾为未来的教师培训提供了一定启示。

第六章 四地整合篇*

6.1 四地整合篇引言

本章在四次大型国际活动(北京奥运会、上海世博会、广州亚运会、深圳大运会)独立研究的基础上,汇总定量数据,考察活动前、后大学生志愿者对世界英语变体的识别率及语言态度,以便深入描述现状并尝试进行规律性概括,为总体结论提供数据支持。此处的整合样本数据由1309人次的学生主观反应测试构成,包括活动前758人,活动后551人;活动后的受试全部参与了前测(亚运会除外)。样本排除了大运会研究中的教师志愿者。

表6-1 四次活动前、后大学生志愿者人数

时间	奥运会	世博会	亚运会	大运会	总计
活动前	200	267	0	291	758
活动后	69	267	119	96	551

配对变语量表活动前、后的实测信度见表6-2:

表6-2 语义区分量表的实测信度(活动前 $n=758$/活动后 $n=551$)

项目	美国黑人英语	英国英语	中国英语	印度英语	美国英语
亲和力	0.750/0.660	0.695/0.589	0.635/0.494	0.603/0.573	0.694/0.569
一般能力	0.767/0.815	0.759/0.801	0.702/0.682	0.715/0.722	0.705/0.674
地位	0.653/0.580	0.653/0.509	0.578/0.576	0.588/0.602	0.653/0.471
特殊能力(运动)	0.724/0.738	0.758/0.788	0.797/0.812	0.827/0.760	0.810/0.762
总量表	0.735/0.818	0.802/0.824	0.830/0.806	0.794/0.838	0.828/0.864

---

* 本章涉及的内容,曾以阶段性成果的形式发表以下论文:许宏晨、高一虹,2014,四次大型国际活动前后大学生志愿者对世界英语的态度,《外语教学》(1):43-48。

6.2 活动前、后大学生志愿者对世界英语变体的识别率

在测量志愿者对世界英语变体的识别状况中,我们将他们的回答归并成三类:正确、接近、错误。为了深入细致考察这一问题,我们给填答正确的计 2 分、接近的计 1 分、错误的计 0 分。经过上述转换,原来的类别变量(人数),转换为等距变量(分数);这样,我们便可以通过 t 检验考察志愿者在活动前后对世界英语变体识别情况。

活动前(表 6-3),大学生志愿者对中国英语正确识别率最高($M=1.33$),其次是美国英语($M=0.96$)和英国英语($M=0.87$),最后是美国黑人英语($M=0.39$)和印度英语($M=0.39$)。[①]活动后(表 6-4),大学生志愿者依然对中国英语正确识别率最高($M=1.46$),其次是美国英语($M=1.11$)和英国英语($M=1.03$),最后是印度英语($M=0.53$)和美国黑人英语($M=0.50$)。

本研究的变体识别任务是开放式的,并没有选项供受试选择,因此难度较大。总体来看,无论活动前还是活动后,志愿者对于本土英语变体识别率最高,对"标准英语"变体识别率位居第二,对本土英语外的"非标准英语"变体识别率最低。这一结果与理论预期一致:长期生活在中国本土并接触本土英语的研究对象,对中国英语变体的语音特点十分熟悉。在英语学习中,他们所接触的"标准变体"一般为美国、英国英语,对此类变体的识别率也较高。而印度英语和美国黑人英语为"非标准变体",接触较少;且美国黑人英语也不易与标准美国变体区分,因而识别率较低。

这一结果对我国英语教学有很大的实践启示。长期以来,我国各层次英语教学所用材料绝大多数为英国英语或者美国英语等"标准变体",极少有"非标准变体"。这使得我国学生很难识别、更无法充分理解英、美英语之外的其他英语变体。这一状况不利于全球化形势下我国英语教学的总体发展和走向。学生在实际工作和生活中不可能仅遇到"标准变体",更多的情况下,他们会接触"非标准变体"。因此,我国的英语教学应

[①] 为考察同一测量时间上各变体之间是否存在显著差异,我们使用了配对样本 t 检验。因为同时比较 10 对差异,根据统计检验原理,此处显著水平应设为 $\alpha=0.01$。

该适当引入除英、美"标准变体"之外的"非标准英语"变体,让学生有机会接触、了解、学习进而掌握更多的变体形式,以便适应多变的跨文化交际状况,培养他们包容的语言意识和更强的语言差异敏感性,提高他们的跨文化交际能力。

读者在阅读下面有关变体评价的结果时,需考虑识别率:识别率高的(中国英语、美国英语、英国英语),可视为是直接针对变体的评价,有较高的效度。根据前几章呈现的材料来看,识别率低的美国黑人英语,有较多人将其混同于美国英语,也有时被视为不确定的"非标准变体"。而未被识别的印度英语常常被泛泛地认为是属于"亚洲"的"非标准变体",针对性较弱。

表6-3　活动前大学生志愿者对各英语变体识别率配对样本 t 检验($n=758, df=757$)

变体	美国黑人英语	英国英语	中国英语	印度英语	美国英语
美国黑人英语	$M=0.39$ $SD=0.51$				
英国英语	$t=-14.310^{**}$	$M=0.87$ $SD=0.94$			
中国英语	$t=-28.085^{**}$	$t=-12.173^{**}$	$M=1.33$ $SD=0.90$		
印度英语	$t=0.093$	$t=13.346^{**}$	$t=24.811^{**}$	$M=0.39$ $SD=0.78$	
美国英语	$t=-15.549^{**}$	$t=-2.513$	$t=9.370^{**}$	$t=-15.462^{**}$	$M=0.96$ $SD=0.96$

**$p<0.01$

表6-4　活动后大学生志愿者对各英语变体识别率的配对样本 t 检验($n=551, df=550$)

变体	美国黑人英语	英国英语	中国英语	印度英语	美国英语
美国黑人英语	$M=0.50$ $SD=0.55$				
英国英语	$t=-11.627^{**}$	$M=1.03$ $SD=0.95$			
中国英语	$t=-23.256^{**}$	$t=-8.260^{**}$	$M=1.46$ $SD=0.85$		

(续表)

变体	美国黑人英语	英国英语	中国英语	印度英语	美国英语
印度英语	$t = 0.720$	$t = 10.305^{**}$	$t = 19.679^{**}$	$M = 0.53$ $SD = 0.84$	
美国英语	$t = -12.791^{**}$	$t = -1.580$	$t = 6.538^{**}$	$t = -11.219^{**}$	$M = 1.11$ $SD = 0.96$

$**p < 0.01$

独立样本 t 检验结果显示(表6-5),大学生志愿者对所有变体的正确识别率在活动前、后均有显著的变化:活动后的识别率显著高于活动前。在样本量较小的具体活动中,识别率的提高并不都很明显,但汇总样本后的整体的提高趋势就相当清晰了,尽管效应量(d)较小(表6-5最右列)。活动后大学生对各变体的识别率排序与活动前相同,由高到低仍然是本土英语(中国英语)>"标准英语"变体(美国英语和英国英语)>"非标准英语"变体(美国黑人英语和印度英语)。识别率的高低为以下各变体评价的解读提供了参照。图6-1直观地显示出活动后志愿者对各变体的识别率均有显著升高,但未改变变体排序:对本土变体识别率最高,对英、美"标准变体"识别率次之,对其他"非标准变体"识别率最低。

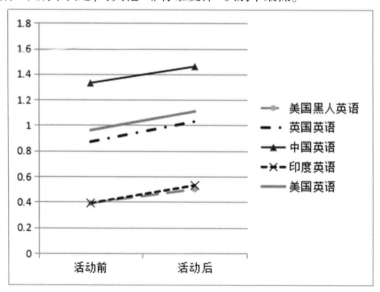

图6-1 活动前、后大学生志愿者对各英语变体的识别率

表 6-5　活动前、后大学生志愿者对各英语变体识别率的独立样本 t 检验

变体	活动前($n=758$)		活动后($n=551$)		MD	t (df)	d
	M	SD	M	SD			
美国黑人英语	0.39	0.51	0.50	0.55	-0.105	-3.506* (1139)	0.20
英国英语	0.87	0.94	1.03	0.95	-0.159	-3.004* (1307)	0.17
中国英语	1.33	0.90	1.46	0.85	-0.129	-2.629* (1222)	0.15
印度英语	0.39	0.78	0.53	0.84	-0.138	-3.043* (1133)	0.17
美国英语	0.96	0.96	1.11	0.96	-0.151	-2.807* (1307)	0.16

* $p < 0.05$

这一结果显示，跨文化活动对于提高志愿者的英语变体辨识能力有一定的作用。也提示我们应加强本土变体以外的"非标准变体"的教学和普及，可以在输入（听力和阅读）层面给学习者提供接触和学习这类变体的机会。这样做可以为跨文化交流活动做一定的准备，也能够提高学生的学习兴趣和愿望，扩大知识面，体会语言变体的多样性，培养语言敏感性。这样做还有利于提高"国家外语能力"（文秋芳，2012），使学习者具有更加灵活的语言及语言变体适应性。

本研究中也有教师访谈对象（见大运篇）指出，只要能听得懂，能交流就可以了，准确辨别变体的必要性并不是很大。我们认为在一定程度上了解变体特征、发音规律，是有利于"听懂"和交流的，一些学生志愿者在活动过程中由听不懂到学会听懂（见世博篇），就是很好的说明。另外，变体的学习也可以针对不同需求的学生群体有不同的目标，对于未来从事外交等工作的学习者来说，对变体特征的了解的必要性高于一般学生。

6.3　活动前、后大学生志愿者对世界英语变体的态度

6.3.1　总体评价

活动前（表 6-6），大学生志愿者对美国英语（$M=17.89$）和英国英语

($M=16.35$)总体评价最高;其次是美国黑人英语($M=14.69$)和中国英语($M=13.98$);最后是印度英语($M=12.41$)。活动后(表 6-7),大学生志愿者依然对美国英语($M=17.43$)和英国英语($M=16.06$)总体评价最高;其次是美国黑人英语($M=14.56$)和中国英语($M=13.59$);最后是印度英语($M=11.84$)。

概括来看,无论活动前还是活动后,志愿者对世界英语的总体评价呈现变体间差异($p<0.01$),活动前、后的排序均为:美国英语 > 英国英语 > 美国黑人英语>中国英语>印度英语。即志愿者对于英、美"标准变体"的整体评价高于"非标准变体"。这一结果与理论预期一致:与"非标准变体"相比,大学生志愿者更倾向于给"标准变体"较高评价。这显示了这一群体偏好,但也表现出一些思维定式。在中国英语学习者的学习过程中,学校、家庭、媒体等各个方面均大力推崇"标准英语"变体,因此,在学生中产生了潜移默化的影响:只有"标准英语"才是"正确"的,应该尽量改正"非标准变体",使其越来越接近"标准变体"。这种晕轮效应很有可能影响了学生对不同变体的综合评价结果。

表 6-6　活动前大学生志愿者对各英语变体的总体评价

配对样本 t 检验($n=758, df=757$)

变体	美国黑人英语	英国英语	中国英语	印度英语	美国英语
美国黑人英语	$M=14.69$ $SD=2.34$				
英国英语	$t=-8.716^{**}$	$M=16.35$ $SD=4.57$			
中国英语	$t=4.906^{**}$	$t=15.622^{**}$	$M=13.98$ $SD=3.20$		
印度英语	$t=17.220^{**}$	$t=23.059^{**}$	$t=12.038^{**}$	$M=12.41$ $SD=2.80$	
美国英语	$t=-19.418^{**}$	$t=-12.096^{**}$	$t=-28.207^{**}$	$t=-34.375^{**}$	$M=17.89$ $SD=3.89$

$**p<0.01$

表 6-7　活动后大学生志愿者对各英语变体的总体评价
配对样本 t 检验（$n=551, df=550$）

变体	美国黑人英语	英国英语	中国英语	印度英语	美国英语
美国黑人英语	$M=14.56$ $SD=2.44$				
英国英语	$t=-7.135^{**}$	$M=16.06$ $SD=4.37$			
中国英语	$t=6.619^{**}$	$t=14.505^{**}$	$M=13.59$ $SD=2.58$		
印度英语	$t=19.770^{**}$	$t=21.031^{**}$	$t=13.842^{**}$	$M=11.84$ $SD=2.28$	
美国英语	$t=-15.475^{**}$	$t=-9.730^{**}$	$t=-26.786^{**}$	$t=-32.221^{**}$	$M=17.43$ $SD=3.52$

$**p<0.01$

活动后（表 6-8，图 6-2），大学生志愿者对世界英语变体的总体评价整体呈下降趋势，其中中国英语、印度英语和美国英语三种变体达到显著水平。这可能是因为四个不同维度活动前后的变化此消彼长（下文），综合起来看，下降趋势更大。还可能由于活动后学生的热情降低了，即对测试本身的兴趣降低了，所以评分整体下降。因此，对于主观反应测试重复使用的效度，需要谨慎考量。从跨文化交际角度看，还有一种可能：即大学生志愿者对于世界英语的态度正处于 U 型曲线的下降期，从长远看，有向积极评价方向变化的可能。

表 6-8　活动前、后大学生志愿者对各英语变体总体评价的独立样本 t 检验①

变体	活动前（$n=758$）		活动后（$n=551$）		MD	t（df）	d
	M	SD	M	SD			
美国黑人英语	14.69	2.34	14.56	2.44	0.132	0.992 （1307）	0.06
英国英语	16.35	4.57	16.06	4.37	0.288	1.145 （1307）	0.06

---

① "总体评价"得分是亲和力、一般能力、特殊能力和地位四个维度平均分的总分。该表中的 M 即四个维度的平均分总分；SD 是总分标准差；MD 是会议前、后的总分差。

(续表)

变体	活动前($n=758$)		活动后($n=551$)		MD	$t\,(df)$	d
	M	SD	M	SD			
中国英语	13.98	3.20	13.59	2.58	0.388	2.426* (1293)	0.14
印度英语	12.41	2.80	11.84	2.28	0.568	4.033* (1290)	0.23
美国英语	17.89	3.89	17.43	3.52	0.464	2.255* (1246)	0.13

* $p < 0.05$

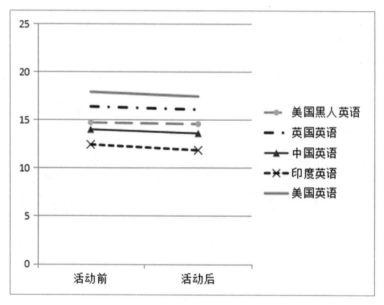

图6-2 活动前、后大学生志愿者对各英语变体的总体评价

6.3.2 具体评价

6.3.2.1 地位

活动前(表6-9),志愿者对五个英语变体的地位评价可分为两类:对美国英语($M=4.82$)和英国英语($M=4.78$)评价较高,对中国英语($M=3.87$)和印度英语($M=3.90$)评价较低。活动后(表6-10),志愿者对美国英语($M=4.99$)和英国英语($M=4.79$)的评价依然较高,对中国英语($M=$

4.06)和印度英语($M=3.83$)的评价较低。也就是说,志愿者对于"标准变体"的地位评价较高,对"非标准变体"评价较低。

表6-9 活动前大学生志愿者对各英语变体地位的评价

配对样本 t 检验($n=758, df=757$)

变体	美国黑人英语	英国英语	中国英语	印度英语	美国英语
美国黑人英语	$M=4.61$ $SD=0.96$				
英国英语	$t=-3.394^{**}$	$M=4.78$ $SD=0.94$			
中国英语	$t=15.775^{**}$	$t=19.948^{**}$	$M=3.87$ $SD=0.89$		
印度英语	$t=14.918^{**}$	$t=17.897^{**}$	$t=-0.550$	$M=3.90$ $SD=0.99$	
美国英语	$t=-4.613^{**}$	$t=-0.871$	$t=-20.163^{**}$	$t=-17.923^{**}$	$M=4.82$ $SD=0.99$

$**p<0.01$

表6-10 活动后大学生志愿者对各英语变体地位的评价

配对样本 t 检验($n=551, df=550$)

变体	美国黑人英语	英国英语	中国英语	印度英语	美国英语
美国黑人英语	$M=4.49$ $SD=0.92$				
英国英语	$t=-5.553^{**}$	$M=4.79$ $SD=0.83$			
中国英语	$t=9.036^{**}$	$t=14.839^{**}$	$M=4.06$ $SD=0.78$		
印度英语	$t=14.017^{**}$	$t=18.214^{**}$	$t=5.947^{**}$	$M=3.83$ $SD=0.89$	
美国英语	$t=-10.294^{**}$	$t=-3.949^{**}$	$t=-20.411^{**}$	$t=-22.472^{**}$	$M=4.99$ $SD=0.82$

$**p<0.01$

一个有趣的现象是,活动前志愿者对英国英语和美国英语的地位评价无显著差异($p>0.01$),但活动后志愿者对英国英语和美国英语的地位评价有显著差异($p<0.01$)。这是由于对美国英语地位评价上升,而对英国英语地位评价无变化。

比较特殊的情况出现在对美国黑人英语地位的评价上。无论活动前还是活动后,志愿者对于美国黑人英语评价分数($M_{活动前}$ = 4.61; $M_{活动后}$ = 4.49)均与对美国英语和英国英语的评价更为接近。配对样本 t 检验结果也支持这个判断。对这一结果的解释需结合志愿者的变体正确识别率。从表6-5可知,志愿者对美国黑人英语的识别率很低。如前所述,很多志愿者将美国黑人英语误判为美国英语或者其他北美地区的变体。这一现象表明,志愿者在对美国黑人英语进行判断时很大程度上受到了误判的影响:即把美国黑人英语与美国英语混淆。那么在后测中,对美国黑人英语的地位评价有显著下降,是否与其识别率有所提高有联系,目前还不好下结论。

活动后,志愿者对美国英语和中国英语的地位评价显著上升(表6-11,图6-3)。美国英语在中国是更为人推崇的"标准变体",因此,对它的地位评价一直都很高。大型国际活动似对这种刻板印象有所加强。对中国英语地位的评价在活动后有显著上升,可能部分原因是这些国际活动在中国举行,志愿者感受到了国力逐渐增强、国民素质逐渐提高而带来的受人尊重的感觉。这点从访谈材料中也得到部分佐证。但是,与"标准变体"相比,对本土变体的评价仍然较低,这一点在其他研究中也有发现(王志欣、王京,2004)。另外,对于中国学生来说,他们的国家认同可能更多是附着在母语之上,而非英语的本土变体之上,所以对中国英语地位的相对评价并不高。

表6-11 活动前、后大学生志愿者对各英语变体地位评价的独立样本 t 检验

变体	活动前($n=758$)		活动后($n=551$)		MD	t (df)	d
	M	SD	M	SD			
美国黑人英语	4.61	0.96	4.49	0.92	0.120	2.276* (1307)	0.13
英国英语	4.78	0.94	4.79	0.83	−0.011	−0.225 (1261)	0.01
中国英语	3.87	0.89	4.06	0.78	−0.188	−4.052* (1259)	0.23
印度英语	3.90	0.99	3.83	0.89	0.068	1.312 (1247)	0.07

(续表)

变体	活动前($n=758$)		活动后($n=551$)		MD	$t\,(df)$	d
	M	SD	M	SD			
美国英语	4.82	0.99	4.99	0.82	−0.165	−3.306*(1285)	0.19

* $p < 0.05$

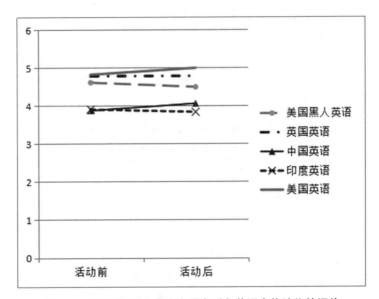

图6-3 活动前、后大学生志愿者对各英语变体地位的评价

6.3.2.2 亲和力

活动前(表6-12),志愿者对美国英语亲和力评价最高($M=4.65$),对印度英语评价($M=3.09$)最低,对英国英语($M=4.08$)、中国英语($M=4.12$)和美国黑人英语($M=4.00$)评价居中。活动后(表6-13)的评价模式没有显著变化,仍然是美国英语($M=4.66$)最高,印度英语($M=3.23$)最低,英国英语($M=4.19$)、中国英语($M=4.12$)和美国黑人英语($M=4.23$)评价居中。活动前,中国英语、英国英语和美国黑人英语之间无显著差异($p>0.01$);活动后,上述三种变体每两者之间亦无显著差异($p>0.01$)。

独立样本t检验结果显示(表6-14,图6-4),志愿者对于美国黑人英语和印度英语的亲和力评价在活动后显著上升,而对其他变体亲和力的评价活动前后无显著差异。

活动前,中国英语在亲和力上的得分显著高于它在地位上的得分($MD=0.25, t=5.833, df=757, p<0.05$);活动后,中国英语在亲和力上的得分与其在地位上的得分无显著差异($MD=0.06, t=1.380, df=550, p>0.05$)。这与以往研究本土变体与亲和力(或"同等权势""认同")相联系,"标准变体"与地位相联系的结果基本一致(如 Kalmar et al.,1987;龙惠珠,1997;王志欣、王京,2004)。然而中国英语在亲和力维度的相对位置,似低于惯常规律的期待(同上)。它并没有排在首位,超过地位最高的"标准变体",而是与向来以"冷漠"为刻板印象的英国英语地位相当,且在活动后低于英国英语。结合前几章的讨论包括访谈材料来看,我国大学生志愿者对于中国英语的情感认同并不强。

表6-12 活动前大学生志愿者对各英语变体亲和力的评价

配对样本 t 检验($n=758, df=757$)

变体	美国黑人英语	英国英语	中国英语	印度英语	美国英语
美国黑人英语	$M=4.00$ $SD=1.31$				
英国英语	$t=-1.273$	$M=4.08$ $SD=1.07$			
中国英语	$t=-2.283$	$t=-0.617$	$M=4.12$ $SD=0.95$		
印度英语	$t=18.928**$	$t=17.568**$	$t=20.798**$	$M=3.09$ $SD=0.99$	
美国英语	$t=-11.556**$	$t=-10.708**$	$t=-10.773**$	$t=-29.514**$	$M=4.65$ $SD=0.99$

$**p<0.01$

表6-13 活动后大学生志愿者对各英语变体亲和力的评价

配对样本 t 检验($n=551, df=550$)

变体	美国黑人英语	英国英语	中国英语	印度英语	美国英语
美国黑人英语	$M=4.23$ $SD=1.05$				

(续表)

变体	美国黑人英语	英国英语	中国英语	印度英语	美国英语
英国英语	$t = 0.661$	$M = 4.19$ $SD = 0.95$			
中国英语	$t = 1.962$	$t = 1.179$	$M = 4.12$ $SD = 0.79$		
印度英语	$t = 19.281^{**}$	$t = 15.937^{**}$	$t = 17.323^{**}$	$M = 3.23$ $SD = 0.87$	
美国英语	$t = -6.868^{**}$	$t = -8.705^{**}$	$t = -10.231^{**}$	$t = -25.312^{**}$	$M = 4.66$ $SD = 0.92$

$**p < 0.01$

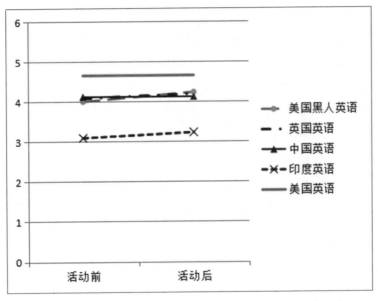

图 6-4 活动前、后大学生志愿者对各英语变体亲和力的评价

表 6-14 活动前、后大学生志愿者对各英语变体亲和力评价的独立样本 t 检验

变体	活动前($n=758$)		活动后($n=551$)		MD	$t\,(df)$	d
	M	SD	M	SD			
美国黑人英语	4.00	1.13	4.23	1.05	-0.230	-3.749^* (1307)	0.21

（续表）

变体	活动前($n=758$)		活动后($n=551$)		MD	t (df)	d
	M	SD	M	SD			
英国英语	4.08	1.07	4.19	0.95	−0.102	−1.819 (1259)	0.10
中国英语	4.12	0.95	4.12	0.79	−0.007	−0.149 (1282)	0.01
印度英语	3.09	0.99	3.23	0.87	−0.138	−2.675* (1259)	0.15
美国英语	4.65	0.99	4.66	0.92	−0.003	−0.062 (1232)	0.00

* $p < 0.05$

6.3.2.3 一般能力

活动前（表6-15），志愿者对美国英语一般能力评价最高（$M=5.01$），其次是英国英语（$M=4.46$），美国黑人英语（$M=4.05$）第三，接下来依次为中国英语（$M=3.53$）和印度英语（$M=3.39$）。活动后（表6-16）的评价模式没有显著变化，仍然是美国英语（$M=5.18$）、英国英语次之（$M=4.60$），美国黑人英语（$M=4.12$）第三，后面依次为中国英语（$M=3.53$）和印度英语（$M=3.35$）。

表6-15 活动前大学生志愿者对各英语变体一般能力的评价

配对样本 t 检验（$n=758, df=757$）

变体	美国黑人英语	英国英语	中国英语	印度英语	美国英语
美国黑人英语	$M=4.05$ $SD=1.20$				
英国英语	$t=-5.565$**	$M=4.46$ $SD=1.23$			
中国英语	$t=9.172$**	$t=16.180$**	$M=3.53$ $SD=0.99$		
印度英语	$t=11.545$**	$t=16.991$**	$t=2.718$	$M=3.39$ $SD=1.11$	
美国英语	$t=-16.446$**	$t=-9.874$**	$t=-28.914$**	$t=-28.208$**	$M=5.01$ $SD=1.05$

** $p < 0.01$

表 6-16　活动后大学生志愿者对各英语变体一般能力的评价
配对样本 t 检验（$n=551, df=550$）

变体	美国黑人英语	英国英语	中国英语	印度英语	美国英语
美国黑人英语	$M=4.12$ $SD=1.27$				
英国英语	$t=-5.582^{**}$	$M=4.60$ $SD=1.14$			
中国英语	$t=9.561^{**}$	$t=15.566^{**}$	$M=3.53$ $SD=1.91$		
印度英语	$t=12.515^{**}$	$t=17.798^{**}$	$t=3.518^{**}$	$M=3.35$ $SD=0.99$	
美国英语	$t=-16.123^{**}$	$t=-9.477^{**}$	$t=-28.277^{**}$	$t=-31.341^{**}$	$M=5.18$ $SD=0.92$

$**p<0.01$

在一般能力维度上（图 6-5），总体排序依次是美国英语、英国英语、美国黑人英语、中国英语和印度英语。活动前，中国英语和印度英语差异不显著（$p>0.01$），其他变体之间差异均显著。活动后，中国英语和印度英语差异显著（$p<0.01$），这是因为志愿者对印度英语一般能力评价有显著下降，而对中国英语的评价略有上升（相比前测未达到显著水平）。

活动后，志愿者对美国英语和英国英语的评价显著上升，上升幅度最大的是美国英语。对美国黑人英语、中国英语和印度英语的评价未见显著差异（表 6-17）。志愿者对英国英语和美国英语一般能力的评价显著上升显示，在跨文化交流活动之后，对"标准英语"变体的一般能力刻板印象有加深而非削弱的倾向（认为英、美人士更加自信、有领导才能、精明强干、勇于进取）。结合前几章的访谈材料来理解，活动的宣传、选拔以及活动中的经历本身，都向不少志愿者传达这样的信息：要使用"好的""标准的"英语，交际才能更有效。这个现象令英语教育者和跨文化交际活动的组织和培训者深思。

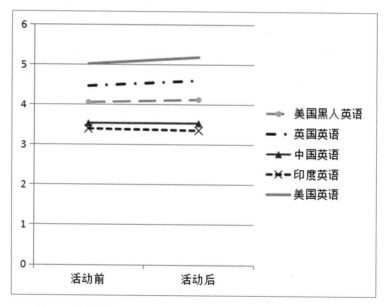

图 6-5　活动前、后大学生志愿者对各英语变体一般能力的评价

表 6-17　活动前、后大学生志愿者对各英语变体一般能力评价的独立样本 t 检验

变体	活动前($n=758$)		活动后($n=551$)		MD	t (df)	d
	M	SD	M	SD			
美国黑人英语	4.05	1.20	4.12	1.27	−0.066	−0.950 (1148)	0.05
英国英语	4.46	1.23	4.60	1.14	−0.139	−2.079* (1307)	0.12
中国英语	3.53	0.99	3.53	1.91	0.001	0.011 (1307)	0.00
印度英语	3.39	1.11	3.35	0.99	0.040	0.689 (1249)	0.04
美国英语	5.01	1.05	5.18	0.92	−0.170	−3.111* (1262)	0.17

* $p < 0.05$

6.3.2.4　特殊能力之运动能力

由于四个国际活动中有三个是体育运动类,另一个是文化科技交流类,故特殊能力维度分为两个子类:运动能力和交流能力。交流能力只涉

及世博会,相关数据分析见第三章世博篇,本章集中讨论涉及奥运、亚运、大运的运动能力。

活动前(表6-18),志愿者五个变体运动能力评价的顺序由高到低依次为:美国英语($M=5.26$)、英国英语($M=4.66$)、中国英语($M=3.80$)、美国黑人英语($M=3.13$)和印度英语($M=3.12$)。活动后(表6-19)的评价排序依旧,仍是美国英语($M=5.05$)最高,接下来依次为英国英语($M=4.81$)、中国英语($M=3.64$)、美国黑人英语($M=3.34$)、印度英语($M=2.77$)。在运动能力维度上(表6-20,图6-6),各变体的总体评价排序与其他维度相似,即美国英语高高在上,英国英语其次,印度英语排在最后。值得注意的是,中国英语在这个子维度上排在美国黑人英语之上。活动前,美国黑人英语和印度英语无显著差异($p>0.01$),活动后,美国黑人英语和印度英语之间有显著差异($p<0.01$)。这是由于前者的分数上升后者下降造成的。

表 6-18　活动前大学生志愿者对各英语变体运动能力的评价

配对样本 t 检验 ($n=491, df=490$)

变体	美国黑人英语	英国英语	中国英语	印度英语	美国英语
美国黑人英语	$M=3.13$ $SD=0.96$				
英国英语	$t=-21.422^{**}$	$M=4.66$ $SD=1.11$			
中国英语	$t=-9.919^{**}$	$t=11.547^{**}$	$M=3.80$ $SD=1.16$		
印度英语	$t=0.098$	$t=20.181^{**}$	$t=10.738^{**}$	$M=3.12$ $SD=1.18$	
美国英语	$t=-29.657^{**}$	$t=-8.616^{**}$	$t=-21.322^{**}$	$t=-29.041^{**}$	$M=5.26$ $SD=1.14$

$**p<0.01$

表 6-19　活动后大学生志愿者对各英语变体运动能力的评价

配对样本 t 检验 ($n=284, df=283$)

变体	美国黑人英语	英国英语	中国英语	印度英语	美国英语
美国黑人英语	$M=3.34$ $SD=0.93$				

(续表)

变体	美国黑人英语	英国英语	中国英语	印度英语	美国英语
英国英语	$t=-17.919^{**}$	$M=4.81$ $SD=0.89$			
中国英语	$t=-3.747^{**}$	$t=13.495^{**}$	$M=3.64$ $SD=0.98$		
印度英语	$t=8.148^{**}$	$t=26.079^{**}$	$t=13.150^{**}$	$M=2.77$ $SD=0.84$	
美国英语	$t=-21.581^{**}$	$t=-3.611^{**}$	$t=-18.563^{**}$	$t=-31.773^{**}$	$M=5.05$ $SD=0.81$

**$p<0.01$

就活动前后的比较而言，对美国英语、中国英语和印度英语的运动能力评价显著下降，对英国英语和美国黑人英语的运动能力评价在活动后显著上升。变体评价的下降或许可以部分地从学生对活动以及相关研究测试的热情有所削减来解释。从前面几章的材料来看，这种情况在一些活动中（如北京奥运）普遍地出现在各个维度，不过在整合四地材料后，在运动能力上突显出来。中国英语在运动能力维度的评价下降，有可能是因为部分学生认为中国运动员的表现没有达到自己期待的水平。另外一种可能，结合奥运篇部分学生的访谈来看，部分学生对某些裁判的行为有不满，但这种情况在其他几地的访谈中没有发现。英国英语、美国黑人英语的上升与总评价的显著上升一致，或许与刻板印象的强化有关。黑人英语评价的上升，也有可能与识别率上升后，对黑人运动能力的肯定有一定关系。

相对其他维度，运动能力的数据更为复杂一些，访谈材料的支持相对少，解读难度大一些。从该维度的信度看（表6-20），是满足分析要求的。那么我国大学生志愿者语言态度的精细程度如何，不同维度的区分能力是怎样的，以及特殊能力这一维度的设置本身，可能都还需要今后的研究进一步考察。不排除这样的可能：在具体能力维度，刻板印象最可能被觉察，通过口音来判断说话人的某种具体能力，被认为很难或不可靠。

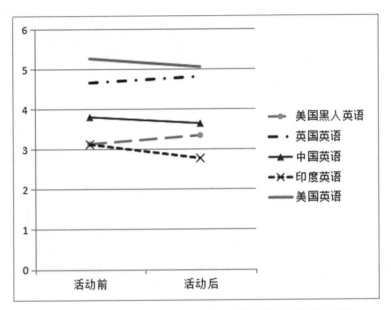

图 6-6　活动前、后大学生志愿者对各英语变体运动能力的评价

表 6-20　活动前、后大学生志愿者对各英语变体运动能力评价的独立样本 t 检验

变体	活动前(n=491)		活动后(n=284)		MD	t(df)	d
	M	SD	M	SD			
美国黑人英语	3.13	0.96	3.34	0.93	-0.205	-2.907*(773)	0.22
英国英语	4.66	1.11	4.81	0.89	-0.149	-2.056*(698)	0.15
中国英语	3.80	1.16	3.64	0.98	0.156	1.994*(675)	0.15
印度英语	3.12	1.18	2.77	0.84	0.356	4.894*(741)	0.37
美国英语	5.26	1.14	5.05	0.81	0.207	2.929*(740)	0.22

* $p < 0.05$

各变体在活动前后的评价变化见表6-21。概括而言,美国黑人英语的亲和力和运动能力得分活动后有显著上升;地位评价有显著下降。英国

英语的运动能力、一般能力得分显著上升。中国英语的地位得分显著上升,但运动能力得分显著下降。印度英语的亲和力得分显著上升,但运动能力得分显著下降。美国英语的地位和一般能力得分显著上升,但运动能力得分显著下降。

表 6-21　活动后大学生志愿者对各英语变体态度的变化汇总①

变体	地位	亲和力	一般能力	运动能力	总体评价
美国黑人英语	⇩	⇧	—	⇧	—
英国英语	—	—	⇧	⇧	—
中国英语	⇧	—	—	⇩	⇩
印度英语	—	⇧	—	⇩	⇩
美国英语	⇧	—	⇧	⇩	⇩

6.4　四地整合篇小结

综上所述,各变体在多数维度上的评价排序是美国英语最高,英国英语其次,美国黑人英语第三,中国英语第四,印度英语最低。在亲和力维度上,中国英语的相对位置较高,与英国英语、美国黑人英语相当,但低于美国英语;在作为特殊能力的运动能力维度上,中国英语高于美国黑人英语。世博会的数据显示日本英语得到的评价也是在几种变体中最低的。综合来看,数据似呈现以下规律:评价得分最高的是英、美"标准英语",其次是本土英语即中国英语,再次是其他"非标准英语"。这一排列顺序并非与Kachru(1982/1992)的同心圆理论完全一致,也并非完全以本群体为中心,而是二者的结合。预测这种三分趋势会长期存在,但随着跨文化意识的提高,它们之间的差距会缩小。反之,如果教育或者宣传未起到正面作用,则会加大其间的差距。

本研究后测中主观反应测试的信度虽满足科学研究的标准,但普遍下降。这为该方法在重复测量中的适宜性和条件提出了有待探讨的问题。

---

① "—"表示变化情况未达到显著水平($p>0.05$);"上升⇧"和"下降⇩"只是变化情况达到显著水平($p \leqslant 0.05$)。

"特殊能力"维度的设计是一次初步尝试,其效度和解读方式还需要今后进一步考察。受客观条件限制,亚运组志愿者未参加前测;其他组未能将参加前、后测的志愿者数据进行统计意义上的匹配。这迫使研究者只能将前、后测数据视作独立样本,降低了统计检验的敏感性。在今后的研究中,需要进一步探索新的方法对其改进。

第七章 教育探索篇
——语言态度的觉察、解构与重构*

前面几章对大型跨文化活动志愿者的实证考察揭示,大学生志愿者对世界英语多元变体的态度保守,且在参加活动后并没有明显的改观。研究还呈现,大学生志愿者与非志愿者之间并没有很大差异,前者可视为我国大学生总体中的一部分,只是这部分学生的英语更"优秀"一些,语言态度的保守性也更突出一些(见亚运篇)。因此,在日常外语教育中融入包括语言态度在内的跨文化能力培养,便十分重要。当前中国的外语教育政策发展,也为这样的教育创造了更好的环境。

在此背景下,本章考察了在我国英语课堂中培养"生产性"语言态度、"对话的交流者"身份认同的可行性。研究主要通过在某大学英语专题课"语言、文化与交际"中"语言态度"一讲,温和地干预学生对世界英语变体的态度。通过觉察、解构和重构的教学步骤,促进其通过反思,获得开放、生产性的语言态度,提高跨文化能力。课堂教学实证研究表明,有效的教学设计和课堂教学能促进学生质疑刻板印象,并带来一些态度转变。在研究的基础之上,本章从课堂教学、课程设计、教师教育等方面为培养生产性语言态度的外语教育提出建议。

7.1 语言态度教育的目标及理论依据

在不少英语"扩展层"情境中,英语教育者和学习者都很关心一个问题,就是在学习英语、向外国文化开放的同时,是否会丢掉或削弱母语和母语文化认同?经典的语言社会心理学研究曾提供"削减性双语者"(从一种语言文化认

---

* 本章涉及的内容,曾以阶段性成果的形式发表以下论文:(1)郑萱,2017,反思与语言态度转变:跨文化课堂教学实证研究,《语言学研究》(2):174—185。(2)Zheng, X. & Gao, Y. H. 2017. Language Attitude Education as ICC Facilitation: An Explorative Class. *Chinese Journal of Applied Linguistics*, 40(1), 3-20.

同转变到另外一种)、"附加性双语者"(在母语之外增加一种语言文化认同)(Lambert, 1974)的模式,但这都意味着语言认同的某种"非此即彼"的性质。这里的内在逻辑是,人们的语言学习能力和时间、情感投入是有限的,如果不专注,就会分散。因此,外语的学习会影响母语的学习;即便是"附加性"的,也多是功能的区分,将原来的认同一分为二(Gao, 2001, 2002)。同样,对于同一种外语,如果接受多元变体,就意味着冲淡对"标准变体"的情感投入,影响其精确掌握。在我国,有关"中国文化失语"(肖龙福等,2010)的现象也引起了诸多学者的担心和关注。保持高考中的英语考试会否挤占中文的地位,也一度成为引起社会热烈争鸣的焦点问题。因此,在培养更开放的语言文化态度时,如何处理母语与外语的关系,如何处理多元变体认同、多元语言"忠诚"的关系,就成为选择和确立教育目标中的重要问题。

另外一方面,近些年来有关年轻人语言使用的后现代视角研究,更多强调语言的"跨文化流动"(transcultural flow, Pennycook, 2007),突出以多语杂糅为特征的"超语行动/超语实践"(translanguaging, Li, 2018)。在这些年轻人的语言文化杂糅新词语创造、说唱歌舞等实践活动中,似乎"语言(变体)""言语共同体"及其认同、忠诚都被化解了,剩下的只是对正统标准批判的、嬉戏的"话语"。此处的二语使用者认同,高一虹(2014a)称为"嬉戏的编创者",它也是呼唤我们去认识和接受新的语言现象,其功能在课堂外的非正式场合,如新媒体、娱乐活动中很广泛。不过在正式的教育情境,未必适合作为理想的教育目标。

我们理想的语言态度,是既不能把语言认同僵死化又不能虚无化;既要坚持对母语的认同又要保持对外语以及语言多元性的开放。就此,"生产性双语者"(Gao, 2001, 2002)提供了一个比较理想的理论构架。根据对中国情境中"最佳外语学习者"的描述,这些生产性双语者的母语和目的语的能力、母语文化与目的语文化的理解是相互促进,相得益彰的。他们能用开放性、批判性的眼光看待两种不同的文化,并以个人选择的方式将两种语言文化整合起来。也就是说,他们超越了"非此即彼"的二元对立。用"最佳外语学习者"调查对象的话来说,"只有学好母语,才能学好外语",反过来也一样。根据对"生产性双语者"的定义,中国大学生理想的语言态度应具有以下四个特点:(1)植根性,即对母语有稳定深厚的认同;(2)开放性,即对不同语言及其变体的尊重和接纳;(3)融合性,即体认多种语言能力之间相得益彰的促进作用；(4)有效性，能在相互尊重的前提下，创造性地解决沟通中的问题（Zheng & Gao, 2017）。

就我们的教学对象中国大学生来说，生产性语言态度的几个特点中，多数学生母语的植根性已经具备较好的基础，对自己的国家、民族、家乡及母语（及方言）有较好的认同，但尚需在与多元比较中加强。开放性对于态度教育是基础性的，也最难培养，因为涉及对长久以来形成的刻板印象的打破。对态度转变的研究（Allport, 1958）以及近来对世界英语的态度研究（e.g. Wang & Jenkins, 2016）表明，跨文化接触会帮助消除刻板印象。但正如本项目所发现的，单纯的跨文化接触不一定会带来改变，较浅或负面的跨文化经历甚至有可能强化刻板印象。跨文化学者指出，通过跨文化经历从而发生积极的态度转变需要通过反思（Mezirow, 1997）。反思是指"对经历、信念和知识进行详细的重新审视和评价的过程"（Kember 等，2008：370）。学生对跨文化交流中的不寻常事件开展反思，能促进文化视角和态度的转变（Jackson, 2011）。对他者持有保守、负面的态度，是由民族中心主义（ethnocentrism）的文化参考框架（frame of reference）产生的：人们在社会化的过程中，内化了自己族群的文化规范，习惯用自己的文化参考框架解释他者的行为。当遇到不符合自己文化规范的事物时，人们通常会感觉不舒服，继而产生对方"不正常""不好"的评价（Snow, 2015）。这种负面的评价并不基于广泛的事实，是一种偏见。通过更多地了解、熟悉对方，并从对方的文化参考框架出发，便可以逐渐扭转态度。

因此，引导学生对跨文化经历进行反思的第一步，是让他们觉察到自己的现有态度是有问题的、带有偏见的。大学生一般认为自己对多元文化已经具有开放的态度了，让他们觉察到自己的偏见会让他们产生一种认知失调，从而促使他们转变态度。通过引导他们审视自己态度和固有观念的来源，学生可能发展出新的阐释视角（郑萱、李孟颖，2016）。在语言态度的教学层面，国际上已有一些改变语言态度的教学创新。例如，美国社会语言学家 Anne Curzan 在"语言学概论"课上让研究生对"标准""非标准"英语变体的社会、政治、教育含义进行批判性反思。通过考察"标准语"的权威文本如字典、语法书和语言政策中的语言态度，该课程成功撼动了学生长期持有的语言对错观（Curzan, 2002）。在国内，还鲜有从跨文化能力发展视角、通过课堂教学促进语言态度转变的研究。

7.2 研究问题与方法

本章考察的研究问题是:在跨文化交际能力培养的目标之下,如何在国内外语教学课堂中促进学生语言态度的转变?

为回答研究问题,研究者设计了一堂"语言态度"课,包含4个教学步骤。该课在北京某综合大学英语专题课"语言、文化与交际"的课堂中展开,自2015年秋季学期开始至2017年秋季学期,共进行了5个学期的5轮教学。该课程的目标是培养跨文化交际的意识与能力,一学期16周,每周2课时。课程内容围绕跨文化交际领域的重要议题,按照跨文化能力的认知、态度、行为层面的目标编排。在基本认识了文化差异,学习了从不同视角阐释差异之后,"语言态度"一讲在第10、11周进行,共4个课时。研究者即该课程的教师,博士毕业于美国某大学英语系应用语言学方向,开展这项研究时已连续讲授该课程3个学期。该课程每学期两个班,每班30~40人,来自全国各地、非英语专业的不同院系和年级。本研究主要的数据来源是"语言态度"一讲的课堂录音、学生作文和教师反思日记。质的数据按照反思的深度和态度的变化分类后进行主题分析,不同源的数据形成三角印证(triangulation)。课堂话语按照功能分类标注,标注方式和例子见附录Ⅳ。

7.3 语言态度教育的教学步骤

依据上述理论依据,打破刻板印象,培养开放、生产性语言态度的一堂语言态度课程包含四个步骤:引发刻板印象、解构刻板印象、重构开放态度、解决交际困境。以下将描述和分析本研究中四步骤教学的过程。

7.3.1 引发刻板印象(Eliciting)

该步骤的目的是为了让学生接触和识别不同的英语变体,引出他们对不同变体的刻板印象,引入"语言态度"这一概念。教师播放不同英语口音的视频,①提问学生:你听到了哪些口音/英语变体?你的感受是什么?

---

① 视频包括网络上有名的口音模仿者,例如美国演员Mike隋的网络视频"18人模仿秀"、《世界青年说》中的片段、含有多种英语变体的影视作品如电影《印度英语》(*English Vinglish*),或学生自己做的视频作业。

有哪些是你喜欢的口音/英语变体,为什么?引发语言态度的另一个方法是一分钟联想法:教师让学生写下对美国英语、非裔美国英语(美国黑人英语)、英国英语、家乡方言的印象,然后让大家分享。以下是学生写完印象之后的课堂转录和分析(标注方式见附录Ⅳ)①。

话语片段1

课堂话语	分析
T(教师):…So how many of you wrote about American English? Can you show me your hands?(一些学生举手。) OK, I'm just gonna ask you this way: when you saw the word American English, what are the… what comes to your mind?(多少人写了美国英语?举手看看?好的,我想问你们,当看到美国英语这个词时,你想到了什么?)	教师让学生举手是为了让他们参与到互动中(比发言更容易)。举手也让教师了解学生写作的情况。 开放性的提问是为了让学生说出不同的答案。
S1(学生): Speaking in a *really fast way and always fluently*…and then, it's *casual* compared to British English.(语速很快,总是很流利。相比英国英语很随便。)	
T: OK, good, other ones? So, fluently, fast, more casual. Are there other kind of things you wrote about? Say, like a person, or a movie, or an image.(好。还有别的吗?流利、快、更随便。你们还写了什么?比如一个人,一部电影,一个画面?)	教师认为学生的回答很生动,符合了多数人对美国英语的评价,于是用good在情感上肯定了学生的回答,但没有评价认知上的对错。这是因为此时的目的就是引发刻板印象,无关对错。教师接着提供了一些选项,是为了引发学生更加明确的刻板印象。
S2: *Exaggerated facial expression.*(夸张的面部表情。) …	
T: OK, good, exaggerated facial expressions. Other things?(Silence) Did you write about, maybe, appearance of a person, or a specific person that came to your mind when we say American English?(Silence) OK, what about British English?(好。夸张的面部表情。还有吗?你们写了某一个人的样子吗?英国英语呢?)	教师肯定学生的回答很生动,但继续提问没有人回答。于是教师试图引发学生对具体某一个人外表的反应。学生依然没有回答。教师判断可能因为美国英语不容易评价,于是问对英国英语的印象。

---

① 文本为课堂录音的直接转录和分析,未对学生的语法、用词错误进行修正。

（续表）

课堂话语	分析
S3: Sherlock Holmes.（夏洛特·福尔摩斯。）	
T: OK（T & Ss giggled），Sherlock Holmes. And what did you write?（嗯。夏洛特·福尔摩斯。你写的什么？）	教师点一名举手的同学发言。
S4: When I think about British English, I will think about *a princess dressed in costumes standing in a classic palace*. I will think it is very *tender*, *good-mannered*, and... I will think about *Emma Watson* ... when I talk about British English.（当我想到英国英语，我就想到一位站在古典宫廷里身着华服的公主。它很温柔、有礼。我想到了演员艾玛·沃森。）	
T: Hmm – hmm, thanks. Very classic. Yeah, go ahead.（嗯，谢谢。非常经典的形象。你说。）	教师肯定了学生的回答，认为她的想象是很经典的印象。此时有更多学生举手。
S5: I will think of *weather chatting*, like "*It is good weather, isn't it*?" (S imitated a deep voice) Like that. (Ss laughed) And also **an umbrella**.（我想到谈论天气。比如天气很好，不是吗？就像这样。还有雨伞。）	
T: OK, very good, umbrella and... yeah, go ahead.（非常好。雨伞还有……你说）	教师肯定学生模仿得好。
S6: When I think of British English, I think it's *noble*, and they are *sometimes stubborn and persistent in some difficult pronunciations* like it's passed down from the old times when... it was used by those *in high social status*, like *noble people*.（我想到了高贵，还有他们在一些难发的音上特别倔强和坚持，就像从古老年代传下来的，贵族说的。）	
T: OK, one more? Did you also write about British English?（嗯。最后一个？你写的也是英国英语吗？）	不少人举手，但教师认为对英国英语的联想已经足够多了，因此提出了最后一个发言机会。

（续表）

课堂话语	分析
S7：Yes.（是的）	
T：OK, go ahead.（你说）	
S7：I will think about the actor of 007, Daniel Craig, and also a test "International English Language Test"... or 雅思.（Ss giggled.）（我想到的是007的扮演者丹尼尔·克雷格，还有雅思考试。）（学生笑。）	

（课堂录音，1班，2016/11/22）

总体来说，与本书各章对大学生志愿者的描述相似，本研究中的大学生在此步骤中对英、美"标准英语"的态度较为积极，而对中国英语、非裔美国英语、印度英语、日本英语的态度较为负面。当问到对日本英语和印度英语的印象时，学生常常哄堂大笑，但不愿意公开解释为什么。教师为了鼓励他们发言，会先提出开放性的问题，然后不断具体化，引发具体的联想。例如话语片段2：

话语片段2

课堂话语	分析
T：So what's the difference between Japanese English and Indian English?（日本英语与印度英语有什么区别？）	教师提出开放性问题。
S：Indian English is in an Indian way, and Japanese is...（印度英语是一种印度的方式，而日本人……）	学生回答，但没有提供具体信息。
T：So what's that like?（那是什么样的？）	教师为了让学生描述他们的印象，提出了具体的问题。
S：Like, they have some *pronunciation deficiencies*... Like, "today", they can't say "Today". They always say "Doday".（他们有一些发音上的缺陷……比如发不出Today这个词，总说Doday。）	学生说他们有发音缺陷，并模仿发音，引发了笑声。

(续表)

课堂话语	分析
T: So what about Japanese? （那日本人呢?）	教师觉得可笑,也有些尴尬,但又担心笑会显得不够专业和公正,没有表现出来。教师没有评价学生的发言,也没有分享自己的经验,持中立态度。她认为该教学步骤的目的是引发学生的刻板印象,只要他们说出来就达到目的了。她想通过下面的环节,让学生自己意识到印象中的问题,这样他们的印象会更深刻。
S: There are other *deficiencies*. If a sound doesn't exist in Japanese, then Japanese may have difficulty to pronounce it... And the same thing applies for everyone... of any non-English background. （有另外的缺陷。如果日语中没有某个音,他们就发不出来……所有非英语背景的人都这样。）	

(课堂录音,1班,2015/11/10)

由于这一教学步骤也是热身、引入主题的第一步,因此时间控制在10~20分钟以内。在学生分享了不同的看法之后,教师引入"语言态度"的概念,用PPT提供定义和例子。接着,作为下一步骤的引入,这里教师使用了主观反应测试(Garrett,2010),该测试中的5段英语录音即本书二、四、五章研究中使用的刺激材料。学生听音时回答:这个人来自哪里?他可能从事什么职业?你觉得他是富有/友善/自信的吗?你会选择谁做你的老师?为什么?在测试结束后,让学生分组讨论答案。话语片段3是对主观测试答案的课堂讨论。

话语片段3

课堂话语	分析
T: Alright, so let's get back to your answers to this test. So... So what kind of jobs do you think these people are doing? <u>I find you have a very interesting answer, would you mind sharing it?</u> （让我们回到答案上来。你觉得这些人是做什么工作的?我看到你的回答很有趣,你愿意分享吗?）	教师先面对全班学生提问。开始没有人发言。此时,教师改为对一个学生提问,并表示了对他的答案的肯定(有趣)。这是因为在小组讨论时,教师和学生已经交流了答案,提问他们更容易得到反馈。

（续表）

课堂话语	分析
S1：Just a joke. I think that maybe the American is the basketball player, ... and Indians are like the technology engineer.（开个玩笑。我觉得美国人是篮球运动员，而印度人是工程师。）	
T：OK, good, I think you are not alone, because I saw other people also had similar kind of associations with this one. Are there other wild answers?（好。不止你这么想，我看到其他人也这么写。还有别的疯狂的答案吗？）	教师肯定了学生的回答，但并没有判断对错。这是因为教师认为当学生觉得回答不会被惩罚时，他们才会踊跃地发言。教师说有这种答案的不止一个，是为了暗示这种印象是有规律的，也安慰学生有这种想法没有错。教师猜测有人有更负面的猜想但不敢分享，于是提问是否还有其他"疯狂"的猜想。
S2：Our answer is, the African American... uh, the third one is the player.（我们的回答是，那个非裔美国人是运动员。）	
T：The third one? What kind of player?（第三个？哪种运动员？）	教师为了更加明确学生说的 player 指的是什么，将问题具体化。
S2：Maybe basketball.（也许是篮球。）	
T：OK, a basketball player, very similar to American English. Other ones?（嗯，篮球运动员，和美国英语很像。还有吗？）	教师将两个答案相比较，是为了让学生看到两者的联系：美国英语和非裔美国英语都让人想到篮球运动员。
... T：... So if you are going to take a physics class from them, which one would you like to be your teacher?（如果你们要从中选一个做物理老师，会选谁？）	教师继续问事先准备的问题。
Ss：The fifth.（第五个。）	
T：The fifth! The Indian.（Ss laughed）Why?（第五个！印度人。为什么？）	教师第一次听到学生说选印度人做老师，于是重复了回答，表示非常惊奇，提出"为什么"。这是一个教师不知道答案，也非常想知道答案的真实问题（"referential question"，Walsh，2016）。

(续表)

课堂话语	分析
S6: For... I think... I thought that the Indian is... much... for... maybe, maybe it's in some **films** that... there is **some genius** that is...（因为，我觉得印度人在有些电影里是天才。）	
T: Right, which movie came to your mind? I have a movie in my mind.（是的，哪部电影？我想到一部。）	教师追问是哪部电影，是为了更明确印度人的印象是怎样的。教师根据教学经验知道学生要说的是哪部电影。教师这里说想到了，是为了说明自己和学生熟知的是同一类电影，以便和学生建立更紧密的联系。
S6: 三傻①…	学生说的的确是教师想到的电影，但因不知道英文电影名而用了中文。
T: Yes, *Three Idiots*, I guess? Yeah, so you would like to pick a physics teacher who is an Indian because you associate that with those kinds of movies that portray Indians as maybe math genius or physics genius. Someone picked the third one?（Silence）No? Any other different choices other than Indian English?（是的，《三傻大闹宝莱坞》是吧？因为你把印度人和电影里的数学或物理天才联系起来了，所以你愿意选印度人做物理老师，对吧？有人选第三个吗？没有？还有人选别的吗？）	教师考虑到了学生的语言困难，用英文说出了这部电影名字，为了提供示范。之后，教师明确指出电影是学生选择的来源，为了便于之后的讨论。
S7: The first one.（第一个。）	
T: The first one, and why?（第一个。为什么？）	教师让学生解释，是为了让他们看到选择背后的刻板印象，以及每个人的选择和原因可能有所不同。
S7: Er, because it's *more general to understand*. And most of our Chinese English learning is taught by American English, so it sounds *more familiar*.（因为更易懂。大部分中国的英语教学都是用美国英语，所以更熟悉。）	

---

① 《三傻大闹宝莱坞》这部印度电影讲述了三位印度男孩用智慧打破印度传统教育观念的大学故事。三位男孩上的是以严格著称的皇家工程学院。电影中描写了印度社会期望男孩成为工程师的现象。

(续表)

课堂话语	分析
T: OK, sounds familiar. Because I know that, you know, some people studying in the United States complain about their teachers having an Indian accent, so they would always pick someone who don't have an Indian accent to study with. But we have students in our class who would like to pick an Indian English teacher (Ss giggled). So, it's different. (嗯,熟悉。因为我知道,一些在美国读书的人抱怨他们的老师有印度口音,所以他们总选没有印度口音的人做老师。但我们班却有人选印度英语老师。所以,这很不同。)	教师指出在美国的学生和"我们班的学生"的选择很不一样。教师觉得区别不同的语言态度很重要,因为这能让学生意识到语言态度是主观的、基于环境而变化的,这也为下一步的质疑埋下伏笔。

(课堂录音,1班,2016/11/22)

在分析课堂话语的过程中,教师发现自己的态度较为中立。经过反思,教师发现自己其实对日本英语、印度英语的态度也和学生类似,是带有消极倾向的,但也因为在美国学习时期接触过很多日本留学生和印度的老师,经历了一些态度上的转变。教师保持了中立,是因为一方面担心分享自己的经验会喧宾夺主,另一方面也害怕暴露自己的负面态度显得不够公正和专业。而这种担心反映了教师本人对教师这个角色的假定:教师必须持有开放的、不带有偏见的、正确的语言态度。但或许,这种中立也与学生产生了隔离。老师也是人,也会有偏见和错误,也因为自己的经历、社会地位等因素对某些语言变体有所偏好。在避免自我暴露的同时,可能也避免了对态度稳定性和可变性之间张力的深度探索。

7.3.2 解构刻板印象(Deconstructing)

这一教学步骤最为关键:让学生认识到他们对语言的感受是主观判断而非客观描述,反映了自我文化看待他者文化时的偏见。通过追溯偏见的来源,"解构"刻板印象。

(1) 质疑(Problematizing)

首先,教师要让学生认识到自己现有的语言态度是有问题的。揭示主观反应测试中朗读者的真实身份能起到很好的效果。在揭示"正确答案"后,学生感到非常惊讶。此时是教师引导反思的最好时机。在引导反思之后,教师讲授主观反应测试的机制,呈现语言态度研究的发现,进一步指出语言态度反映的是人们对某一文化群体的刻板印象(如话语片段4):

话语片段4

课堂话语	分析
T: So I'm going to show you the answers I have. Maybe you can compare with what you got. So the five speakers actually share a similar background, and those are where they come from (showing a PPT slide). (我要公布答案了。你们可以比较一下。这五个人其实背景相似,他们来自这里。教师用PPT展示)	
Ss: Oh! (sounds of feeling surprised)… (哦!)	学生感到惊讶。
T: And they are in fact all males. They age at their twenties, and they are all college students. So now, what do you think about this test? (Silence) Were you surprised, or were you disappointed, or were you happy? What feelings did you have? Like, some people say they were very surprised the fifth is actually a male. (他们都是男生。都是20多岁。都是大学生。现在,你们对测试有什么感受?你们惊奇、失望还是高兴?你们有什么情绪?比如,有人说觉得惊讶是因为第五个居然是个男的。)	教师强调他们都是大学生,是想与之前的讨论形成对比。教师没有直接评价学生的对错,而提出开放问题以引发对测试的讨论。可能因为发现自己"上当"了,学生感到吃惊和羞愧,此时没有人发言。教师等了几秒,又将提问变成了选择性的,将学生的感受具体化。接着,教师还举了一个更具体的例子,问学生是不是惊讶于第五个人是位男性。教师举这个例子的原因是,之前有学生这么说过,而性别问题往往最能吸引大学生,也可能引发其他的、更重要的分享。
Ss: Yeah! (是的!)	学生表示赞同。
T: Because some people think it's a female. (Ss murmured.) Right, they are all males. But then what other feelings did you have? (因为有的人以为他是女的。嗯,他们都是男生。还有别的感受吗?)	

(续表)

课堂话语	分析
S1: I was surprised when... because *you asked us*... to tell their jobs, but they all come as students. (我很惊讶,因为你问我们他们的工作是什么,但他们却都是学生。)	从学生 S1 用的"你问我们"来看,学生是在抱怨老师误导了他们。
T: Right, so you were surprised when *you actually find out* they were all university students. But then *you actually think about them* having different kinds of jobs. OK. Other people also feel surprised about other reasons, uh, about other things? (嗯,你很惊讶因为你发现他们都是大学生,而你却以为他们有不同的工作。好的。其他人呢?)	主观反应测试原本是有一定误导性的。这里教师没有回应学生的抱怨,从"你们认为"来看,教师是在引导学生关注自己,自我反思。教师继续问其他人的感受。
S2: I feel surprised about... uh actually I'm... I know little about this kind of English, but I feel confident to make judgment, um, from the only things that I know related to some kind of (???) (我感到吃惊……因为实际上我对这些英语了解非常有限,但是我却能自信地下判断……)	S2 意识到了问题所在,认为自己是在主观臆断。
T: Thanks for sharing. That's very honest. So it's that, you know actually very little about these different varieties but you are very confident about your judgments. Right, I think that's how many people feel about this kind of test. (感谢分享。这很诚实。所以你其实对这些变体了解很少,却对下判断非常自信。嗯。我知道很多人都有类似的感受。)	教师听到 S2 的惊讶和反思,感到非常高兴,因为这是第一次有人在课堂上表达出"觉醒"的感受。教师感到教学非常有效,也钦佩学生的坦诚。教师感谢了学生的分享,肯定了他的坦诚。接着,教师把这一回答当成标准答案,扩大为大部分人共享的感受,继续了后面的讨论。教师没有直接评价对错,是因为她认为应该让学生自己发现偏见、意识到错在哪里,才会有更深的体会。

(课堂录音,1 班,2016/11/22)

(2) 反观参考框架(Examining frame of reference)

在质疑之后,教师可以利用学生的不同观点,引导学生看到每个人的语言态度不一定相同,继而引发对自我文化参考框架的反观。例如,每学期都有少数学生对主观反应测试结果不以为然,认定自己对语言的感觉是"正确的"。他们持"语言本质"观,即认为语言本身有一些核心的部分会让所有人都产生类似的感受。例如话语片段 5 呈现的课堂讨论:

话语片段 5

课堂话语	分析
S(WX): Another point is that the language itself, why most of us think that maybe French is very elegant or maybe, so I think they're the impression of a language, or the impression of an accent, it has something to do with its inner self. (另一点是我们大多数人都认为法语很优雅, 是因为语言本身。就是对语言或口音的印象是与语言内部有关系的, 就我觉得一个语言本身就有自己的特色。)	
T: So hold on to that point because I would like us to discuss about that. I know many people hold the same opinion as that. So do you guys also agree that we have some thoughts of languages because the language itself? Like French itself have many [ʒ] sounds, and you know these sounds that sound very soft, and elegant and romantic therefore we think this language is romantic. (等一下, 我想让大家讨论这一点。我知道许多人都有这个观点。所以你们同意吗, 我们对语言的看法来自语言本身? 比如法语有许多[ʒ]音, 听起来柔软、优雅、浪漫, 所以我们觉得法语浪漫。)	教师从以往的教学经验中发现很多学生都持有这种"语言本质"观, 于是打断了这位学生的回答(他本来有3点要说), 让全班一起讨论这个问题。教师为了让大家都听见并理解这一观点, 复述了学生的观点。
S(XH): I don't think that. I think that is that maybe French people, that they may give us an impression, so because of that we think the French is soft. I come to conclusion that I once had a class called the music history… some music you may hear it very strange at first time… but actually it is a creativity, that's very creative and many music like Jazz, you may hear about it, is very comfortable but when the first time it was created, it was not accepted by the people… (我不同意。我以前上过一门音乐史的课……有些音乐一开始听的时候你可能觉得很奇怪……但实际上这是一种创造性。很多音乐比如爵士乐, 虽然现在听起来很舒服, 但当它在一开始被创作出来时, 很多人是不能接受的……)	学生XH用音乐在不同时期被接受的程度不同来解释法语给不同人的印象是不同的。

(续表)

课堂话语	分析
T: Yeah, that's a very good point and I really like what you talk about the music. (对,这点非常好,我很喜欢你提到了音乐。)	教师听到这一观点非常高兴,因为这个例子说明了态度的变化和相对性,教师非常赞同。但教师并没有评价对错,只是积极肯定了这一观点。
S(DXY): ...my French is different from a professor's French. I speak slower because of... personal habits... and we shouldn't ignore the diversity of personal language characteristics. (我的法语与法国老师的法语就不一样。我说的较慢,因为个人习惯。我们不应该忽略个人语言特点的多样性。)	法语系学生 DXY 指出了个人的语言差异。
T: Yeah, that's a good point. Different speakers even when they speak the same language can speak different, or their language can be different. And you also talk about proficiency right? Maybe your professor is more fluent in French. (嗯,这点好。不同的人在说相同的语言时,也可能说的不同。而且,这里还包括语言水平对吗?也许你的老师法语更流利。)	教师复述了学生的观点,表示肯定。教师指出了除个人风格差异,还可能语言水平不同。教师是想提醒学生,说外语时的发音有多种因素在起作用,因此并没有所谓的"语言本质"。
S(DXY): Much more fluent.	学生承认语言水平有巨大差异。
T: Right. And there's also the accent. I mean if both of you are fluent, you have different accents. Some people may have different sounds when they pronounce the same word... So I think there is an argument about and *maybe* some people believe that there is this core of a language, that cannot be changed by the environment or the cultures. I think one way I can challenge this thought is that if you ask different people about their ideas about French, so *maybe* most Chinese people *may* say French is a romantic language, but for people who speak, I don't know, speak a different language *may* have a different attitude towards French. Or a country that has a very different relationship with France will have a different image of France, they *may* not think French, France, or French people	教师指出还有口音的不同,也是想指出有多种因素影响发音,没有语言本质一说。 接着,教师回到了开始的问题上。教师虽然不同意本质观,但没有直接说 I disagree(我不同意),而是说 I think one way I can challenge this thought(我觉得我能挑战这一观点的一种方式是),这是因为直接说不同意会让学生感到没有面子,而且教师还想给不同的声音留有空间:或许对理工科的学生来说本质观也有一定的道理,只是那不是这堂课的重点。因此,教师把自己的观点包装成"一种"挑战学生观点的方式。教师说问问其他国家的人,可能就没觉得法语听上去浪漫,这跟国与国之间的关系有关。教师是为了引导学生反观,即审视自己的文化参考框架,让持"本质论"

(续表)

课堂话语	分析
<u>as romantic</u>…my attitude is still that it is still relative in that we think French language sounds romantic, it's still based on our idea about French people or their culture. (是呀。还有口音。比如你俩都很流利,但你有不同的口音。人们在说同一个词的时候可能发出不同的声音。一些人相信语言本身有一个核心,不会被环境或文化所改变。我想我能挑战这一观点的一个方法就是,如果你问不同的人对法语的看法,也许大多数中国人会说法语是浪漫的,但对说另外一种语言的人来说可能就不同了。或者另外一些来自与法国不同关系的国家,对法国印象不同,他们可能对法语或法国人的感受就不是浪漫的。我的态度还是说这是相对的,我们觉得法语浪漫是基于我们对法国人和法国文化的印象。)	的学生意识到,态度是主观的。教师在最后才提出自己的态度(my attitude is…),是想先让学生辩论,让他们自己看到不同人的语言态度是不同的,这样比直接告诉他们更有说服力。
S(DXY):…not all people think French is romantic…Because there are a lot of…r sounds that sound like 吐痰…I don't think French is romantic. (不是所有人都觉得法语浪漫。因为有许多大舌音听上去就像吐痰。我不觉得法语浪漫。)	法语系学生DXY也提出了法语不一定浪漫的观点。

(课堂录音,1班,2017/5/9)

从上述对话中可以看出,在对语言"本质论"的质疑中,课堂讨论起到了较好的效果。一些学生的一面之词,能被另外的同学反驳。课堂讨论让学生看到语言态度是因人而异的。教师也在后来直接提出了质疑的观点,认为不同母语的人可能对法语有不同的感受。这也鼓励了持反对意见的学生(如DXY)说出自己的观点。通过辩论,学生开始看到态度的相对性,甚至能从他者的文化参考框架出发考量自己的文化。在这节课后的作文中,有人说:

> For example, Chinese often regard Japanese English as extremely not-standard. However, I guess that some Japanese people may think that Chinese English are more strange. (比如中国人总认为日本英语特别不标准。但我猜一些日本人可能还觉得中国英语更奇怪呢。)

（3）溯源（Tracing sources of stereotypes）：追溯刻板印象来源

当学生意识到自己的态度是一种偏见，不同人的态度可能不同是源于自我的参考框架时，教师继续提问：我们的态度是从哪里来的？从而帮助学生找到态度形成的源头，继而解构刻板印象。在课前，教师还可以提前布置阅读作业，让学生阅读有关语言刻板印象的文章，①以便课堂讨论。话语片段 6 是一段有关溯源的课堂对话。

话语片段 6

课堂话语	分析
T:…why were we so confident about things that we even know very little about?（为什么我们对所知甚少的东西却那么自信呢？）	教师接着上一位同学的发言，问为什么。这是为了帮助学生追溯刻板印象的源头。
S1: Association.（联系）	学生只说了一个词。
T: Association with?（与什么联系？）	教师想弄清楚 S1 说的是什么。
S1: Um… analogies.（嗯，类比。）	学生换了一个词。
T: Analogies? Can you explain? I'm not sure if I get…（类比？可以解释下吗？我不明白。）	教师为了让 S1 展开叙述，让他解释。
S1: By analogy, we (???) other similar things.（通过类比，我们类推相似的事物。）	学生解释类比的意思。
T: Such as?（比如？）	教师让学生举例。
S1: Such as… a man I know from this country.（比如，我从本国认识的一个人。）	
T: Very good, so one source is our personal experience from before… with the person who speaks with the dialect, or with a variety of English. Um, can you recall any specific experience you have before?（很好。所以个人过去的经历是一个源头，与说方言或英语变体的人接触。你可以想起过去的一个经历吗？）	教师马上指出"个人经历"是一个来源，这是因为教师想快速地把学生的回答分门别类。但学生可能并不是这个意思。

---

① 如美国社会语言学家 Rosina Lippi-Green（2012）有关迪士尼电影中口音使用的论文 "Teaching Children How to Discriminate: What We Learn from the Big Bad Wolf"；Amy Tan（2002）有关中式英语的短文 "Mother Tongue" 等。

（续表）

课堂话语	分析
S1: Eh, maybe the third one to recall the NBA player. (或许第三个让我想起 NBA 球员。)	学生说篮球运动员。
T: NBA player you met before, or... (你认识的 NBA 球员还是？)	教师想确认他说的是否是个人经历。
S1: No no no (Ss giggled). (不是不是。)	学生笑，代表不可能是亲身经历。
T: Where did you see them? (你在哪看到的？)	教师想确认学生从哪得到的信息。
S1: On TV. (电视上。)	
T: OK, so media (write on board). Other ones? So with personal experience, sometimes we will meet someone who match the kind of imagination that we have about this person. Or, we don't have any imagination about the speaker until we met a person, who is, like, is very confident, rich, British person, for example. And that kind of gave us this idea about what British person, or British English speaker sounded like. Is that where, or how we form our attitude? Any opinions? Yes. (哦，媒体。还有吗？有关个人经历，我们有时候会遇到一些人，符合了我们的想象。或者我们遇到一些人时形成了这些想象，比如他很自信，富有，是英国人。这让我们对说英国英语的人形成了看法。这是你们形成态度的原因吗？你们怎么看？你说。)	教师急于总结要点 media，是为了对刚才总结的第一点"个人经历"进行讲授，但忽略了让学生对媒体来源更多地展开思考。为了更深入的讨论，教师可以继续追问，他想起了哪位球员？他是美国哪支球队的？他长什么样子、说过什么？等等。
S2: About one month ago, Marc Levy came to our university to sell his book, and... he hold a, like a meeting... I asked him some questions and because of my poor English I have some difficulties, but he answered my questions in British English, so after hearing that I know that he said British English and I think that is the *elegance*... (一个月前，马克·李维来我们学校卖他的书，他召开了个会，我问他了一些问题，我英语不好有些困难，但他用英国英语回答了我。在那以后我知道他说的英国英语，很优雅。)	由于教师提出的"个人经历"说起英国人，引发了学生 S2 想起具体的经历。

(续表)

课堂话语	分析
T: Yeah, so that's actually the first time, you actually heard about British English, and because this person is elegant...(嗯,所以这实际上是你第一次听到英国英语,而因为这个人很优雅。……)	
S2: He talked to me face to face, so I feel that it's, it's elegant.(他跟我面对面的说话了,我感到很优雅。)	
T: OK, good, so you actually found this personal experience that you learned about this characteristic... the attitudes that you have.(嗯,好的。所以你发现你的态度来自这次个人经历。)	
S2: Yes.(是的。)	
T: OK, based on personal experience (write on board). Good, thanks. Um, other ways where we form our attitudes? Yeah.(好。基于个人经历。好的,谢谢。还有其他渠道吗?)	教师回应学生 S2 的发言时,急于落到"个人经历"这点上,没有抓住他流露出的对英国英语的盲目崇拜。教师其实并不知道 Marc Levy 是谁,但猜想可能是个有名的英国人。为了保护自己"全知"的形象,教师没有追究这个问题,但也错过了一个教学的机会。教师在课后与同事交流时,才查到实际上 Marc Levy 是法国著名作家,他的母语是法语,他说的英语也是略微带有法语口音的英国英语。如果在上课时就让大家查这个人是谁,或许课堂效果会更好,更能让学生意识到自己的偏见。
S3: I think it also... comes from... like, public media, or some drama, or TV shows...For example, like British English, we may all know, like, "Sherlock Holmes," or Emma Watson. They are very elegant, and their TV characters are with wisdom and intelligent. And African American English, we may think about《嘻哈帝国》or rap...That is also why I'm surprised the fifth one is Indian English, because all I know about Indian English is Big	

(续表)

课堂话语	分析
Bang, the engineer (laughs).（我觉得态度也来自公众媒体，比如戏剧、电视剧等……例如英国英语，我们可能都知道《神探夏洛特》或女演员艾玛·沃特森。他们很优雅，他们的电视形象都是智慧的。非裔美国英语让我们想到《嘻哈帝国》①或说唱……这就是为什么我惊讶于第五段录音是印度英语，因为我对印度英语的了解只有《生活大爆炸》，②那个工程师[笑声]。）	
T: Right.（是的。）	教师理解学生的意思，但对学生说的电视剧并不熟悉。为了保留面子，她没有更多的评论。

（课堂录音，1 班，2016/11/22）

接着，教师对媒体这一态度来源进行了更具体的引导反思。她利用课前让学生阅读文章"Teaching Children How to Discriminate"③，在帮助大家掌握了文章大意的前提下，问学生是否能够想起与文章所说类似的，使用口音塑造人物形象的电影。一位学生由此提到了电影《美女与野兽》中的角色，主角讲的是"优雅英语"，配角讲的是不优雅的、更偏口语的英语：

  Well... if I remember... the beauty and the beast speak in the more elegant way... But like the fairy.... I don't know what to call that, fairy or the teapot, the clock... they are using the more casual and somehow, like, the colloquial, not that elegant, and there is the comparison.（……我记得美女和野兽说话都更优雅……而好像是仙女还有茶壶、钟说话都比较随便，好像是口语，不那么优雅，这就是对比。）

---

① 《嘻哈帝国》是一部以非裔美国人为主角的关于经营娱乐公司的美国电视剧。
② 《生活大爆炸》是一部有关四位宅男科学家的搞笑生活故事的电视剧，其中有一名来自印度、在美国工作的物理学家 Raj。Raj 说一口印度腔英语，在女性面前极度害羞、不敢说话。学生发言时误以为 Raj 是工程师，也说明了她对印度人的刻板印象。
③ Teaching Children How to Discriminate: What We Learn from the Big Bad Wolf 是美国社会语言学家 Rosina Lippi-Green 的一项研究报告。她研究了 20 部 20 世纪 80—90 年代的迪士尼电影中对于英语变体的使用，发现主角使用的都是主流美国英语，而配角、邪恶的角色等都是非主流英语变体。

(课堂录音,1 班,2016/11/22)

由于看电影是大学生喜爱的娱乐活动之一,分析电影让许多学生对电影有了新的感受。在课后作文中,还有学生回忆了国产影片中方言的使用。实际上,在第一轮授课后,就有超过 1/3 的课后作文包含了对态度源头的反思。一些学生的反思更具批判性,看到了权力和意识形态对态度的影响。一些学生认为语言态度与家庭、学校教育有关(具体见郑萱,2017)。

在创造安全的讨论空间时,教师自我的个人经历分享能起到很好的效果。比如,有时学生不好意思主动提起自己对方言的感受。笔者就给学生分享了自己不会讲方言的真实感受。

Well, I guess when we talk about English or other languages, maybe some of them are too far from our lives, but what about your dialects? So, like, for me, born and grew up in Wuhan, I don't speak Wuhan dialect, because, uh, when I was little, my parents told me "Do not speak..." (Students laughed) because it is rude, it's not elegant, or as woman, you shouldn't really speak Wuhan dialect. So I never learned, and, now I feel pretty bad about it because I don't mingle with my friends who... all of them speak Wuhan dialect. So have you also had similar experience? (我感觉我们现在讨论英语或者别的语言,可能离我们生活太远,那聊聊我们的方言吧? 比如我就在武汉出生,在武汉长大,但我不讲武汉话,因为小时候我爸妈不让我讲[学生笑]……因为武汉话听上去很粗鲁、不够优雅,作为一名淑女,你不应该讲武汉话。所以我就没学会,可我感觉不太好,因为跟我那些讲武汉话的朋友玩不到一块儿。你们有类似的经历吗?)

话音刚落,就有学生回应,说他也有类似的经历。他在广州长大,父母是武汉人,但为了让他尽快融入当地生活,在家里从来不让他讲武汉话。最后笔者总结出"家庭影响"是语言态度形成的一个因素,学生纷纷点头。在课程结束后的反馈意见中,许多学生提到很感激教师的个人经历分享,也对这些分享印象深刻。教师的真实分享不仅对培养学生的反思能力起到了示范作用,更重要的是,分享让学生感受到原来老师也有和自己一样的体验,于是能够更加接纳自己,接纳自己现有的偏见。

总体来说,解构是最重要,也是较为困难的一个教学步骤。除了创造能够撼动学生刻板印象的教学活动(如对主观反应测试的讨论)之外,教师需要充分接纳学生在转变过程中的认知、情感挣扎,创造让学生能坦诚讨论刻板印象、歧视和偏见的课堂环境。能承认自己的偏见是不容易的。教师可以保持好奇的态度,让学生充分表达他们的思维过程。在给予反馈时,不直接指出学生认知上的"错误",而是先在情感上给予肯定,鼓励他们的勇敢发言,然后通过总结、重复看似矛盾的地方、提供另外的视角进行对比、具体化的追问、或提问其他的同学,引导学生通过讨论,自己发现问题。在面对未知时,视情况坦诚向学生请教,问"真问题"(Walsh, 2016),也可能将讨论深入下去。

7.3.3 重构开放态度(Reconstructing)

在解构刻板印象之后,教师要求学生写1至2页的反思作文,谈谈这堂课学到了什么,感受是什么。通过更多的课堂讨论和对"生产性双语者"概念的引入,促进学生形成新的态度(即"重构")。教师在课前给学生提供如下问题,帮助其反思:

What did you learn the most from the class?(你从这门课上得到的最大收获是什么?)

−What do our language attitudes reflect?(我们的语言态度反映了什么?)

−Why do we have them?(我们为什么有这样的语言态度?)

−What are the consequences of biased language attitudes?(有偏见的语言态度会造成什么后果?)

−Have you ever experienced prejudice/even discrimination because of the way you speak? Have you ever done this to others?(你有否因为自己说话的方式而遭遇偏见甚至歧视的经历?你是否歧视过别人?)

−How NOT to judge people based on the way they speak?(怎样才能不以言取人?)

在讲到语言态度带来的后果时,教师用了一些学生所写的反思作文中的例子,说明有偏见的语言态度可能会让人隐藏自己的方言,从而也隐藏了真实的自己。教师把学生作文分享给全班,是为了让学生产生共鸣。当学生亲身经历过语言态度带来的后果(如偏见、歧视等),可能会更有力地促进其态度转变。

此外,为了讨论语言之间的关系,教师引导学生结合经验思考:你的母语和后习得的语言之间是如何相互影响的?如提出以下问题供讨论:

1. Has learning a new language/culture had to replace the previous one? (学习新的语言/文化会取代原来的语言/文化吗?)

2. Has your native language/dialect and culture influenced (positive, negative) your learning of a foreign language/new dialect and its culture? How? (你的母语/方言和文化有否对学习外语或其他方言及文化带来正面或负面的影响?是怎样的?)

3. Has learning another language/culture influenced (positive, negative) your native language/culture, and maybe even who you are and how you view the world? How? (学习另一种语言或文化是否对你的母语/文化、自己是谁、如何看待这个世界带来正面或负面的影响?是怎样的?)

在讨论之后,教师播放有关双语教育的视频,说明双语者的优势所在。可用的视频有"the benefits of being bilingual"(双语的好处),《朗读者》节目中对许渊冲教授的访谈片段等。之后,给学生介绍生产性双语者的概念,告诉他们生产性的双语者可以作为一个理想的语言学习目标。

重构开放、植根的态度

实际上,重构的步骤有时在解构步骤开始后就发生了。学生在回溯刻板印象来源的同时,就会意识到刻板印象的荒唐之处,继而对某一文化产生新的态度。例如,在讨论语言态度可能带来的后果时,一位福建的学生说自己常被误认为分不清拼音 h 和 f,s 和 sh,但其实自己已在北京生活了很长时间,早已没有这样的口音了(话语片段 7)。

话语片段 7

课堂话语	分析
T:... the question is, what are the consequences of associating this kind of certain images or traits with a specific speech? (Silence) Have you had, say, experience before when you speak a certain dialect, or you speak with an accent, and you were treated differently because you speak the accent? Yeah. (问题是,把说话方式与某种形象联系起来的后果是什么?你们曾经有过这样的经历吗?因为你说一种方言,或有口音而被区别对待?)	教师提问语言态度的后果,没有人回答。教师于是问学生有没有过个人经历,是因为自己的口音而受到歧视?教师改变了问法,是因为提问亲身经历更加具体,更容易引发学生的反思和分享。

(续表)

课堂话语	分析
S: Actually, I come from Fujian, but I don't have a Fujian accent, because I came to Beijing about twelve years ago, so when I said to others that I'm a Fujianer, they are really surprised and asked me whether I can speak the dialect. But actually I can't, and then they just become very disappointed. So this is the experience I encountered, and they may think Fujianer may all speak 蝴蝶 as 福蝶. (我来自福建,但我没有福建口音,因为我12年前就来北京了。当我跟别人说我是福建人,他们总是很惊讶,问我是否会说福建话。但实际上我不会,他们就很失望……他们可能认为福建人都把"蝴蝶"说成"福蝶"。)	学生分享的是不说福建话给别人带来的失望以及人们对福建人的刻板印象,并不是本人说福建话受到的歧视。也许因为分享自己说方言的经历需要暴露自己脆弱的部分,可能引起其他学生的尴尬和不理解,并没有学生分享。这或许也因为,教师也不说方言,并在课堂上分享过不说方言带来的隔离感,使有相同经历的学生敢于分享。但说方言学生的感受,可能只有在作文里才会出现了。
T: Right, the fu and hu sound. (是的,"福"和"蝴"的音。)	
S: Yeah, or si or shi, they can't identify that, but actually I do sometimes not identify that if I speak in a really really fast speed, but actually because I have stayed in Beijing for such a long time, I just already... like the mixed accent, somehow. I do think these biased attitudes may help us quickly identify a person and try to make a connection to the one we first met. But when we communicate or try to link the association more deeply, something like that, it may become an obstacle for us to know someone their real sides or something like that. (我认为这些带有偏见的态度能帮助我们在第一次见面时快速识别人,与人建立联系。但当我们想进一步建立联系时,它可能会阻碍我们了解对方真实的一面。)	这位学生的反思已经有了一定的深度:她不仅看到了态度是带有偏见的,还能指出文化定型现象的两面性。

(课堂录音,1 班,2016/11/22)

除了这一堂课,重构的过程还发生在余下的学期里。例如,这位福建学生对语言态度产生了浓厚的兴趣,她领导她的小组在期末课题中研究了大众对进口电影原声和中文配音的喜好("To Dub or not to Dub""配音或不配音"),发现不同人群的不同选择反映了不同的语言态度。这体现了态度改变带来的实际行动。课后作文也促进了学生态度的转变。几位学生直接指出态度反映了"刻板印象",并对"刻板印象"感到不舒服,认为是一种"偏见"。通过反思个人经历,他们的态度变得更加开放。除了对外语持开放态度,不少学生也意识到了母语、方言、非母语英语变体的重要性。一些学生认识到了刻板印象和歧视所带来的糟糕后果,比如摈弃自己的母语,孤立外地人等,进而对说方言的人产生了共情和理解。他们看到了方言与传统文化间的紧密联系,表现出了植根性的态度(见郑萱,2017;Zheng & Gao, 2017)。

还有学生认为自己的认同发生了变化:由一个开放的跨文化人转变为一个对多元文化保持开放的中国/成都人,说明课程加强了他对自我文化的认同。他在期末的反思作文中写道:

> In the past, I've always thought that if only a person with intercultural characteristic can he suit to the globalizing world. But now, I decide to change my understanding of myself from "intercultural person with open mind" to "a Chinese/Chengdu person with an open mind towards different culture".(在过去,我总想如果一个人有跨文化特质,他就能适应全球化的世界。可现在,我决定将我对自己的理解从"开放的跨文化人"变成"一个包容不同文化的中国/成都人"。)(ztc, 2016春季学期)

重构对语言关系的态度

在讨论语言之间的关系时,学生中有不同的声音,例如话语片段 8 中的对话。

话语片段 8

课堂话语	分析
SL(女生小刘):When I write my mid-term essay, I usually use Chinese to first write it. (Ss laugh)(当我写期中作文时,我总是先用中文写。)(笑声)	小刘的语气十分懊恼。

（续表）

课堂话语	分析
T: <u>And why did you do that?</u>（为什么呢？）	教师追问学生的动机。
SL: Because when I write in English, sentence by sentence, I will spend much time on it. I can't have a whole structure on it. So I first write it in Chinese to have a whole structure, and I have all the content and finally I change into English. But if I start it with English, I can't use it in Chinese, because *the two pattern seems very conflict*. So either I started with Chinese at first, or I started in English. I remember last semester, I write about 2000 English words, first in Chinese, and then I spent a whole week to translate into purely English.（因为如果我用英文一句一句地写，我会花掉很多时间。我没有一个整体结构。所以我先用中文写，先有一个整体的架构、内容，最后我把它再转换成英文。如果我开始就用英语，我就没法用中文，因为两者结构非常冲突。所以我要么用中文写，要么用英文写。我记得上学期我写了2000字的英文，就是先用中文写出内容，再花了一周时间翻译成英语。）	
T: So when you say *the structure of the essay*, they are very different, or even conflicting. You said that, right?（你是说作文结构，它们很不同，甚至矛盾。对吧？）	教师以为小刘说的是行文结构不同，与她确认。
SL: Not the structure, but the words, the expressions to use.（不是结构，是词语，表达方式。）	
T: <u>Can you think of examples?</u>（举个例子？）	教师将问题具体化。

(续表)

课堂话语	分析
SL: For example, when you use some adjectives, such as 朦胧 (Ss laughing). And this is a very delicate word in Chinese and then you want to translate it into ENGLISH, you can hardly find the words to correspond with it...（比如，你用形容词朦胧，在中文里是个很精致的词，你想翻译成英语却很难找到对应。）	
T(to the class): <u>So do you guys think that this is because in English there isn't a word like 朦胧 or is it because, we're not native speakers, we don't know this word?</u>（所以大家觉得是因为英文里没有对应朦胧的词，还是因为我们不是母语者，我们不知道这个词？）	教师认为英文里并不是没有对应的词，只是因为我们英文水平不如母语者，所以不知道用什么词。教师没有直接提出异议，而是明知故问地问全班，怎么看这个观点。这种问法的目的是避免直接纠错伤害学生的面子。
Ss: Don't know the word.（不知道这个词。）	其他学生赞同了教师的意见。
SL: No! Here IS the word, not a word I want to say.（不是！有这个词，但不是我想说的。）	小刘坚持英文里没有完全能表达她意思的词。
T: <u>What do you guys think is the closest equivalent of 朦胧?</u>（大家觉得最接近"朦胧"的英文词是什么？）	教师看到小刘非常坚持，干脆顺着她问大家。
SL: I can only think of the vague, which is called 模糊, not 朦胧.（我只能想到vague, 但它的意思是模糊，不是朦胧。）	
T: <u>What do you think are missed or lost here? What is the meaning of 朦胧 that you think needs to be expressed?</u>（你觉得少了点什么？朦胧中哪一层意思没有被表达出来？）	教师继续追问朦胧与模糊的区别，目的是为了让小刘继续明确她想表达的意思。
SL: It's the beauty behind the vague. So if I just used beauty, that's not the vague, but if I used vague, it is not the beauty.（就是"模糊"背后的美感。但如果我说"美"，那就不是"模糊"，如果我说"模糊"，就不是"美"。）	
Ss: Em. (agreeing)（嗯。）（学生同意。）	

(续表)

课堂话语	分析
T: So I *suppose* when native speakers, who have a very high proficiency with English like you guys with Chinese, can they find word that had that kind of meaning? (Ss nodding.) Yeah, *probably*. Or for translators like Professor 许渊冲 *I'm guessing*, when he translates poems he can find the closest equivalent that even kept the beauty of the language.(所以我猜英语能力很强的母语者,就像你们会用中文一样,他们能找到对应的词吗?[学生点头。]是的,有可能。或者像许渊冲教授,我猜,他翻译诗词时,就能找到保留美感的对应的词语。)	教师依然坚持这与语言能力有关。但当教师提出自己的观点时,仍采取了中立的态度,而且非常小心,用了弱化语气的 I suppose/I am guessing, 用疑问句而不是陈述句等。这是因为教师害怕直接提出异议会伤害学生的面子,也因为害怕学生反对自己使得自己没面子。
SZ(男生小周): I'm thinking that, this is quite different actually, because in Chinese when we use 朦胧, it is very ordinary use, used very often actually. We use much more often than the equivalent in English I think.(我在想,这很不同,因为在中文里我们用朦胧,是很普遍的用法,用得很多,比英文里对应的词用的更多。)	学生提出词语使用频率可能不同。
T: WAIT, but we don't know what is the equivalent, right? Yeah.(等下,但我们并不知道对应的词是什么,对吧?)	教师觉得 SZ 说的有道理,但还想维护自己的观点,所以打断了 SZ 并提出了反问。
SZ: …I'm thinking that it's TRUE language has different adjectives actually, they tend to describe different things, a lot of English adjectives we cannot find very appropriate Chinese replacement actually I think.(我在想语言真的有不同的形容词,他们形容不同的东西,有很多英文形容词我们找不到中文对应。)	或许因为教师的反问语气有些强硬,而没有提供具体证据,学生想坚持自己的观点,于是采用同样的方式和教师对峙:语气强硬(这是真的!),而没有提供具体证据。
T: So you still think there is this difference between the two languages, not because of the proficiency.(所以你还是觉得两种语言有区别,不是因为语言能力。)	为了平复学生的情绪,教师复述了学生的意思,没有追究下去。
SZ: Yeah.(是的。)	

(课堂录音,2 班,2017/05/09)

在这段对话中，小刘开始的观点持削减性，教师为了提供新的解读视角，提出了语言能力的问题。但是，当学生坚持中英文表意的确有不同时，教师没有深究，还因为怕和学生发生直接冲突而软化了态度。教师这么做，是想最大程度地给学生的看法留有空间，让他们在日后的学习中慢慢体会和转变，也给自己留有面子。但同时，也牺牲了自己的观点，失去了对问题深入讨论的机会。教师间接的暗示，不一定能被学生所理解。而不评价的反馈，也可能给学生养成"怎么说都可以"的习惯。实际上，教师和学生的观点都对，教师已经站在了超越东西文字简单对比的阶段，但也忘记了东西文化间的细微差异；而学生还没有走到那里，只看到了东西文化的差异。或许，教师也可以更加勇敢地参与到讨论中，说出自己的想法与感受，并直接指出一些明显的偏见，这样的引导能给学生指明方向，更有效地促进转变。

接着，教师想听听学生还有没有不同的观点。女生小吴（SW）和同组的男生小丛（SC）分享了微信上余光中的文章《怎样改进英式中文——论中文的常态与变态》，说余认为英式中文以繁代简，以拙代巧。这篇文章引发了一些争论（话语片段9）。

话语片段9

课堂话语	分析
T: Okay. Other thoughts?（好的。还有别的看法吗?）	
SW（女生小吴）: Actually I think that English and Chinese influence each other in our daily life. Like I just, give a friend to see an article written by 余光中, he said that 怎样改进英式中文 (giggles). And he, he used some examples like we ALWAYS use 做出 and 改进 in our written Chinese nowadays, but these two words are not original. And like we want to use 知名度 to describe 名气. But you know that 知名 and 度 are the two, the first, like, the word that, is used in English, to make noun to be a um... adjective... You change famous to fame. Just	

(续表)

课堂话语	分析
like you change 知名 to 知名度.（实际上我认为中英文相互影响。我刚给朋友看了余光中的一篇文章,他讲怎样改进英式中文。他用了一些例子比如我们总是用"做出"和"改进",但这些并不是最初的中文。还比如我们用"知名度"来描述"名气"。但你知道"知名"和"度"是把形容词"知名"变成了名词"知名度",就像把 famous 变成了 fame。)	
SC（男生小丛）：And another example… He thinks this kind of influence destroyed the traditional structure of Chinese.（还有一个例子……他认为这破坏了中文的传统结构。）	学生们提出余的观点是西方文字的影响破坏了中文的传统结构。
T： So the second thing you said is that he thinks English destroyed the tradition. So seems to be a negative or disapproving attitude. Do you guys agree with that?（第二点你说他认为英语破坏了传统。听上去是负面和不赞同的态度。你们大家同意吗?）	老师觉得这个问题值得讨论,所以从与单个学生对话转向问全班,是否同意这种负面态度。
SW：I think this depends on if you think tradition is more important or to be globalized is more important. If you think we should be more and more similar to each other is better, that is positive. But if you think that the tradition is IMPORTANT and, we shouldn't let others to influence us to make the change, so that the changes are very, passive change. That makes you feel that it's negative.（我觉得取决于你认为传统和全球化哪个更重要。如果你认为我们彼此变得更相似更好,那么影响就是正面的。如果你觉得传统更重要,我们不应该让别人有所改变,那么改变就是非常负面的。)	小吴态度比较中立。

(续表)

课堂话语	分析
SH(女生小韩): I don't think this is about tradition or similarity with other languages. I think it depends on the usage of the language itself. If it is more effective in expressing ourselves, it can be better. But sometimes, I feel at loss, when I was using the English way to say Chinese. Just like in English, I used to say I want to speak with a lot of clauses, different clauses accompany the sentences. But in Chinese, I can't do so... And sometimes I find it is very difficult in expressing myself, and I cannot find the appropriate way of saying it, that makes me very sad. (我不认为这事关传统或趋同于别的语言。我觉得这取决于语言的使用。只要能更有效地表达自我，就是更好的表达方式。但有时，当我用英文的方式表达中文里的意思时，我会不知所措。就像在英文里，我可以用很多从句表达我的意思，都附加在主句上就好了。但用中文我就没法这样表达……有时候我发现表达自我很困难，我找不到合适的表达方式，这让我非常沮丧。)	小韩既有附加性又有削减性的态度。
SZ(男生小周): Actually, there is a Chinese way to say that. When you just separate those clauses, just separate them to some small sentences, it's okay to do this, and it sounds very Chinese... But actually you do this, the structure of the sentence is different somehow. So it somewhat still lost some meaning of it... lose some meaning of it. (其实中文也可以表达。你可以把从句断开成一些小的句子，听上去就像地道的汉语。不过结构还是有些不同，有一些意思会丢失。)	小周既有附加性又有削减性的态度。

第七章 教育探索篇 | 243

（续表）

课堂话语	分析
SH: Well, I think we can take a different perspective, because language itself evolves over time, and actually we are expanding the possibilities of language, by letting the logic behind different languages influencing each other. （我觉得我们可以换一个视角，因为语言是随时间而向前发展的，我们通过让不同语言背后的逻辑产生相互影响，扩大语言的可能性。）	三位学生针对相互的观点有所回应，并提出了自己的看法。其中，小韩不仅是在回答（respond）教师的提问，也是新话题的发起者（initiator），表现了很强的主动性。这里的课堂话语从教师—学生的交互变成了学生—学生的交互。这是教师期待看到的。
T（to SH）: ... And you are saying that by using different languages... I LIKE that point actually, you say that it opens up more possibilities. Right, like when we cannot express something in one language, if we know a second language we CAN do that. （小韩我喜欢你的观点，你说使用不同的语言实际上打开了更多的可能性。对，就像我们没法用一种语言表达某种思想，但如果我们会说另一种语言，我们就可以做到。）	在三位学生的发言中，教师最认同的是小韩的发言，因为她的发言更倾向于生产性双语者。教师找到机会再次回应和强调了小韩的观点。教师直接说喜欢小韩的观点，是在给小韩继续发言的机会，也是为了表明自己的立场。
SH: I think I can give more evidence to prove that. Language can *open up new possibilities for our languages*. Because we know in the literature world, when the Hispanic Literature was found its value, it was translated in different languages. Actually *the language style is very different from that of English or that of Chinese*. But it actually influenced... *opens up more possibilities for our writing*, just like Marquez influences Mo Yan. It's like the possibility of language in the literature field. （我觉得我有更多的证据能证明我的观点。语言能给我们的语言创造新的机会。在文学界，当西语文学开始受到关注时，它被翻译成了不同的语言。翻译过来的西语文学，既不同于中文也不同于英文，但它给写作带来了更多的可能性，就像马尔克斯影响了莫言。这就像是文学界语言的可能性。）	小韩用文学界的例子说明一种语言能给另一种语言带来新的表达方式。

(续表)

课堂话语	分析
T: Right, I think I have came across or read a literature that actually use different kinds of languages, in the writing itself, maybe by a Hispanic writer, Anzaldua? I don't know if you know her *Borderland*? So she wrote about Hispanic, maybe Mexican immigrants in the United States, and she constantly *codeswitch, or mixing different varieties of English and Spanish*, you know the language that Mexicans speak, and just to show the identity of them in the United States, so she actually *use more than one language in one narrative.* （没错，我也曾读过用不同语言写出的文学作品，比如拉美裔作家，好像是Anzaldua？你们读过她的 *Borderland* 一书吗？她写的是拉美裔，就是美国的墨西哥移民，她在写作中混用了不同的英语和西语的变体，就是墨西哥人说的话，为了表现他们在美国的身份认同。她就在叙述中使用了不止一种语言。）	教师听到小韩的发言感到非常惊喜。但还未及时分析小韩的例子，教师就分享了另一个例子，因为相比莫言的文学，后者是教师更熟悉也更有把握的话题。在美国读书期间，教师读过墨西哥裔美国女作家Gloria Anzaldua的文学创作 *Borderland*。教师记得文章混用了各种语言，目的是为了表现墨西哥移民混杂的身份认同，美国同学都认为非常新颖。教师从自己的经历出发，解释了她所理解的语言的多种可能性，并没有意识到这个例子和小韩说的有所不同。
SX（女生小徐）: I think there is a good example. I attended a meeting last month, and I am an assistant of the professor (???), who won the Nobel price in 2006. And her wife, HIS wife is a very nice person and I talked to her. And she told me that she is not an American, and she was born in Spain, and her mother tongue is Spanish. When she was seven years old she came to America, so she was proud of her that she *created a new language which combined the Spanish and English, and she also can speak standard English, and so she also can switch freely between the two languages.* So I think the native language influenced her, and it is a positive influence. （我有一个好例子。上个月我参加了一个会，我担任了2006年获得诺贝尔奖的教授[???]的助理。他的夫	

(续表)

课堂话语	分析
人是个很好的人。我和她交流时,她告诉我她不是美国人,她出生在西班牙,她的母语是西语。她7岁来了美国,她很骄傲自己创造了一种结合了西语和英语的语言,而且可以在其与标准英语间切换自如。所以母语影响了她,而且是正面的影响。)	一直没有发言的女生小徐分享了一段个人经历,说的是教授夫人能在西语、标准英语和西语英语混合语中自如转换。
T:Positive, yeah, very good example. I really like when you said that she kind of create this language mixing all the languages that she know, and, at the same time she knows, the standard or the so-called "standard English" to communicate with English speakers. Yeah that AGAIN I think supports the point that when you know these different languages you have more possibilities, and you can, both communicate with native speakers but also the people who share the kind of languages you speak. (正面的,是的,很好的例子。我特别喜欢你说她创造了一种混杂了她知道的所有语言的语言,而且同时她还会使用所谓的"标准英语"与英语人士交流。嗯这再次证明了当你会讲许多语言时,你就有更多机会,你既可以和英语是母语的人交流,也可以和与你有相同语言的人交流。)	课后教师意识到小徐例子中的西班牙裔美国人和教师说的墨西哥裔美国人的身份认同很不一样,但在当下,教师认为这个例子也说明了"不同语言带来了多种可能性"这一观点,因此提供了积极的反馈。此外,教师强调说"标准英语"、混用不同的语言都是需要的,视情境和听众而定,这是因为教师认为语言使用是否有效,取决于对谁说。教师对"标准英语"的重要性非常了解,因此想告诉学生在会创造性地使用语言的同时,也要学好标准语。

(课堂录音,2班,2017/05/09)

在这场讨论中,首先可以看到虽然教师鼓励大家自由发言,但也有一定的导向性。教师本身不同意余光中的观点,认为语言间的影响不可避免,但更多时候是积极的。因此,当小韩表现出附加性、生产性的倾向时,教师就将讨论拉回了小韩的观点上。此外,可以看到教师和学生的观点都深受个人经历、知识背景的影响,但大家似乎没有意识到彼此的差别。大家看似表达的是同一个观点"不同语言带来了多种可能性",但举的例子却有些不同。教师急于分享自己的经历,一方面是因为对学生的例子并不熟悉,另一方面也想表达自己的观点。这段讨论似乎不是在相互对话(dialogue),更像是自说自话(monologue)。而在课后的作文中,虽然有一些学生写出了生产性的态度(见 Zheng & Gao, 2017),但少有具体的例子支撑。如果教师在课前先建立好讨论的规则,给学生提供与他人对话的语言基础,那么课堂讨论就更可能变成真正的对话,而彼此未知的部分能成为深入了解对方的资源,对话性态度培养上也会收到更好的效果。

7.3.4 解决交际困境(Seeking creative solutions)

在以上步骤取得一定效果后,教师要求学生分小组讨论并表演出对以下交际困境的解决方案:

1. You have a boyfriend/girlfriend who is from a region with a dialect which you cannot understand. You are visiting his/her family for the first time, and he/she is talking with others in the dialect. You feel completely left out, and you don't want to remain in this situation. (你到男/女朋友家做客,发现他/她和家人一直在讲你不熟悉的方言,你不想被冷落。)

2. You are working as a volunteer for the Beijing Winter Olympics. Your task is to serve a government VIP from a country with English as the second language. For the first two days, it is very hard for you two to understand each other's English. The VIP you serve becomes frustrated. He starts to shout something at you, with an anxious and angry look on his face. (你在为北京冬季奥运会做志愿者,负责接待一位重要外宾。可是头两天,你们听不懂彼此的英语。他变得急躁起来,开始朝你嚷嚷。)

3. You are an oral interpretation for an international expert who is giving an English talk in your academic field. Her English accent is unfamiliar and strange to you. It is the second hour now and you find you are frequently missing what she is saying, and have to say "I beg your pardon" repeatedly. (你在为一位国际专家口译学术报告。她的英语口音在你听来非常奇怪。翻译已经进行了一小时,你发现自己渐渐跟不上她,只能反复说"请再说一遍"。)

在学生表演之后,教师提问全班觉得表演的如何?好在哪?解决冲突的办法属于哪种类型?有没有更好的办法等。同时,通过不同组在相同情境中的不同表现,比较二者的异同。

情境1:听不懂男/女朋友家人说的方言,不想被冷落。

在去男/女朋友家中做客的情境1中,学生们表演出了极大的耐心和同理心。男朋友/女朋友主动当起翻译,混用普通话、方言和肢体语言,尽最大努力帮助沟通。"爸爸妈妈"和"客人"也努力学习对方的方言/普通话,如掌握发音规律等。有的小组还通过当地有特色的文化活动(如打麻将)进行沟通。

话语片段10是一段学生表演的转录:

话语片段10

B1: So, this is my uncle, and this is my second uncle. This is my boyfriend (Ss laugh), and I'm her…his girlfriend (laugh).(这是我叔叔,这是我二叔。这是我男朋友[同学大笑],我是她,他的女朋友[笑]。)

B2: So our conversation is mainly in…(我们的对话主要是用……)

B1:…Sichuan dialogue and Mandarin.(四川话和普通话。)

B2: Yeah.(是的。)

B1:**大叔,二叔,跟你介绍一下,这个是我男朋友**①。

S1(扮演大叔):**耶,小伙子长得多称头(周正)嘛!**(B1:**嗯!**)**好多岁了哦?**

B1:19岁!

S1:**19岁啊?恁个年轻啥子哦。**(这也太年轻了吧?)(……)

B1:**不不不是不是,19岁嘛,成年了。**

B2:哦。他们觉得我……?

B1:**慢点。他刚刚问**……他刚刚觉得你很帅(同学笑),你很帅。

B2:哦哦。

S2(扮演二叔):**他这是哪点的人呢?**

B1:**他是北京人。**

S1、S2:**耶!北京人呢!北京人了不起哦。**(同学笑。)

B1:**啊是啊。**

S2:**有点紧张你就是,他们说的啥子……排外?**(S1:**是不是排外哦?**)

B1:**哦哦其实还好啊,跟他在一起并没有……**(同学笑。)

S1、S2:**没有哈?有点奇怪……**

B1:**没有没有没有,没的这种感觉的。**

B2:他们是不是对我是北京人有意见?

B1:**没有没有没有,他们觉得你很好,然后特别照顾我。我跟他们说你特别照顾我。**(同学笑。)

---

① 这段对话中,粗体字为四川方言。

B2:噢!

B1:他是同声传译。

S1、S2:同声传译?!(同学笑)

B1:他是学西班牙语的嘛,然后他又把西班牙语翻译成中文,然后,而且是实时的这一种。

S1:实时的这一种是……(B1:就是就是……)几十啊?(同学笑)

B1:不,就是……别个说一句西班牙语,他要马上说一句中文对应的意思这一种。

S1、S2:哦哦哦。

S1:这门(这种)哦。

S2:可以哦,跟这个啥子"哥哥翻译"……(S1:哦这个……"谷……")"谷歌"?(同学笑)哎你这个差不多哎呀!

B2:我不太懂……

B1:没有没有,他们刚刚问你的工作是什么。然后我给他们解释了,然后他们觉得你比那个谷歌的那些人都还……(B2:哦谷歌!)对,他们说的是谷歌,对。

S1:19岁呀怎么长得……比你还老点呢?(同学大笑)有点着急诶……太着急了!

B1:就喜欢这种……(同学大笑)

B2:说啥呢又?

B1:他他们……他们说……他们接着夸你的长相。

B2:真的?

B1:真的真的。

B2:我咋觉得……行,你们继续聊吧。

S1:挣好多钱哪?

S2:对哇,好多工资啊这会?

B1:六位数!

S2:六位数啊?!

S1:那就是比你二叔十年吃的东西都还多哟?!(同学大笑。)

S2:十年的猪!

S1:就是!你想你那个猪一头才300多块钱(同学大笑)。好多头猪了哟天呢!(同学大笑。)

S2:唧个挣恁个多钱,打个甩手(空手)来呢?这个……啥都没带。

S1:啥子都没带,哪个打个甩手就过来了也?(同学大笑。)

B1:可能他没啥子经验哈,我回头给他说一下。

B2:哎哟哎哟……我肚子有点痛。

B1:大叔二叔,他肚子有点痛。

B2:出去买点药吧。

S1、S2:给他带着买点药。

B2:哎别说了快出去买药,快出去,走走走不行了不行了。

S2:得不得是胃癌哦?

S1:你说啥子哦。

……

B2:你觉得我肚子真的疼吗?

B1:我不觉得。我看出来你是什么想法了。

B2:你们一来就说你们的方言。我……有一些实在听不懂,只听得懂一点点。

B1:对其实,其实我觉得我处于那种……也很尴尬。我特别想把你拉入我们的谈话但是……我大叔二叔他们没什么文化又说不来普通话(同学大笑)……要不然这样吧,我教你几句四川话,也可以跟他们聊天。

B2:唉,你以前也教过我,但是,很难学会啊!

B1:不!勤学苦练嘛。正好是个实战经验的机会。不如教你一点。

(以下省略教学内容。)

B1:大叔二叔,他这会舒服了,我带他买了点药。这个,就是,我跟你们说一下,就是,其实我之前在北京的时候教过他一点四川话。然后你们稍微注意到点,他是听得懂的。(同学笑)

S1:哎呀你不懂,其实我们是在考验他(同学笑)。(……)怕对你不好啊啷个的(……)。

S2:我感觉他还是……可以。

S1:还是得行。你看北京的,又有文化,又在中南海那边……(同学大笑)

S2:就是这个……"王二代"!差不多!我现在晓得一个"王二代"哦……

B2:"王二代"是谁啊给我解释一下?

B1:不存在的!他乱说的他乱说的。

(鼓掌)

T:Wow, what do you guys think of this one?(哇哦,你们觉得怎么样?)

Ss:Excellent!(很棒!)

T:I think so too. It's great. Brilliant! I really love it! Why do you guys like it?(我也觉得。棒极了!我非常喜欢!你们为什么喜欢?)

Ss:因为四川话……

T: What's that?（你说啥？）

Ss: Involvement.（［演得很］投入。）

T: Involvement. Yes. I can see that there is the guy that trying ... sorry, the girl, that tries very hard to be the mediator between the parents and the boyfriend. ... well, I think what's most impressive is the mediator, the girl, because there were some miscommunication there but she always can consider both sides and then appropriately express the needs of the both sides, right? And in the end, when the boyfriend faked his stomachache, the girl is actually trying to teach him some of the local dialects. So, I think all these are great efforts that they are putting into making this communication more smooth. So once again, very nice job! Thank you.（投入。是的。我看到那个男孩……抱歉，那个女孩，特别努力去做父母和男友之间的调解者。我觉得印象最深的就是这位调解者，这个女孩，因为有一些误解但他总是能够考虑双方，并得体地表达双方的需求，对吧？最后，男友假装胃疼，女孩还在教他一些方言。所以，我觉得这些都是他们为沟通更流畅做出的巨大努力。非常棒！谢谢。）

（课堂录音，2班，2016/05/17）

教师觉得表演很生动，给予了内容和情感上的积极评价，总结了为什么女朋友演得好：她非常贴心，不是忠实地翻译家人与男朋友的话，而是同时考虑家人和男朋友的需求和感受，有创造性地在中间协调，展现了"双赢"的冲突解决策略。不过，教师只注意到了女朋友的努力，没有注意到男朋友采取了回避策略，依赖女朋友解决问题，并没有主动参与到沟通中。为了让学生直面问题，教师可以鼓励学生表演出学习方言后的结果，并继续追问"男朋友"，还有什么办法可以参与到家庭谈话当中？

还有的学生在帮助"女朋友"和父母沟通时，很不耐烦，最后只是让女朋友安静两天，并答应买蒂芙尼首饰作为补偿。教师先肯定了学生的尝试，但告诉学生，这么做会让女孩在家没有参与感。教师建议即使不翻译所有的内容，可否教女孩一些重要词汇和短语？在老师的提醒下，他终于想到了还可以总结谈话的重要内容。这位同学在期末反思信中，又提到了这次表演，并提到自己在课外的确有过类似经历：

In a class, I and my companions performed a short play in which one boy brought his girlfriend to visit his relatives and the girl can't understand these relatives' dialect. I moved to Hainan at the age of fifteen and I can't understand the dialect in Hainan. So I often encountered a similar dilemma. I always felt embarrassed and didn't know how to behave better. I think the solution in the play that the boy asked her girlfriend to keep silent is not effective. But our group can't think of a better solution. I think these contradictions are common in daily life and we should learn more theory and experiences to solve them.(一次课上,我和我的组员表演了一个小短剧,剧中的男孩带女朋友回老家,但女朋友不懂他家里人的方言。我15岁时搬家到了海南,我听不懂海南话。所以我也遇到过类似的困难。我总是感到尴尬,不知道如何表现。我知道我们演的男孩让女朋友保持安静并不有效。但我们组想不出更好的办法了。我觉得这种冲突在日常生活里很常见,我们需要学习更多的理论和经验来解决问题。)(smc,2班,2016年春季)

学生的作文说明,课堂上的角色扮演让他联想起过去的经历,并意识到了自己的不足("我知道……并不有效")。带着这样的意识,学生或许能在将来遇到类似场景时,尝试不同的办法。

情境2:冬奥会志愿者,听不懂所接待贵宾的英语,对方着急。

在表演接待冬奥会的贵宾时,学生使用了一系列工具帮助沟通,如翻译软件、地图、微信、纸笔等。当外宾表现急躁时,学生先用言语安慰、表示歉意,还有一组为了拉近关系,私下邀请外宾去有北京文化特色的南锣鼓巷逛街。在处理冬奥会贵宾的烦躁情绪时,一些学生主动承担了交流的全部责任,不停地为自己口语不好道歉,如话语片段11:

话语片段11

S(M2):What's wrong with you? How come you can't understand my good English.(你怎么回事?为什么你听不懂我这么好的英语。)

S(M):I'm sorry, I'm sorry, I should say I'm sorry for my poor oral English, but I cannot understand, because my English teacher in high school didn't teach me well so…(Ss laughs) I'm sorry, I send my sincere apology for our misunderstandings… maybe, I thought of some solutions last night, so can I just say it and see if I can solve the problems?(抱歉,抱歉,我为我糟糕的口语道歉,但我听不懂,因为我高中的英语老师没教好。[学生笑]对不起。我为我们的误解致以真诚的道歉。昨晚我想到一些解决办法,你看看行吗?)

S(M2):Giving your sincerity, I think I will give you temporarily.(看你这么真诚,我

暂时让你说吧。)

S(M): Okay, my solutions are here. Maybe we can communicate with each other in some key words instead of the complete sentences, so we may (understand) each other better. For example, yesterday, you would like to drink some water and you just say a lot of words that I fail to understand. You may say WATER, WATER, WATER next time, so I can understand it better. What's more, maybe we can S-L-O-W D-O-W-N and speak-to-each-other-more-patiently, so maybe when we cannot understand each other we can use body language? (我的解决方法是:我们可以用关键词而不是完整的句子来交流。比如,昨天你想喝水,而你说了很多词我没听懂。你下次可以说水,水,水,这样我就明白了。此外,我们可以慢下来,更耐心地与对方说话,如果我们听不懂对方,我们也可以用肢体语言?)

S(M2): OK, I think your solutions sound worth a try. But what if they do not work? (嗯,你说的办法值得一试。如果不管用呢?)

S(M): May be here is some other solutions here, uh me, do you have a mobile phone here that we can use an APP, which is called Google Translation, so when you say a sentence to Google Translation, it may interpret for me and I can understand that, so you can speak your own language, and I can speak Chinese too. Maybe if you don't have a mobile phone or the google translation doesn't work, and I can, I have a friend, who is from your country, and I can just go home and ask him to take my place. (嗯,还有,你有手机吗? 有一个 APP 叫谷歌翻译,你可以对它说一个句子,它能翻译给我,所以你能说你的语言,我能说中文。如果你没有手机,谷歌翻译不能用,我还有一个你们国家的朋友,我回去找他来替我。)

S(M2): Okay, I think I finally give you nod. (好吧,我同意。)

S(M): Okay okay. (好的好的。)

T: So what do you think about this group? (你们觉得这组怎么样?)

S: Excellent. (很棒。)

T: Excellent! Why? (很棒! 为什么?)

S: The awesome solution. (厉害的解决方法。)

T: I also like that they provided many solutions, and the way he met VIP's anger in the beginning is also interesting. That I find the translator was apologizing a lot, saying I'm sorry, I'm sorry… and I find that being apologetic, *I am making a generalization here*, is something that as Chinese students we often do, but I also find that people from other cultures may not think that's their fault, right? Because we all learn English as a second language, and *maybe* there is no good or bad English, it's just the different way speaking the language, right? *I'm just thinking* that *sometimes perhaps* you don't have to apologize. My understanding is that you said sorry *maybe* because you want to ease the anger of the speaker, the VIP I mean, you want to serve him well. Are there any ways, in that situation, to address that emotions? (Silence) Okay, we can think about that, *maybe not easy to come up with very good solution*, but *I'm just telling* you *perhaps* there are many ways, or more than one way than just apologize, because most case, after all, you didn't do anything wrong. (我也喜欢他们给了不少的解决方法,而且他处理贵宾愤怒情绪的方法也很有趣。我发现翻译不停地道歉,说对不起,充满歉意,当然我可能在以偏概全,是中国学生我们经常做的,但我发现其他文化里的人可能不觉得是他们的错,对吧?因为我们都是学习英语的,也许没有好的英语和坏的英语,只是说话方式不同,对吧?我只是在想,也许有时候你不需要道歉。我的理解是你想平复贵宾的怒气,你想服务得好,所以你说抱歉。但还有别的处理情绪的方式吗?嗯,我们可以思考一下,也许不容易想到好的方法,但我只是告诉你们除了道歉,也许还有许多其他的方式,不止一种,因为很多情况下,你并没有做错什么。)

(课堂录音,2班,2017/05/16)

教师肯定了学生的策略,但认为道歉并不是必需的。教师基于自己的跨文化经历,想告诉学生道歉可能是中式的表达方式,对有些外国人来说,可能会助长对方高人一等的姿态。而实际上,交流不畅也并不是志愿者单方面的问题,因此也无需道歉,只需要礼貌的解释和努力解决问题就好了。教师提出观点时,先是用一种观察者的角度对比,告诉学生"我发现"中国人和外国人可能有区别。接着,她又和学生站在了一起,说对"我们二语学习者"来说,并没有好的英语与坏的英语,只是说话有差异而已。然后,她用很柔和的语气提出"我在想""也许""有时候"不需要道歉,而且马上对学生的道歉表示理解,知道他们是在处理对方的负面情绪,问大家还有别的办法吗?当没有人回答时,教师认同了这个问题的难度,说可能还需要时间体会,并提醒大家解决问题的办法不止一种。从频繁的模糊语使用可以看出(如 may,maybe,just),教师提出建议的语气是柔和的,相比直接说学生的做法"错了",更易于被学生接受。

情境3:口译英语口音"奇怪"的学术报告,发现自己跟不上。
在表演为学术报告做同传时,有的小组翻译和主持人都非常机智,能在持续听不懂的时候叫停,让观众先休息十分钟,然后私下与报告人沟通、请教、要发言稿等。下半场开始后,坦诚地告诉听众:因为报告人的口音比较难懂,短时间内适应不了,可能会翻译得不准确。同时,请听众帮忙,并告诉有问题请打断。"口译员"还有一系列语言上的协商策略:如让报告人放慢语速、重复重点词汇、断句等。话语片段12是一个例子:

话语片段12

S(M1, imitating a Japanese accent):... *Oh, here comes my study, well, cultural and social experience during his study in the US. Data collected through interviews by... upload COMPUDA, well this is VELLY important...* ([学生模仿日本口音]:这里是我的研究了,他在美国学习的文化和社会体验。数据是通过访谈采集的……上传电脑……这里非常的重要……)

S(F1):……(翻译听不懂,流露出为难的表情。)

S(F2):My dear audience, the first part of our research is completed, let's have a break for ten minutes, and we will come back.(亲爱的听众朋友,第一部分到此结束,现在休息十分钟,我们再回来。)

S(F1):What a break to save me. Hey, Carl (making a phone call).(幸亏休息了,我得救了!喂,卡尔?[学生打电话状])

S(M2):Hey, what happened?(喂,怎么了?)

S(F1):Listen to this language (playing recording on the phone). Can you understand what is saying? I'm sure you understand.(你听听这种语言[播放录音],你能听懂他在说什么吗?我知道你能听懂。)

S(M2):Well, is this Japanese accent?(嗯,这是日本口音吗?)

S(F1, speaking in a haste):Yeah, I'm doing interpretation and I just can't handle it, can you come to rescue me?([焦急地]是的,我在做口译,但我没法听懂,你能来救场吗?)

S(M2):Maybe I think I can.(可以的。)

S(F1):How many minutes do you have to take?(你需要几分钟?)

S(M2):Around fifteen minutes.(大概15分钟。)

S(F1):Okay but we have only a ten minutes interval.(但我们只有10分钟的休息时间!)

S(M2):But I will come.(但我会来的。)

S(F1):Okay, okay, but come as soon as possible.(好吧,快点。)

S(F2):What's the problem?(怎么了?)

S(F1):Can we prolong the interval?(我们能延长休息时间吗?)

S(F2):Oh...can you think of some other ideas?(这个……你还有别的办法吗?)

S(F1): You know, I have taken off my recorder to record what he said. Although I didn't do the interpretation very well, maybe I will try to print it on the slide. (我已经录音了。虽然我没翻译好,但我可以再根据录音把文字稿投在 PPT 上。)

S(F2): Okay, I understand. (好吧,我了解了。)

S(F1, speaking in a haste): I will think of some way… So my friend may come here, and he can take the place of me. And maybe we'll do it the better. (我会想办法的。我朋友来了以后就能换下我了。然后我们就能做得更好。)

…

S(M2) comes. (救场的学生到了。)

S(F1): Hope you can understand the language. (希望你能听懂。)

S(M2): Yes, yes. (可以的。)

S(F2): Okay, our professor comes back. (我们的教授回来了。)

S(M1, speaking in a Japanese accent): *So I'm VELLY sorry my friends. And this goal I provide social service… international students to cope with difficulties…* (对不起朋友们。对于这一目标,我提供了社会服务……帮助国际学生克服困难……)

S(M2): Blablabla… (interpretation) (救场的学生开始翻译。)

S(M1, speaking in a Japanese accent): *So that's my speech today, THANKE YO VELLY MUCHEE.* (这就是我今天的发言。非常感谢!)

T: Okay, so what kind of strategies that this group have used? And what do you think of them? (好的,这组用了哪些策略?你们觉得怎么样?)

S(F3): To prolong the break and find a person to be the interpreter… (延长休息时间,找人来替换翻译……)

T: <u>Right. So I didn't get if the second interpreter is more able to… because both of them seems to do the same kind of thing, so I wasn't sure if the second speaker… how come you can understand it, but the first interpreter can't?</u> (对。但我不知道为什么第二个翻译能够听懂,因为他们好像都做了一样的事情。为什么你能听懂,而第一个翻译听不懂?)

S(F1, to M2): You were brought up in that environment… ([对第二个翻译说]因为你是在那种环境里长大的。)

S(M2): And maybe because I see some TV dramas or something like that, and I come to understand Japanese accent, and more familiar with it. (也许还因为我看过一些电视剧什么的,我可以听懂日本口音,对它更熟悉。)

S(F1): In fact, we have another strategy, but we didn't present it very clearly. That is when I found out I can't interpret very well, I took out my recorder and recorded what he said. And then maybe after the interval, I will sit down and try to get what he is saying in the first period, and put them in one slide so that the audience can understand. (其实我们还有一个策略,但我们没演好。就是当我发现自己不能翻译时,我拿出了录音机录下了讲座内容。休息之后,我可以坐下来再听下录音,尽量搞清他第一节说了什么,然后把内容总结在一张 PPT 上,帮助听众看懂。)

T: Good, that's very smart. So record that, and do that later. Okay, let's look at what the other groups would do and we will compare the strategies. (很好,很聪明。先录下来,再翻译。嗯,让我们看看其他组的办法,然后我们再比较。)

(课堂录音,2 班,2017/05/16)

在这段角色扮演中,学生首先想利用中场休息时间找人帮忙翻译。扮演翻译的学生把紧张、焦虑的情绪表演了出来,展示了作为翻译,需要完成任务的责任心。不过,学生第一步想到的就是找人来替换自己,似乎是在逃避直接和讲座人协商、沟通的痛苦过程。教师对这一策略不太满意,但没有直接批评,只是让学生解释这两个翻译有何区别。当学生说第二个翻译更熟悉这种口音后,学生 F1 说还有听录音转写内容的办法。教师对这种策略表示了肯定,因为这比换人来说,更是直面问题的表现。教师在最后提问其他组,是想让其他学生提供更好的策略。不过,除了一组提出还可以向演讲者要讲稿的办法,很多学生都倾向于找人来替代自己。而在实际情境中,换人是不大可能的,学生需要独立面对问题。

以上步骤的目的在于努力将课堂与实际情境相结合,培养学生能在同时考虑自我和他人需求的同时,创造性地面对和解决实际问题。不过,这一教学目标还没有实现。在目前的教学中,教师和学生对角色扮演的期待似乎是活跃的气氛、形象的口音模仿、创造性的头脑风暴。教师对于学生看似有创意实际是逃避的策略保持了中立态度,没有敢于提出批评。这可能与教师过去对外语教学的理解、在美国读书期间经历的"鼓励式"教育,以及中国文化中"保留面子"的观念有关。因此,学生在这一步骤的表现体现了一定的创造性,活跃了课堂气氛,但依然反映了持久的刻板印象和面对冲突时逃避、假装、敷衍的态度。学生能把"难懂"的口音、焦躁的情绪表演得惟妙惟肖,但最终并没能自己解决问题。这不仅说明态度在认知层面的改变并不一定会带来行动上的改变,也说明教师在这一步骤中应该更加明确教学目的(直面实际问题而不是表演本身),总结学生普遍反映出的问题,在最后一并讨论,才能避免不断重复的逃避。同时,增加对学生知识和技能的训练,比如示范真实的跨文化冲突解决的好的案例,让学生学习和讨论,再让他们角色扮演,或许能有更好的效果。

7.4 语言态度教育的效果与挑战

7.4.1 语言态度教育的效果

与之前对中国大学生世界英语变体态度的研究发现一致(本书第二至五章;Wang & Gao, 2015),本研究中的大学生在反思前也对"非标准英语"变体持有保守的态度。基于反思的课程干预给态度转变带来了一定的效果。设计的四个教学步骤(引发、解构、重构、解决交际困境)中,前两步较为成功:通过主观反应测试,大部分学生都能在引发态度之后,看到现有态度中的问题,反思偏见的来源。例如他们在课后作文中说:

> It was interesting that we are able to judge one's profession, nationality and character only from one's accent... (我们能单纯根据口音就判断职业、国籍和性格,这很有趣。)

> ... it was not until I took this class that I realized my bias might not just come from appearance, but also the languages they speak and the accent they have. (这节课让我意识到我除了可能以貌取人以外,还可能因为语言和口音对他人产生偏见。)

> I was a little shocked that there were so many stereotypes behind languages and accent that I had not noticed for years, which definitely had some effect on the communications I had with them. (我有点震惊,因为我这么多年都没有发现,语言和口音背后有这么多刻板印象,它们的确对我和他人的交往带来了影响。)

> I always think that I don't have any preference or prejudice of languages, but therefore it shows that it might have become some of stereotypes deeply rooted in everyone's mind. (我总以为我对语言没有任何偏见或偏好,但这正说明刻板印象是多么的根深蒂固。)

> As a matter of fact, though I couldn't tell for sure who are the 5 speakers, I did attach some labels to them based on my own experience

and subjective impression. (事实上,虽然我不确定这 5 个人是谁,但我的确根据自己的经验和主观印象给他们贴上了标签。)

第三步取得了一定的成效,5 轮教学平均有超过半数的学生作文展现了较为开放的态度,少部分有融合性的态度,但离"理想的对话交流者"还有很远的距离。例如,学生在反思作文中改变了对某一文化群体的态度:

> I was surprised that we had quite different opinions on these people. Some of these opinions, which I also had, are obviously prejudice. I have to admit that I don't like it when I heard the Indian accent. It makes me laugh though because it's funny, but if I am asked whether I want him/her to be my teacher, I wouldn't prefer that. I think the main reason is that I've seen too much news on rape in India, and from movies I also learn that Indian people are overactive and like to sing and dance. All these help me form the stereotype that Indians are not trustworthy. When I check others' answers, I found my classmates rate Indians much higher than I expected. This indeed gave me a lesson. Indians are not that bad in reality, and not even in others' impression. It is only my prejudice. (我们对这些人有非常不同的观点,这让我惊讶。有些观点,包括我自己的,都是很明显的偏见。我不得不承认我不喜欢印度口音。我觉得好笑,我也不会愿意让他做我的老师。我觉得这主要是因为我看了太多有关印度强奸案的新闻,而且从电影里我了解到印度人过度活跃、喜欢跳舞唱歌。这些都让我形成了刻板印象,认为印度人不可靠。当我对答案时,我发现其他同学给印度英语的评分都比我高很多。这的确给了我一个教训。现实中的印度人并不那么坏,甚至其他人也不觉得他们坏。这只是我的偏见。)

不少学生意识到了母语、方言、非母语英语变体的重要性以及以声取人的后果。他们在作文中说:

> Even dialects and minority English can be magic and deserve our respect. I could remember during the past several classes, when my group partners were talking about their local dialects enthusiastically, I felt completely left out, since I had no common topic to share with them. At that

time, I really hoped that I had commanded a dialect of my own. (就算是方言和少数族裔讲的英语也可以是神奇的,值得我们的尊重。我记得在前几课时,我的组员们在用方言热烈地讨论问题,我感到被完全地孤立了,因为我和他们没有共同话题。那时,我真希望我会讲自己的方言。)

If we abandon our dialect, we will lose regional uniqueness. And our traditional culture and custom will also be lost. (如果我们抛弃方言,我们也会失去地方的独特性。我们的传统文化和习俗也会丢失。)

I can clearly recall that in primary school, there was a student from Hunan province whose mandarin sounded really strange. It seemed he got something in his nose all the year round which kept him from pronouncing correctly and clearly. As natives, we recognized the difference as soon as he joined us, so we pretended not to understand what he said every time he talked to us. At first, we really got a sense of pride for being local and had fun in playing this joke on him. But when he became silent and refused to talk anymore, we realized we made a big mistake—we closed the door to his heart ourselves. (我清楚地记得在小学时,有位来自湖南的同学普通话讲得很别扭,就好像他鼻子里一直堵了什么东西似的,没法把音发清楚、发正确。作为本地人,我们马上就发现他和我们的不同,于是每次都假装听不懂他在说什么。一开始,我们自我感觉很骄傲,觉得取笑他很好玩。但后来他变得沉默寡言、拒绝说话,我们才意识到我们犯了个大错误:我们把通往他的心的门给关上了。)

一些学生表现出植根性的态度,即对母语产生了深厚的认同:

Mandarin makes you walk further, but the dialect and familiar accent make you know where your root is. (普通话让你走得更远,但方言和熟悉的口音让你知道根在哪里。)

还有学生表现出融合性的态度,即体认多种语言能力之间相得益彰的促进作用:

If there will be a day in the future when people all over the world speak their own language (I mean all the language he/she can speak, not just their native language) confidently, there will surely be a brand new world.（如果未来有一天,全世界的人都能自信地讲出自己的语言[我指的不仅仅是母语,也包括他们能讲的所有语言],那么世界将会是崭新的。）

第四步中,部分学生能够解决沟通问题,但仍表现了持续的刻板印象。此外,研究发现态度的转变程度在认知、情感和行为维度存在不一致。第三步重构还需知识、技能的补充,以帮助学生真正转变文化参考框架;建立课堂讨论的规则,培养对话性的交流者。第四步还需要提供解决问题的具体策略与办法等。

基于以上研究发现,可以预见语言态度教育在更大范围内实行的可行性。由于语言态度教育涉及改变学生长久以来形成的认知和情感,在外语课堂广泛实行语言态度教育也存在不少挑战。以下将列出主要挑战和应对策略。

7.4.2 语言态度教育的挑战

（1）挑战语言态度的稳定性

首先,本研究印证了社会心理学研究(Bohner & Wänke, 2002; Forgas et al., 2010; Maio & Haddock, 2015)发现的态度的稳定性:刻板印象并非朝夕形成,也很难改变。在课堂实践中,即使采用了主观反应测试、解释了该测试的机制、让学生看到刻板印象的不合理性之后,仍有部分学生维持了保守的态度。还有一些学生认知上明白了刻板印象的不合理,看到了自己的偏见,却在情感上依然守旧,认为改变需要很长时间。而在行为层面,在表演对交际困境的处理方法时,不少同学仍然流露出对口音的偏见。刻板印象的顽固性,是任课教师需要接受的客观事实。语言态度是根深蒂固的,它在人生经历中形成,又被社会中的意识形态所强化(Wang & Jenkins, 2016),通过一门课、甚至一堂课改变态度并非易事。因此,要培养开放的语言态度,任课教师需要首先设定合理的目标,了解态度改变和跨文化能力的发展可能是一生的事情(胡文仲,2013),但课堂干预可以促进学生发生转变,至少是播下转变的种子。

其次,教师需要设计引导反思的有效方法。在引导反思的过程中,教师可以充分发挥创造力,选择适合自己、又打动学生的教学手段。本研究采用了主观反应测试(Garrett, 2010)来撼动刻板印象,该测试的优势是能让学生无意识地流露出真实的语言态度,让他们认识到自己的偏见,从而促进反思。类似的方法还有让学生自己做主观反应测试的录音,比如分别用普通话和方言说同一段话,录下来放给同学听,问这两人的职业、性格特点等。当教学材料来自学生自己,对他们会更有震撼力。此外,许多影视作品也可以用作课堂讨论材料,例如 1964 年奥斯卡最佳影片《窈窕淑女》中,语言学家通过改变卖花女的口音将她改造成优雅贵妇,就能很好地展现保守语言态度的荒谬。

此外,教师还需要充分接纳学生在转变过程中的认知、情感挣扎,创造让学生能坦诚讨论刻板印象、歧视和偏见的课堂环境。承认刻板印象的积极作用,接纳和认识自己现有的偏见,是发生态度转变的重要前提。教师可以通过平等对话的互动方式,保持好奇的态度,让学生充分表达他们的思维过程。在给予反馈时,不直接指出学生的"错误",而是通过总结、重复看似矛盾的地方、提供另外的视角、追问、提问其他的同学,引导学生自己发现问题。最后,教师坦诚的个人分享也能让学生感觉安全,从而敢于发表自己的声音。

(2) 培养语言态度的阶段性

跨文化能力的发展是长期的、分阶段的(Bennett et al., 2003),因此,培养生产性的语言态度也是阶段性的。由于个体差异,同一班级的同学可能处在语言态度发展的不同阶段,语言态度教学也会对学生产生不同的促进作用。本研究表明,少数学生还处在跨文化能力发展最初级的阶段:他们尚未接触多种英语变体,对语言文化的多样性缺乏感性认识,甚至尚未形成"刻板印象","解构"更无从谈起。对这类学生,教师首先要帮助其接触多种英语变体,了解语言文化的多样性,帮助其了解"刻板印象"。与之相对的是,少数学生对英语变体已有了相当的接触,有过多次跨文化体验,能敏锐地听辨出说不同的英语口音。值得注意的是,如果用传统的教学标准(比如,英语听辨能力)来评价,这类学生似乎处在语言文化水平的较高阶段。但实际上,用生产性语言态度的标准来评价,这类学生可能并没有意识到自己已经形成了对英语变体的刻板印象,却对自己的跨文化能力相当自信,因此改变起来可能依然困难。对这类学生,教师需要采用有冲击力的教学方法,让学生认识到自己的偏见,帮助其解构刻板印象,获得开放多元的态度。

此外,需要更多的研究来发掘生产性语言态度发展的阶段性。在本研究中,开放性与融合性可能并不是先后发生的。流露出融合性态度的学生,也可能并没有获得完全开放的语言态度。开放性很难达到与刻板印象的顽固性有关。融合性则容易领会,但往深层次发展较难。学生目前具备的生产性程度尚浅,与"生产性双语者"概念提出依据的"最佳外语学习者"的生产性还有一定距离。为提出更加有针对性的教学建议,未来的研究需要更加明确生产性语言态度发展的各个阶段特点。

(3)对教师本人的要求

进行有效的语言态度教育,对外语教师有较高的要求。外语教师不仅需要熟悉多种语言变体,有一定的社会语言学知识,逐渐培养自己形成开放、融合性的语言态度,还要理解学生在形成新的语言态度过程中的认知、情感挣扎,创造性地设计扰动学生固有思维的教学环节,为学生创造能够安全地讨论观点、表达情感的课堂环境。由于引导反思对培养开放性语言态度有着重要作用,教师需要发展其课堂交互能力(classroom interactional competence, Walsh, 2016)引导学生开展反思。在解构和重构的步骤中,教师尤其需要创造师生间、生生间平等对话的空间(Cazden, 2001),通过多种话语手段,鼓励学生充分表达观点和情感。

教师也是人,也会有偏见与态度。保持中立或许利于学生自由发表意见,但勇于分享自己的观点和态度,尤其是态度的变化,会帮助学生分享和讨论他们本来羞于讨论的部分。在自我感到舒适的范围内,教师适当地分享个人经历,也能给学生创造安全的分享环境。此外,在给反馈时,不马上评价能够让学生有更多自由发挥的空间,而同时给予积极的情感支持和清楚的认知评价(对与错,好与不好,有效与不太有效),也能在纠错的同时不打击学生的积极性(Brown, 2012)。

值得注意的是,虽然语言态度教育的初期需要建立安全的课堂环境,这并不代表教师要一直顾及学生的面子。当师生之间的信任关系建立起来,教师就应该允许自己对峙学生,甚至让此成为课堂的常态。这是因为跨文化学习,很大程度上是帮助学生放弃(unlearn)过去习得的思维定式,需要给学生提供日常生活中没有的干预。因此,可以在上课之初,就给学生突破面子的鼓励和期待。当有人可以做到这点时,给予实际的鼓励。当然,这对于新手教师,尤其是年轻教师来说,可能是一个挑战。明确语言态度教育的目标,制定可以操作的考评方法,可以帮助教师明确什么时候应该对峙学生。

此外,在跨文化教育的课堂上,由于语言文化涉及很多方面,教师随时可能面对未知。虽然假装、回避似乎能维护教师的面子,但实际直面未知,却能让未知变成教学的契机。虽然坦诚地承认自己不知道,可能会给不少教师带来不安全感、焦虑感。但问"真问题"(Walsh, 2016)能够打开师生真正的对话空间,对某一问题进行深入的探讨,使彼此都有更大的收获,也会使教学多一些新意。

除了通过一堂课聚焦于语言态度改变之外,对生产性语言态度的培养应该贯穿于整门课程、整个外语教育课程体系(例如不同级别、不同内容、不同技能的大学英语、英语专业和其他外语课程)。无论是何种类型的外语课堂,只要教师用生产性的语言态度指引教学,就能在培养学生语言能力的同时培养生产性的语言态度。而教师能否施展语言态度教育,很大程度上也受到政策制定者、课程编写者等的制约。培养生产性的语言态度是培养跨文化能力中重要组成部分,需要更明确地纳入外语教育课程大纲。

7.5 教育探索篇小结

综上所述,本章通过课堂教学实证研究,考察了"语言态度教育"在我国外语课堂教学中的效果,讨论了在外语教育课程体系中实施该教育的挑战与应对。虽然课堂中的跨文化场景是虚拟的,但学生们常常把自己在课外的经验带到课堂讨论,也会在课后反思时回想起课外的跨文化体验。本章中已经提到了一些例子:如有学生发现课堂上的交际困境也是现实中难以解决的,有学生将课堂所学应用到课外研究中,有学生发现自己课内和课外的表现不一致等等。

有的学生因为课堂教学,意识到了自己在生活中原来是有偏见的。例如,学生在期末反思作文中写道:

> The first thing that shock me is that Mrs. X let us listen to different people read the same paragraph and judge each person's economic condition, education level, personality and so on. It was the first time that I was aware that my first impression to others was determined by the accent.

I used to praise myself a fair person and do not discriminate others. This discovery made me a little sad. （第一件让我吃惊的就是老师让我们听了不同的人念同一段话，然后问我们这些人的经济状况、教育水平、个性等等。我第一次意识到我是以口音来判断人的。我过去以为自己是个公正的人，从不歧视他人。这个发现让我有点沮丧。）

有学生发现课堂学习提高了自己在日常生活的跨文化敏感性。例如，一位学生说：

After the whole lesson finished, I think that I actually paid more attention to one's voice and accents during daily life unintentionally. And it's quite interesting that when you take notice of it, then different people's use of language and their accents really do seem to have a very different conjecture on imagining what a person would be like. (knowledge, wealth, personality, etc.) （这堂课结束后，我对生活中遇到的人的声音和口音更加留心了。有趣的是，当你开始留心时，你会发现不同人的语言使用和口音的确影响了我们对他的印象，比如知识、财富、个性等等。）

还有学生决定日后更加留心，尽量不以声取人：

... I will try to be a mindful observer, judging people more carefully from an overall perspective and not let the "accent" problem block my eyes. （我决定尽量做一个有心的观察者，对人下判断时更加整体、仔细的考量，不让口音遮蔽我的眼睛。）

这些反思说明，课堂教学可能在学生心中播下了一颗种子，在他们未来的跨文化实践中可能继续生根、发芽。未来的研究可以更多地考察课程结束之后，学生在实际跨文化场景中的表现。但可以预见，强调反思的有效课堂干预，可以帮助学生更加胜任课外的跨文化交际活动。语言态度是根深蒂固的，它在人生经历中形成，又被社会中的意识形态所强化（Wang & Gao, 2015），通过一门课，甚至一堂课改变态度并非易事，但改变依然是可能的。在跨文化交往日益频繁的今天，接触到形形色色的世界英语已经司空见惯。但学习如何心平气和、不带偏见地与不同英语使用者进行有效、得体的沟通，还需要教师、学生和政策制定者长期的共同努力。

第八章 结 论

——从"忠实的模仿者"到"对话的交流者"之路

在引言部分,我们呈现了本项目的两大目标:首先,考察四个大型国际跨文化活动中我国志愿者对世界英语变体的辨识力、态度、身份认同及其在活动前后可能的变化;其次,在此基础上,初步探索将语言态度纳入跨文化交际能力培养目标的英语教学模式。在结论章,我们尝试回应研究问题(引言1.3小节)。

对于研究问题的回应,采用高一虹(2014a,b)的英语二语认同典型模式作为框架(引言1.2.6小节)。这些典型模式包括:"忠实的模仿者",其语言使用和文化行为以英语本族语者为模版;"正规的发言者",宣称与本族语者有平等的权利,其英语使用与本族语者变体有平等地位;"嬉戏的编创者",创造语言杂糅等新奇的形式表达特性自我;"对话的交流者",以尊重和反思为基础聆听和言说,"生产性"地对待不同语言和文化。从国际研究文献和教育实践的回顾来看,20世纪70年代至今,主导英语二语认同经历了从20世纪70年代"忠实的模仿者"到20世纪八九十年代"正规的发言者",再到新千年后"嬉戏的编创者""对话的交流者"。

尽管对于英语二语使用者个体来说,各种身份认同在具体情境和学习阶段都可能有合理性,不同的身份认同也可能同时存在,但作为教育的理想取向,前三者都不适合作为当代中国主流外语教育的目标。"忠实的模仿者"对英、美"本族语者"全盘效仿,可能导致母语和母语文化"失语";"正规的发言者"的批判精神值得赞赏,但有简单化、本质主义地对待文化的危险;"嬉戏的编创者"崇尚语言和话语的创新,主要局限于网络、流行文化等语域或语类,并不适合作为主导模式用于正式的教育情境。我们倡导的主导身份认同是"对话的交流者"。对话性交流超越了听与说、本土文化与目的语文化、工具性与融合性动机、自卑与自大的二元对立。与"嬉戏的编创者"在表层对不同文化的元素进行杂糅不同,"对话的交流者"尊重每一个文化的完整性和整体性。与"正规的发言者"有所不同,他们的批判性思维是双向的,不仅指向"霸权"一方,也包括对自身以及所属文化的批判性反思。以这样的主导认同为基础的英语教育,同时有利于深入扎根本土文化,和发展全球命运共同体的开阔胸怀。

在此视角下,基于语言态度的实证考察结果,我们尝试概括我国英语使用者的身份认同现状、现状的改变,并对未来的语言态度教育、跨文化交际培训等提出操作层面的建议。

8.1 现状:"忠实模仿者"的主导认同

针对跨文化志愿者的考察,我们提出了四个研究问题:

问题一:跨文化志愿者对各英语变体的辨识能力是怎样的? 在服务过程中有否发展变化,有何变化?

研究发现,大学生志愿者对本土英语变体识别水平最高,对美、英"标准变体"的总体识别水平其次,对其他"非标准变体"的总体识别水平较低。但对所有变体的识别率在活动后都有显著上升。也就是说,在本土举行的大型跨文化活动增加了志愿者对多种英语变体的认识。不过整体而言大学生对多元变体的辨识能力还很不足,特别是对内圈"标准变体"以及本土英语变体之外的其他"非标准变体"识别能力还很有限,在实际交流中也有相当大障碍,经常发生"听不懂"的情况,有待在今后的跨文化教育和交流活动中加强。

问题二:跨文化志愿者对各英语变体的态度是怎样的? 在服务过程中有否发展变化,有何变化?

研究发现,志愿者崇尚英、美英语为中心的"标准变体",否定其他变体的主导倾向清楚且在活动结束后持续。不过随着中国形象在国际活动中提升、民族自信心提高,他们对本土英语变体的认同感有一定加强。

具体而言,大学生志愿者对五种世界英语变体的态度,在总体评价以及多数维度上的排序自高至低是:美国英语>英国英语>美国黑人英语>中国英语>印度英语。也就是说,"本族语者"的"标准变体"最高,未得到充分识别的"非标准变体"其次;在本族语变体之外,本土英语变体高于非本土英语变体。我国大学生跨文化志愿者的语言态度趋向保守,对英语"本族语者""标准变体"的评价大大高于其他英语变体,这一发现这与过往研究(高一虹等,1998;王志欣、王京 2004;Bian,2009)的发现基本一致。我们在此进一步将其评价秩序概括为:英、美"标准变体"居首,本土英语变体居中,其他"非标准变体"居后。

就活动前、后的态度比较而言,定量数据显示各变体后测评价排序同前测,也就是说,对各变体的评价排序比较稳定。在此前提下,也发现了一些显著变化,包括:美国英语在地位、一般能力,英国英语在一般能力维度的评价上升;中国英语在地位维度的评价上升。印度英语、美国黑人英语在亲和力维度的评价有显著上升,但美国黑人英语在地位维度的评价有所下降。在特殊能力维度上各变体的情况比较复杂,包括一些变体的下降和另一些的上升,该维度的设计还需要进一步探究,这里暂时不做概括性的结论。定量数据整体显示活动后对内圈"标准变体"和本土变体之外的"非标准变体"的亲和力评价上升。访谈数据则揭示了更为复杂多元的情况,呈现了活动后原有语言文化刻板印象同时存在削弱、维持不变、增强的情况。综合量的和质的研究结果,可以说跨文化经历本身对于更加开放的语言态度具有一定促进作用,但并不起独立决定作用。内在的反思能力、外在的引导都需要加强。

问题三:跨文化志愿者的语言态度体现了哪些身份认同?在服务过程中有否发展变化,有何变化?

研究发现,志愿者有强烈、稳固的民族(国家)文化身份认同,为大型跨文化交流活动感到自豪,为中国参与者的表现感到骄傲。这一点体现在很多方面,并不局限于对英语变体的体认。同时,在一定程度,也表现出国际公民的意识和全球文化认同,这与英语使用过程中"对话的交流者"的身份有密切联系。

首先,就英语学习者、使用者的身份而言,志愿者主要表现出的主导身份认同是英、美英语之"忠实模仿者"(高一虹,2014a),即以英、美英语为模仿样板,尽量向其靠拢,并排斥其他英语变体。其次,围绕扩展圈本土变体中国英语的地位,在理性思考层面也部分呈现了"正规发言者"的身份认同,即认为在全球化背景下,应该承认多元变体的正规性,给予其地位。这一点在部分志愿者的访谈中表现得比较明显,在活动前后都有呈现。再者,在少部分志愿者身上,发现了平等交流的"对话的交流者"身份认同,即以"生产性"的方式,同时加深了民族国家的身份认同和国际公民的身份认同。或许是由于大型国际会议志愿服务的性质,"嬉戏的编创者"的身份认同在调查中表现得并不明显。

关于活动前后的身份认同变化,在前面实证研究的基础上,我们尝试用图示做出以下几种概括。图8-1至图8-4当中,椭圆代表英语使用者较为主要、稳定的身份认同。椭圆线条的实与虚、粗与细表示认同主导性的强弱。从左至右呈现的是跨文化活动前后的时间发展。中间的箭头是跨文化活动的情况,主要有两个部分构成:经历,即跨文化接触的频度和深度,或曰数量和质量,行动结果;反思,即对这些经历所做的批评性反思,包括对本民族中心主义、权利/权力关系的意识,对情绪的觉察,对有效解决问题的思考。箭头线条的实与虚、粗与细表示经历与反思的综合强度。

(1) 主导认同无变化:忠实的模仿者

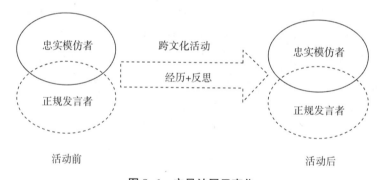

图8-1 主导认同无变化

图8-1呈现的是相当大一部分志愿者的情况,也是定量数据呈现的整体情况,即跨文化经历和反思都较有限,对英、美"标准英语"的评价始终占主导,但一定程度上在理性、理论层面承认本土英语变体的地位。对英、美英语的高评价既有对其由衷的认同、崇尚,也有工具性、功利性的考量。英、美"标准变体"评价最高,本土英语居中,其他"非标准英语变体"居后的稳定态度,即反映了这样的认同。

(2) 主导认同变化：从忠实的模仿者到正规的发言者

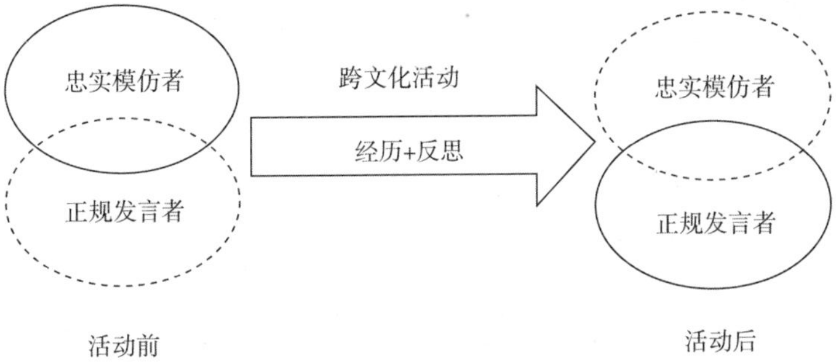

图 8-2　从忠实的模仿者到正规的发言者

图 8-2 也呈现了较多志愿者的认同发展，即在崇尚英、美英语，但也在一定程度承认本土英语的原有基础上，经过跨文化活动中一定量与质的经历和反思，对本土英语的认同有所强化，对英、美英语的认同有所弱化。从定量数据中国英语地位评价在后测中较大幅度的提升，便可看出这点。这其中有英、美中心刻板印象的松动，也有对自己作为英美英语忠实模仿者能力的批评性反思。在世博志愿者的活动前后访谈比较中，也可较清楚地看到这种认同主导性的改变。

(3) 主导认同变化：从正规的发言者到对话的交流者

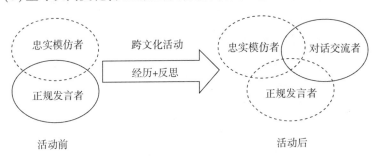

图 8-3　从正规的发言者到对话的交流者

图 8-3 呈现的情况是，在活动前就有较强的正规的发言者认同，对本土英语变体充满自信。在跨文化活动中，通过较深刻的经历和反思，发展出对话的交流者认同，超越了狭隘的民族主义，对相关的文化产生了兴趣，或本土文化与全球共同体成员的认同得到生产性的、相得益彰的强化。

在北京奥运会志愿者墙上标语的民族志中,世博志愿者两年后的追访中,我们可以清晰地看到这种认同变化。

(4)主导认同变化:忠实模仿者的认同被强化

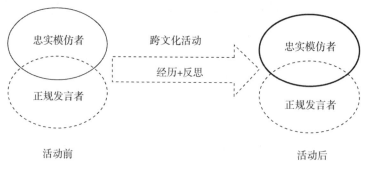

图 8-4　忠实模仿者认同被强化

图 8-4 呈现的是少部分志愿者的情况。他们本来就是英、美英语忠实的模仿者,希望通过跨文化活动接触"地道"的英语,提高自己的英语水平。在活动过程中很少对经历进行反思,有限的接触经历使他们感觉失望,对非英、美国家的人,"觉得他们讲的不是英语""太不标准了"。活动后这种刻板印象被强化,"会后更加发现标准英语只有美国人和英国人讲的算啊"(见世博篇)。从英、美英语后测中部分维度的显著提高,也可以看出这点。

由以上几种身份认同情况可以大致看出,首先,有跨文化经历并不必然带来改变,跨文化交际中的经历和反思的质量起着重要的作用。其次,我国英语学习者身份认同的发展有着大致的顺序,即从英、美英语忠实的模仿者起步,到逐渐认同本土英语变体,再到能够发展出生产性的态度、对话的交流者的认同。当然这种顺序并非刻板的一成不变的,也会因人而异,因情境而异。

从 Bourdieu(1990,1991)的社会学理论视角来看,在英语教育这个场域中,"忠实的模仿者"已形成稳定的群体惯习,毕恭毕敬地聆听英、美英语,以其为言说模板进行学习投资,已经融入很多英语学习者的血液中,不断被浑然不觉地转用于跨文化服务的场域,用于跨文化经历的解读。这也是为什么保守的语言态度在跨文化活动后得以持续甚至强化的重要原因。

与此同时,伴随着中国国力的迅速增强,以"我们说,世界将倾听"为代表的"正规的言说者"正在形成新的态度和话语惯习,发挥着巨大的生成能量。其效果较为复杂,尽管对于提高民族自信有功效,但也给跨文化交际带来了一定困境。基于相互尊重、相互表达和聆听的"对话的交流者",目前还是在少数人的认同或理性层面的态度,尚未成为自然实践的群体惯习。不过,它代表着未来的发展方向,也有可能反过来形塑场域的规则。

问题四:影响志愿者语言态度和身份认同及其(潜在)变化的,可能有哪些主要因素?

尽管没有直接的定量数据系统考察语言态度和身份认同及其变化的影响因素,但是根据访谈材料,借鉴 Bourdieu(1990,1991)的理论视角,也许可以概括出以下几点。第一,个人成长史。家庭环境、父母的教育和影响,例如对汉语方言和普通话的态度、对外语的态度,都会影响到学生的语言态度。虽然之前的成长史不能改变,但是后期是可以进行觉察和反思的。第二,学生接受的学校教育。学生志愿者所接受的外语教育,几乎无一不是以英、美英语为标准,间接或直接排斥其他变体的。而大运会教师志愿者的调查发现,教师的语言态度基本与学生一致,是以英、美英语为中心的,尽管他们对中国英语变体的信心更大一些,对其他"非标准变体"的接受度更高一些。也就是说,这样的英、美变体中心的语言态度、其忠实模仿者的身份认同,可能通过一代一代师生传承下来了。从另一个角度看,这也是通过外语教育实践最容易改变的。第三,社会大环境的影响。大众媒体、新媒体、所接触到的社会群体的态度,会传播某些语言文化刻板印象,影响到年轻一代英语学习使用者。第四,跨文化经历的样态。具体的经历是怎样的、积极或消极感受的不同,对个体态度的影响也很大,不过这里态度的指向可能是具体的事或人,也可能泛化。第五,反思的能力和机制。一方面,志愿者本人是否已具备一定批判性(自我)反思的能力和习惯,另一方面,(教育和培训)环境是否提供了支持反思、促进反思能力发展的机会,是否给予了适当的引导。支持、促进和引导反思的质量至关重要。这是一个个体与环境相互建构的过程,从奥运民族志、世博追访中,可以较为明显地看到这一点。

整体而言,尽管有其复杂性和多样性,以大学生为主体的志愿者,其英语多元变体的辨识能力有局限,在一定程度上影响了他们在活动中的跨文化交流;志愿者群体的语言态度相当保守;在跨文化交流活动中作为英语使用者的主导身份是英、美"标准英语"的"忠实的模仿者";这种状况活动后仍在较大程度上延续。这一发现的教育启示是,开放性、批判性、创造性解决问题的语言态度培养,任重而道远。理想语言态度的培养不仅应纳入跨文化志愿者的培养,而且应纳入日常的外语教育。

8.2 现状的改变:培养"对话的交流者"

在大学生的日常外语教育情境中,我们初步探索了将语言态度纳入跨文化交际能力培养目标的英语教学模式。

问题五:在跨文化交际能力培养的目标之下,适合国内外语课堂教学的语言态度教育可能是怎样的?课堂教学如何促进学生语言态度的转变?

针对这个问题,我们首先进行了教学目标的讨论和理论依据探索,将目标定为"生产性双语者""对话的交流者"的身份认同。二者是紧密联系的:生产性是指的双语的关系而言,而对话的交流者侧重的是交流情境和过程。这样的双语交流者植根母语及其认同,但超越了非此即彼的言语共同体忠诚,能够享受不同语言相得益彰的互动,创造性地解决交流中的问题。

在不加干预的社会环境中,个体往往在早年就形成了某种语言文化刻板印象,喜欢和不喜欢某种方言或语言以及相关的群体。根据心理学家 Jean Piaget(1936/1952)的认知发展理论,之后在更多的经历中,在原有刻板印象无法解释新的信息时,个体有可能"顺应"(accommodation)客观环境,改变认知结构;但也有可能将新的信息整合到旧的框架中去,对其进行"旧瓶装新酒"的"同化"(assimilation)。而根据 Bourdieu 的"惯习"理论(Bourdieu,1991;布迪厄,1998),这种刻板印象一旦成为一种稳定的认知方式和取向,一种"形成结构的结构"(structuring structure),就极易转用到后来的经历中,并被不断强化。这样,除非有对原有结构颠覆性的事件和自发的深刻反思,人们的态度过程就可能是这样的重复(图 8-5):

惯习"是稳定持久的,但不是永久不变的!"(布迪厄,1998:178)。要改变语言文化态度这种惯习,除了尽量增加矫正性的经历之外,需持续地对惯习性的态度进行觉察和解构。在此目标下,我们基于实践尝试提出了以下四个语言态度教育干预步骤(第七章):

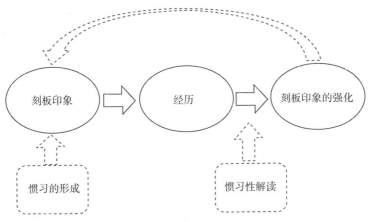

图 8-5　语言态度的惯习强化

(1)"引发刻板印象",也就是呈现工作的对象、目标。

(2)"解构刻板印象"有关差异的刻板印象,包括"质疑"自己的判断、"反观"文化参考框架、"溯源"刻板印象。

(3)"重构开放态度",即提出新的知识和态度,可能的解读现象的视角。

(4)"解决交际困境",即用重构的态度尝试解决交际中的困境。

图 8-6 直观呈现了这四个步骤:

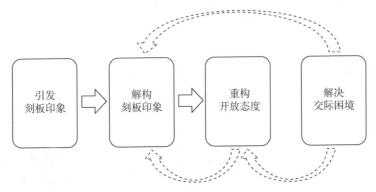

图 8-6　语言态度的教育干预

通过数轮的教学实践尝试,发现在干预后,保守的语言态度产生了一定程度的改变。刻板印象经过批判性的反思有所弱化,生产性的态度有所加强。不过,学生在交际困境的创意解决方面还比较弱,此外转变程度在认知、情感和行为维度存在不一致。不过这样的教育持续下去,相信会有更有效的结果。

尽管半个多世纪以来,"忠实的模仿者"的认同和相关语言态度至少在"扩展圈"国家占据了英语教育和学习的主导地位,但实际上在殖民时代结束之后,这个认同模式就早已不适合广大学习者了。在全球化的背景下,在"世界英语""英语通用语""全球英语"等概念已经深入人心的国际潮流当中,在中国和平崛起的今天,我国的大学生、教师如果仍然执着地热衷成为英、美英语的"忠实模仿者",甚至抱有语言文化歧视的态度,明显是落后时代了。不能适应当今我国"一带一路"扩大国际交往的形势,不能适应未来个人在国际化工作中的需要,也与一个国际强国的民族身份、平等文明国际公民的身份不符。未来的社会需要"对话的交流者"。

如 Bourdieu 所言(布迪厄,1998:178),惯习"不是宿命"。一次次地解构刻板印象、重构开放态度(图8-6),就是改变惯习的过程。语言态度是在漫长的时间中潜移默化地形成的,冰冻三尺非一日之寒,那么"解冻"也注定是一个逐渐的、缓慢的过程。保守态度的改变也是一个系统工程。学校教育和社会环境建设的持续努力,将促进我国大学生英语使用者主导认同从"忠实的模仿者"向"对话的交流者"转变,需要学校教育和社会环境建设的持续努力。

8.3 对未来的建议

以上培养"对话的交流者"的教学模式,主要是针对英语课堂教学的。对于未来更广范围的外语教育和跨文化交流活动的实践,我们有如下建议:

第一,将语言态度作为教育目标,纳入跨文化(交际)能力的培养、素质的培养。这包括热爱和认同自己的母语、国家标准语,同时对不同的语言及其变体持开放、包容的态度。这一教育目标不应仅限于大学层次、不限于外语已达到某种水平的学习者,也不局限于外语教育,而应该作为一种素质教育,贯穿于基础教育、高等教育。不过,对于外语教育,这一目标更为突出。

第二,对外语教师进行相关的职业发展教育和培训。这包括为教师提供更多的跨文化交流机会,引导教师觉察和反思自己的语言刻板印象,以及自己的刻板印象可能会如何影响学生。鼓励教师表达自己在语言教学中有关"标准"的困惑,并寻找答案。重要的以学生为主体的跨文化交流活动,尽量配备教师参加,一方面提升自身的跨文化交流能力,另一方面帮助和引导学生。只有教师有了相应的态度和素质,才有可能真正影响到学生。

第三,开发和完善有关语言态度教育的教学方法。本书第七章呈现的教学模式是这方面的一个尝试,还有待继续完善。教师也可以根据各自的教学对象、教学情境开发适合的新模式。随着网络技术、电子教学技术、国际合作办学条件的不断发展,广大教师发挥自己的主体性开发教学方式的空间会越来越大。应该注意的是,语言态度的教育不宜生硬灌输,那样会适得其反。应以温和的、实践与反思相结合的方式,润物细无声地进行。

第四,对外事相关领域(如外交、对外经贸)的大学生以及英语专业高年级学生,培养英语变体的辨识能力。例如在学好英语"标准变体"的同时,为学生开设英语变体辨识能力的课程,对于有外事需要的在职人员,进行英语变体辨识能力的相关培训。由于变体的数量很多且教学时间有限,教学范围宜集中于接受性技能(听、读),重在理解;除情境特别需要,没有必要扩大至生产性技能(说、写)的传授。

第五,将生产性双语者的语言态度,纳入跨文化人才、志愿者选拔、培养目标的能力考察范围。在有关外语能力、跨文化交际能力的重要测试(例如"国才考试")中,设计语言态度的相关题项,考察其对母语的认同程度,对不同语言及变体态度的开放性、包容性。这类考察不宜采用死记硬背的客观题方式,可以采用案例分析、提供问题解决方案等较为灵活的主观题方式。

第六,在跨文化志愿者、孔子学院教师等人才的选拔和评价标准方面,特别注意语言态度的生产性以及多元变体的识别能力。在针对相关活动(例如大型国际会议的志愿者)的前期培训中,加入相关内容。在活动中给予引导,提供表达情绪和想法、讨论问题解决方案的活动机制,在活动后进行反思性的总结。在创造更多跨文化交流机会的同时,更多注意提供咀嚼消化跨文化经历,促进跨文化能力的提升,避免文化刻板印象的进一步强化。

第七,在各个环节的教育中,应避免简单、机械地认识多语身份认同。我们倡导作为主导认同的"对话的交流者",但并不否认在一些具体的情境、具体的学习阶段,其他认同的必要性和积极作用;也应充分认识到认同的多元性和动态性。对于学生表达出的"错误"的观点、情绪,首先应接纳、包容,理解其中的合理成分;也可以进一步置于多元声音中进行比较,扩展可能性。

作为全球化背景下的学习者认同基础,我国的英语教育呼唤"对话的交流者"模式。我们的时代和自身的认识水平已经超越了对本族语者的亦步亦趋,同时我们的国力和心力都应已发展得足够强大和成熟,能够超越"中—西"的二元对立和对抗,通过生产性的对话达到个性和人类共性的整合。近年来在我国英语教育实践和研究中出现的一些努力,例如《跨文化视角下的"中国学"研究》(吴宗杰,2009)、《21世纪作为世界公民教育的中国外语教育》(贾玉新,2013)等,让我们看到了对话性交流的希望和可行。不过,以"对话的交流者"为主导认同的多语人才培养,需要至少数代人持续的努力。希望这本书呈现的语言态度考察,能够推动新的思考和实践。

参考文献

Ahn, H. (2014). Teachers' attitudes towards Korean English in South Korea. *World Englishes*, 33, 195-222.

Allport, G. W. (1954). The historical background of modern social psychology. In G. Lindzey (ed.), *Handbook of Social Psychology*, Vol. 1 (pp. 3-56). Cambridge, MA: Addison-Wesley.

Allport, G. W. (1958). *The Nature of Prejudice*. New York: Addison-Wesley Publishing Company, Inc.

Ball, P. (1983). Stereotypes of Anglo-Saxon and non-Anglo-Saxon accents: Some exploratory Australian studies with the matched-guise technique. *Language Sciences*, 5, 163-184.

Bayard, D., Weatherall, A., Gallois, C., & Pittam, J. (2001). Pax Americana?: Accent attitudinal evaluations in New Zealand, Australia and America. *Journal of Sociolinguistics*, 5, 22-49.

Bennett, J. M. (1986). A development approach to training for intercultural sensitivity. *International Journal of Intercultural Relations*, 10, 179-196.

Bennett, J. M. (2015). *The Sage Encyclopedia of Intercultural Competence*. Thousand Oaks: Sage.

Bennett, J. M., Bennett, M. J., and Allen, W. (2003). Developing intercultural competence in the language classroom. In D. Lange and M. Paige (eds.), *Culture as the Core: Perspectives on Culture in Second Language Learning* (pp. 237-270). Greenwich, CT: Information Age Publishing.

Bian, Y. W. (2009). Chinese learners' identity in their attitudes towards English pronunciation/accents. *CELEA Journal*, 32, 66-74/30.

Block, D. (2007). *Second Language Identities*. London: Continuum.

Block, D. (2013). The structure and agency dilemma in identity and intercultural communication research. *Language and Intercultural*

Communication, 13, 126–147.

Blommaert, J. (2005). *Discourse*. Cambridge: Cambridge University Press.

Blommaert, J. (2010). *The Sociolinguistics of Globalization*. Cambridge: Cambridge University Press.

Bohner, G. & Wänke, M. (2002). *Attitudes and Attitude Change*. NY: Psychology Press.

Bolton, K. (2003). *Chinese Englishes: A Sociolinguistic History*. Cambridge: Cambridge University Press.

Bourdieu, P. (1977). The economics of linguistic exchanges. *Social Science Information*, 16, 645–668.

Bourdieu, P. (1986). The form of capital. In J. G. Richardson (ed.), *Handbook of Theory and Research for the Sociology of Education* (pp. 241–258). New York: Greenwood Press.

Bourdieu, P. (1990). *In Other Words*. Translated by M. Adamson. Stanford, CA: Stanford University Press.

Bourdieu, P. (1991). *Language and Symbolic Power*. Edited and introduced by J. B. Thompson; translated by G. Raymond & M. Adamson. Cambridge, MA: Harvard University Press.

Bradac, J. J. (1990). Language attitudes and impression formation. In H. Giles & W. P. Robinson (eds.), *Handbook of Language and Social Psychology* (pp. 387–412). Oxford: John Wiley & Sons.

Brown, H. D. (2012). *Teaching by Principles: An Interactive Approach to Language Pedagogy* (3rd ed.) (根据原理教学：交互式语言教学). Beijing: Tsinghua Liniversity Press.

Brown, R. (1986). *Social Psychology* (2nd edition). NY: The Free Press.

Byram, M. (1997). *Teaching and Assessing Intercultural Communicative Competence*. Clevedon, UK: Multilingual Matters.

Byram, M. (2008). *From Foreign Language Education to Education for Intercultural Citizenship*. Clevedon: Multilingual Matters.

Byram, M. (2012). Conceptualizing intercultural (communicative) competence and intercultural citizenship. In J. Jackson (ed.), *The Routledge Handbook of Language and Intercultural Communication* (pp. 85-97). New York: Routledge.

Cazden, C. B. (2001). *Classroom Discourse: The Language of Teaching and Learning.* Portsmouth: Heinemann.

Chen, G. M. (2010a). *A Study of Intercultural Communication Competence.* Hong Kong: China Review Academic Publishers.

Chen, G. M. (2010b). On identity: An alternative view. In X. D. Dai & S. Kulich (eds.), *Identity and Intercultural Communication (I): Theoretical and Contextual Construction* (pp. 23-51). Shanghai: Shanghai Foreign Language Education Press.

Chen, G. M. and Starosta, W. J. (2008). Intercultural communication competence: A synthesis. In M. K. Asante, Y. Miike and J. Yin (eds.), *The Global Intercultural Communication Reader* (pp. 215-237). New York: Routledge.

Chiba, R., Matsuura, H. & Yamamoto, A. (1995). Japanese attitude toward English accents. *World Englishes*, 14, 77-86.

Clark, E. & Paran, A. (2007). The employability of non-native-speaker teachers of EFL: A UK survey. *System*, 35, 407-430.

Crystal, D. (2003). *English as a Global Language.* Cambridge: Cambridge University Press.

Curzan, A. (2002). Teaching the politics of standard English. *Journal of English Linguistics*, 30, 339-352.

Deardoff, D. K. (2006). Identification and assessment of intercultural competence as a student outcome of internationalization. *Journal of Studies in Intercultural Education*, 10, 241-266.

Deardorff, D. K. (2008). Intercultural competence: A definition, model, and implications for education abroad. In V. Savicki (ed.), *Developing Intercultural Competence and Transformation: Theory, Research, and Application in International Education* (pp. 32-52). Sterling, VA: Stylus.

Deardoff, D. K. (ed.), (2009). *The Sage Handbook of Intercultural Competence.* Los Angeles/London: Sage.

Dixon, J., Mahoney, B., & Cocks, R. (2002). Accents of guilt? Effects of regional accent, race and crime type on attributions of guilt. *Journal of Language and Social Psychology*, 21, 162-168.

Dodd, C. H. (1995). *Dynamics of Intercultural Communication.* London: Williams Brown.

Dörnyei, Z. & Ryan, S. (2015). *The Psychology of the Language Learner Revisited.* NY: Routledge.

Evans, B. E. (2010). Chinese perception of Inner Circle varieties of English. *World Englishes* 29, 270-280.

Forgas, J. P., Cooper, J., & Crano, W. D. (eds.), (2010). *The Psychology of Attitudes and Attitude* Change. NY: Psychology Press.

Fraser, S. 2006. Perceptions of varieties of spoken English: Implications for EIL. In R. Kiely, P. Red-Dickins, H. Woodfield and G. Clibbon (eds.), *Language, Culture, and Identity in Applied Linguistics* (pp.79-97). London: British Association for Applied Linguistics in association with Equinox.

Gao, Y. H. (2001). *Foreign Language Learning*: "1+1>2". Beijing: Peking University Press.

Gao, Y. H. (2002). Productive bilingualism: 1+1>2. In D. W. D. So & G. M. Jones (eds.), *Education and Society in Plurilingual Contexts*(pp. 143-162). Brussels: VUB Brussels University Press.

Gao, Y. H. (2007). Legitimacy of foreign language learning and identity research: Structuralist and constructivist perspectives. *Intercultural Communication Studies*, XVI(1), 100-112.

Gao, Y. H. (2010). Speaking to the world: Who, when and how? An ethnographic study of slogan change and identity construction of Beijing Olympic Games volunteers. *Asian Journal of English Language Teaching*, 20,1-26.

Gardner, R. C., & Lambert, W. E. (1972). *Attitudes and Motivation in Second Language Learning.* Rowley, Mass: Newbury House.

Garrett, P., Coupland, N. & Williams, A. (2003). *Investigating Language Attitudes: Social Meanings of Dialect, Ethnicity and Performance*. Cardiff: University of Wales Press.

Garrett, P. (2007). Language attitudes. In C. Llamas, L. Mullany, & P. Stockwel (eds.), *The Routledge Companion to Sociolinguistics* (pp. 116–121). NY: Routledge.

Garrett, P. (2010). *Attitudes to Language*. Cambridge: Cambridge University Press.

Giles, H. (1970). Evaluative reactions to accents. *Educational review*, 22, 211–227.

Gu, Y. G. (2001). The changing orders of discourse in a changing China. In H. Pan (ed.), *Studies in Chinese Linguistics, Vol. II* (pp. 31–58). Hong Kong: Linguistic Society of Hong Kong.

Gudykunst, W. B. (2004). The potential for intercultural competence. In R. Q. Du, D. X. Tian & B. X. Li(eds.), *Selected Readings in Intercultural Communication*(pp. 431–448). Xi'an: Xi'an Jiaotong University Press.

He,D. & Li, D. C. S. (2009). Language attitudes and linguistic features in the 'China English' debate. *World Englishes*, 28, 70–89.

Holliday, A. (2011). *Intercultural Communication and Ideology*. London: Sage.

Holliday, A. (2013). *Understanding Intercultural Communication: Negotiating a Grammar of Culture*. London: Routledge.

Huygens, I., & Vaughan, G. (1983). Language attitudes, ethnicity, and social class in New Zealand. *Journal of Multilingual and Multicultural Development*, 4, 207–223.

Jackson, J. (2011). Cultivating cosmopolitan, intercultural citizenship through critical reflection and International, experiential learning. *Language and Intercultural Communication*, 11, 80–96.

Jenkins, J. (2007). *English as a Lingua Franca: Attitudes and Identity*. Oxford: Oxford University Press.

Kachru,B. B. (1982/1992). *The Other Tongue: English cross Cultures*.

Urbana: University of Illinois Press.

Kalmar, I., Zhong, Y., & Xiao, H. (1987). Language attitudes in Guangzhou, China. *Language in Society*, 16, 499–508.

Kaur, P. (2014). Attitudes towards English as a lingua franca. *Procedia-Social and Behavioral Sciences*, 118, 214–221.

Kember, D., McKay, J., Sinclair, K., & Wong, F. K. Y. (2008). A four-category scheme for coding and assessing the level of reflection in written work. *Assessment & Evaluation in Higher Education*, 33, 369–379.

Kirkpatrick, A. (2007). *World Englishes: Implications for International Communication and English Language Teaching*. Cambridge: Cambridge University Press.

Kirkpatrick, A. & Xu, Z-C. (2002). Chinese pragmatic norms and "China English". *World Englishes*, 21, 269–279.

Kramsch, C. (1993). *Context and Culture in Language Teaching*. Oxford: Oxford University Press.

Kramsch, C. (2014). Teaching foreign languages in an era of globalization: Introduction. *The Modern Language Journal*, 98, 296–311.

Kramsch C., & Whiteside, A. (2008). Language ecology in multilingual settings: Towards a theory of symbolic competence. *Applied Linguistics*, 29, 645–671.

Labov, W. (1972). *Sociolinguistic Patterns*. Philadelphia, PA: University of Pennsylvania Press.

Ladegaard, H. J. (1998). National stereotypes and language attitudes: The perception of British, American and Australian language and culture in Denmark. *Language and Communication*, 18, 251–274.

Lambert, W. E. (1974). Culture and language as factors in learning and education. In F. E. Aboud & R. D. Meade (eds.), *Cultural Factors in Learning and Education* (pp. 91–122). Bellingham: Washington Stage College.

Lambert, W. E., Hodgson, R., Gardner, R. C., & Fillenbaum, S. (1960). Evaluational reactions to spoken languages. *Journal of Abnormal and Social Psychology*, 60, 44–51.

Li, W. (2018). Translanguaging as a practical theory of language. *Applied Linguistics*, 39, 9-30.

Lippi-Green, R. (2012). *English with an Accent: Language, Ideology and Discrimination in the Linited States.* London & New York: Routledge.

Llamas, C. ,Mullany, L. , & Stockwell, P. (eds.), (2007). *The Routledge Companion to Sociolinguistics.* London: Routledge.

MacIntyre, P. D. (2007). Willingness to communicate in the second language: Understanding the decision to speak as a volitional process. *The Modern Language Journal*, 91,564-576.

MacIntyre, P. D. , Clement, R. ,Dörnyei, Z. ,& Noels, K. A. (1998). Conceptualizing willingness to communicate in a L2: A situational model of L2 confidence and affiliation. *The Modern Language Journal*, 82, 545-562.

Maio, G. R. & Haddock, G. (2015). *The Psychology of Attitudes and Attitude Change.* LA: Sage.

Makoni, S. & Pennycook, A. (eds.), (2007). *Disinventing and Reconstituting Languages.* Clevedon: Multilingual Matters.

Mann, C. & Wong, G. (1999). Issues in language planning and language education: A survey from Macao on its return to Chinese sovereignty. *Language Problems and Language Planning*, 23,17-36.

Matsuda, A. (2003). The ownership of English in Japanese secondary schools. *World Englishes*,22,483-496.

McKenzie, R. (2008a). Social factors and non-native attitudes towards varieties of spoken English: A Japanese case study. *International Journal of Applied Linguistics*, 18, 63-88.

McKenzie, R. (2008b). The role of variety recognition in Japanese university students' attitudes towards English speech varieties. *Journal of Multilingual and Multicultural Development*, 29, 139-153.

McKenzie, R. M. (2010). *The Social Psychology of English as a Global Language.* New York: Springer.

Mezirow, J. (1997). Transformative learning: Theory to practice. *New Directions for Adult and Continuing Education*, 74, 5-12.

Norton (Pierce), B. (1995). Social identity, investment, and language learning. *TESOL Quarterly*, 29, 9-31.

Norton, B. (2000/2013). *Identity and Language Learning*. Harlow, England: Pearson Education.

Norton, B. (2006). Second language identity. In K. Brown (ed.), *Encyclopedia of Language and Linguistics* (2nd edition) (pp. 502-508). Oxford: Elsevier.

Pennycook, A. (2007). *Global Englishes and Transcultural Flows*. London: Routledge.

Piaget, J. (1936/1952). *The Origins of Intelligence in Children*. NY: Norton.

Qu, W. G. (2015). On issues concerning English and identity research in China. *The Journal of Chinse Sociolinguistics*, 5, 93-116.

Saito, A. (2014). Is English a nuisance or an asset? Japanese youths' discursive constructions of language attitudes. *System*, 44, 13-23.

Shibata, M. (2010). How Japanese teachers of English perceive non-native assistant English teachers. *System*, 38, 124-133.

Snow, D. (2015). English teaching, intercultural competence, and critical incident exercises. *Language and Intercultural Communication*, 15, 285-299.

Snow, D. (2018). Intercultural communication in English courses in Asia: What should we teach about? In A. Curtis & R. Sussex (eds.), *Intercultural Communication in Asia: Education, Language and Values* (pp. 55-71). Cham, Switzerland: Springer.

Spitzberg, B. H., & Changnon, G. (2009). Conceptualizing intercultural competence. In D. K. Deardorff (ed.), *The SAGE Handbook of Intercultural Competence* (pp. 2-52). LA: Sage.

Tan, A. (2002). Mother tongue. In V. Zamel & R. Spack (eds.), *Enriching ESOL Pedagogy: Readings and Activities for Engagement, Reflection, and Inquiry* (pp. 431-435). Lawrence Erlbaum.

Walsh, S. (2016). *Investigating Classroom Discourse*. London: Routledge.

Wang, W., & Gao, X. (2015). "Oh my gosh! the expression is too Chinese": Attitudes of university teachers and students towards China English. *Chinese Journal of Applied Linguistics*, 38, 392-414.

Wang, Y., & Jenkins, J. (2016). "Nativeness" and intelligibility: Impacts of intercultural experience through English as a lingua franca on Chinese speakers' language attitudes. *Chinese Journal of Applied Linguistics*, 39, 38-58.

Weedon, C. (1987). *Feminist Practice and Poststructuralist Theory*. London: Blackwell.

Yang, C. & Zhang, J. L. (2015). China English in trouble: Evidence from dyadic teacher talk. *System*, 51, 39-50.

Yoshikawa, H. (2005). Recognition of world Englishes: Changes in Chukyo University students' attitudes. *World Englishes*, 24, 251-260.

Young, C. (2006). Macao students' attitudes towards English: A post-1999 survey. *World Englishes*, 25, 479-490.

Zahn, C. & Hopper, R. (1985). Measuring language attitudes: The speech evaluation instrument. *Journal of Language and Social Psychology*, 4, 113-123.

Zheng, X & Gao, Y. H. (2017). Facilitating transformative learning towards productive bilingualism: Innovations in teaching English for intercultural communication in China. In H. Reinders, D. Nunan & B. Zou (eds.), *Innovation in Language Learning and Teaching: The Case of China* (pp. 261-287). Palgrave Macmillan.

巴赫金著,白春仁、顾亚铃译,1988,《陀思妥耶夫斯基诗学问题》,北京:生活·读书·新知三联书店。

皮埃尔·布迪厄、华康德著,李猛、李康译,1998,《实践与反思——反思社会学导引》,北京:中央编译出版社。

陈新仁(主编),2008,《全球化语境下的外语教育与民族认同》,北京:高等教育出版社。

樊葳葳、吴卫平、彭仁忠,2013,中国大学生跨文化能力自我评价分析,《中国外语》(6):53-59。

付小秋、顾力行,2015,外语教学与跨文化交际能力培养:模型建构二十年,《中国外语教育》(3):11-19。

高一虹,1995,"文化定型"与"跨文化交际悖论",《外语教学与研究》(2):35-42。

高一虹,1998,跨文化交际能力的"道"与"器",《语言教学与研究》(3):39-53。

高一虹,2014a,忠实的模仿者、正规的发言者、嬉戏的编创者——英语学习者认同典型模式回顾,《外语研究》(2):33-39。

高一虹,2014b,"对话的交流者"——英语学习者认同典型模式的新发展,《中国外语》(2):54-59。

高一虹、程英、赵媛、周燕,2004,英语学习动机与自我认同变化,高一虹等,《中国大学生英语学习社会心理——学习动机与自我认同研究》,北京:外语教学与研究出版社(25-62)。

高一虹等,2013,《大学生英语学习动机与自我认同发展——四年五校跟踪研究》,北京:高等教育出版社。

高一虹、苏新春、周雷,1998,回归前香港、北京、广州的语言态度,《外语教学与研究》(2):23-30。

高一虹、吴东英、马喆,2019,回归20年后香港与广州、北京的语言态度比较,《语言文字应用》(2):39-50。

高永晨,2014,中国大学生跨文化交际能力测评体系的理论框架构建,《外语界》(4):80-88。

何达倩,2009,中国英语的社会语言学理据,《理论月刊》(3):111-113。

贺春艳、刘景霞,2008,中国英语的文化身份,《西南科技大学学报》(哲学社会科学版)(6):86-90。

胡文仲(编),1988,《跨文化交际与英语学习》,上海:上海译文出版社。

胡文仲(编),1990,《跨文化交际学选读》,长沙:湖南教育出版社。

胡文仲,2013,跨文化交际能力在外语教学中如何定位,《外语界》(6):2-8。

胡壮麟，2018，对"外语生活"的认识和期待，《当代外语研究》(1)：1-4。

贾玉新，1997，《跨文化交际学》，上海：上海外语教育出版社。

贾玉新，2013，21世纪作为世界公民教育的中国外语教育，哈尔滨工业大学外国语学院学术讲座。http://today.hit.edu.cn/news/2013/04-15/4721436140RL0.htm（2021年7月30日检索）

姜亚军、杜瑞清、王和平，2003，有关"中国英语"的问题——对"'中国英语'质疑"一文的回应，《外语教学》(1)：27-35。

教育部高等学校大学外语教学指导委员会，2016，《大学英语教学指南》。http://wenku.baidu.com/view/69680453d1f34693dbef3e7a.html?from=search（2021年7月30日检索）

李嘉熙，2015，中国大学生对标准英语及中国英语的态度，《校园英语》(15)：12。

李少华，2006，《英语全球化与本土化视野中的中国英语》，银川：宁夏人民出版社。

李文中，1993，中国英语与中国式英语，《外语教学与研究》(4)：18-24。

李宇明，2012，中国外语规划的若干思考，载赵蓉晖主编，《国家战略视角下的外语与外语政策》，北京：北京大学出版社（2-9）。

林大津，1996，跨文化交际能力新探，《福建师范大学学报》（哲学社会科学版）(3)：58-62。

刘琼、彭艳，2006，全球化背景下中国英语教学文化双赢目标的实现，《中美英语教学：英文版》(1)：1-5。

龙惠珠，1997，香港男性女性对普通话的态度，《语文建设通讯》(53)：78-79。

鲁洁，2003，应对全球化：提升文化自觉，《北京大学教育评论》(1)：27-30。

潘章仙，2005，《中国英语变体中的语言和文化认同》，北京：北京大学出版社。

彭剑娥、谢黎嘉，2014，近20年二语交际意愿研究述评与展望，《汕头大学学报》（人文社会科学版）(2)：51-55。

邱立中、宁全新,2002,"中国英语"质疑——与杜瑞清、姜亚军先生商榷,《外语教学》(6):23-27。

施渝、樊葳葳,2015,交际意愿研究回顾与展望,《疯狂英语》(教师版)(1):8-11。

孙骊,1989,英语国别变体的研究和英语在中国,《外国语》(2):19-25。

孙有中,2016,外语教育与跨文化能力培养,《中国外语》(3):1-1,17-22。

孙有中、Janet Bennett,2017,走向跨文化教育:孙有中教授和Janet Bennett博士学术对话,《外语与外语教学》(2):1-8。

王强,2018,中国高校英语专业精读教材评价研究:跨文化外语教学视角,北京外国语大学英语学院博士论文。

王学风,2005,《多元文化社会的学校德育研究——以新加坡为个案》,广州:广东人民出版社。

王志欣、王京,2004,大学生对四种语言变体的态度,高一虹等,《中国大学生英语学习社会心理》。北京:外语教学与研究出版社(125-148)。

网易体育,2009,1981中国男排:团结起来振兴中华。下载于2009年12月7日:http://sports.163.com/special/00053HV1/nanp1981.html(2021年7月30日检索)

文秋芳,2012,英语国际语的教学框架,《课程·教材·教法》(1):77-81。

文秋芳,2014,英语通用语是什么:"实体论"与"非实体论"之争,《中国外语》(3):4-11。

文秋芳,2016,在英语通用语背景下重新认识语言与文化的关系,《外语教学理论与实践》(2):1-7,13。

文秋芳、俞希,2003,英语的国际化与本土化,《国外外语教学》(3):6-11。

吴宗杰,2009,跨文化视角下的"中国学研究",浙江省外文学会2009年会主旨发言。http://www.doc88.com/p-303240111024.html.(2021年7月30日检索)

武继红,2014,ELF视角下高校英语教师的语言态度研究,《外语教学》(2):55-58。

肖龙福、肖笛、李岚、宋伊雯,2010,我国高校英语教育中的"中国文化失语"现状研究,《外语教学理论与实践》(1):39-47。

谢之君,1994,中国英语:跨文化语言交际中的干扰性变体,《山东外语教学》(3):63-68。

许慧、刘禹灿、李欣燕、施文敏、谭桂莹,2018,高校国际商务教育的跨文化能力培养效用研究——以广东外语外贸大学国际商务专业为例,《教育导刊》(6月上半月):86-91。

许力生,2011,跨文化能力构建再认识,《浙江大学学报》(人文社会科学版)(3):132-139。

颜静兰,1994,"美音热"与美国文化,《外语教学与研究》(2):27-29。

杨盈、庄恩平,2007,构建外语教学跨文化交际能力框架,《外语界》(4):13-21,43。

俞希,2009,《中国英语报章用词的本土化特征》,南京:南京大学出版社。

袁潇、风笑天,2009,改革开放30年我国青年流行文化与价值观的变迁,《中国青年政治学院学报》(1):1-6。

张红玲,2012,以跨文化教育为导向的外语教学:历史、现状与未来,《外语界》(2):2-7。

郑萱,2017,反思与语言态度转变:跨文化课堂教学实证研究,《语言学研究》(2):174-185。

郑萱、李孟颖,2016,探索反思性跨文化教学模式的行动研究,《中国外语》(3):4-11。

周榕、陈国华,2008,英语专业大学生英美英语态度偏好与实际口音特点研究,《现代外语》(1):49-57。

祝畹瑾(主编),2013,《新编社会语言学概论》,北京:北京大学出版社。

附录 I 录音文字稿和语义区分量表

录音材料文字稿：

Temperature-Relieve Valve

When water temperature reaches ninety-nine degree centigrade, water will be released through the temperature-relieve valve to avoid steam accumulation in the inner tank as a result of continuous heating of water in the inner tank. Such circumstances indicate that both the first and second steps of safety devices are out of order. The user should contact the sales agent to send technicians to inspect and repair the faulty parts.

语义区分量表样本：

英语辨别力及敏感性调查问卷

同学：

  您好！我和导师正在进行一项有关大学生英语辨别力和文化敏感性的发展性调查，需要您的帮助。请您听五段由不同人朗读的内容相同的录音（每段不到30秒，连续播放3遍），并根据你对说话人的印象，在表格的适当位置打钩。答案无所谓对错，也与任何业绩评估无关。本调查采取匿名形式，问卷所得数据仅用于学术研究，您的基本信息我们将予以保密。谢谢您的合作！

北京大学英语系研究生 林梦茜 2008-9-27
* * * * *

您的基本信息：

性别： □男　□女

专业：□英语　□其他外语　□人文/社会科学　□自然科学/工科
学校类型：□综合大学　□外语院校　□师范院校　□理工院校
　　　　　□文科院校　□农林院校
英文水平：□未达到大学英语四级　　　□已达到大学英语四级
　　　　　□已达到大学英语六级或专业英语四级
　　　　　□已达到专业英语八级或相当水平
2007至2008年上半年是否参加过本测试：□是　　□否
是否为奥运志愿者：□是　　□否　（如选"是"请做下题，选"否"请跳过下题）
志愿服务类型：_____（请填写业务口）
志愿者期间使用英语情况：□每天都用　　□偶尔要用
　　　　　　　　　　　　□从来不用

录音1

	1	2	3	4	5	6	7	
热情	___	___	___	___	___	___	___	冷漠
谦卑	___	___	___	___	___	___	___	自信
好静	___	___	___	___	___	___	___	好动
严肃	___	___	___	___	___	___	___	亲切
收入低	___	___	___	___	___	___	___	收入高
不可靠	___	___	___	___	___	___	___	可靠
健壮	___	___	___	___	___	___	___	文弱
彬彬有礼	___	___	___	___	___	___	___	不拘小节
勇于进取	___	___	___	___	___	___	___	随遇而安
不易亲近	___	___	___	___	___	___	___	易于亲近
爱好体育	___	___	___	___	___	___	___	无体育爱好
精明强干	___	___	___	___	___	___	___	老实顺从

(续表)

	1	2	3	4	5	6	7	
不受尊重	___	___	___	___	___	___	___	受人尊重
无运动天赋	___	___	___	___	___	___	___	有运动天赋
教育程度高	___	___	___	___	___	___	___	教育程度低
无领导才能	___	___	___	___	___	___	___	有领导才能
	1	2	3	4	5	6	7	

根据说话人的口音判断,他大概是来自哪个国家或属于哪个民族/种族?

录音 2

	1	2	3	4	5	6	7	
热情	___	___	___	___	___	___	___	冷漠
谦卑	___	___	___	___	___	___	___	自信
好静	___	___	___	___	___	___	___	好动
严肃	___	___	___	___	___	___	___	亲切
收入低	___	___	___	___	___	___	___	收入高
不可靠	___	___	___	___	___	___	___	可靠
健壮	___	___	___	___	___	___	___	文弱
彬彬有礼	___	___	___	___	___	___	___	不拘小节
勇于进取	___	___	___	___	___	___	___	随遇而安
不易亲近	___	___	___	___	___	___	___	易于亲近
爱好体育	___	___	___	___	___	___	___	无体育爱好
精明强干	___	___	___	___	___	___	___	老实顺从
不受尊重	___	___	___	___	___	___	___	受人尊重
无运动天赋	___	___	___	___	___	___	___	有运动天赋
教育程度高	___	___	___	___	___	___	___	教育程度低
无领导才能	___	___	___	___	___	___	___	有领导才能
	1	2	3	4	5	6	7	

根据说话人的口音判断,他大概是来自哪个国家或属于哪个民族/种族?

录音 3

	1	2	3	4	5	6	7	
热情	___	___	___	___	___	___	___	冷漠
谦卑	___	___	___	___	___	___	___	自信
好静	___	___	___	___	___	___	___	好动
严肃	___	___	___	___	___	___	___	亲切
收入低	___	___	___	___	___	___	___	收入高
不可靠	___	___	___	___	___	___	___	可靠
健壮	___	___	___	___	___	___	___	文弱
彬彬有礼	___	___	___	___	___	___	___	不拘小节
勇于进取	___	___	___	___	___	___	___	随遇而安
不易亲近	___	___	___	___	___	___	___	易于亲近
爱好体育	___	___	___	___	___	___	___	无体育爱好
精明强干	___	___	___	___	___	___	___	老实顺从
不受尊重	___	___	___	___	___	___	___	受人尊重
无运动天赋	___	___	___	___	___	___	___	有运动天赋
教育程度高	___	___	___	___	___	___	___	教育程度低
无领导才能	___	___	___	___	___	___	___	有领导才能
	1	2	3	4	5	6	7	

根据说话人的口音判断,他大概是来自哪个国家或属于哪个民族/种族?

录音 4

	1	2	3	4	5	6	7	
热情	___	___	___	___	___	___	___	冷漠
谦卑	___	___	___	___	___	___	___	自信
好静	___	___	___	___	___	___	___	好动

(续表)

	1	2	3	4	5	6	7	
严肃	___	___	___	___	___	___	___	亲切
收入低	___	___	___	___	___	___	___	收入高
不可靠	___	___	___	___	___	___	___	可靠
健壮	___	___	___	___	___	___	___	文弱
彬彬有礼	___	___	___	___	___	___	___	不拘小节
勇于进取	___	___	___	___	___	___	___	随遇而安
不易亲近	___	___	___	___	___	___	___	易于亲近
爱好体育	___	___	___	___	___	___	___	无体育爱好
精明强干	___	___	___	___	___	___	___	老实顺从
不受尊重	___	___	___	___	___	___	___	受人尊重
无运动天赋	___	___	___	___	___	___	___	有运动天赋
教育程度高	___	___	___	___	___	___	___	教育程度低
无领导才能	___	___	___	___	___	___	___	有领导才能
	1	2	3	4	5	6	7	

根据说话人的口音判断,他大概是来自哪个国家或属于哪个民族/种族?

录音 5

	1	2	3	4	5	6	7	
热情	___	___	___	___	___	___	___	冷漠
谦卑	___	___	___	___	___	___	___	自信
好静	___	___	___	___	___	___	___	好动
严肃	___	___	___	___	___	___	___	亲切
收入低	___	___	___	___	___	___	___	收入高
不可靠	___	___	___	___	___	___	___	可靠
健壮	___	___	___	___	___	___	___	文弱
彬彬有礼	___	___	___	___	___	___	___	不拘小节

（续表）

	1	2	3	4	5	6	7	
勇于进取	___	___	___	___	___	___	___	随遇而安
不易亲近	___	___	___	___	___	___	___	易于亲近
爱好体育	___	___	___	___	___	___	___	无体育爱好
精明强干	___	___	___	___	___	___	___	老实顺从
不受尊重	___	___	___	___	___	___	___	受人尊重
无运动天赋	___	___	___	___	___	___	___	有运动天赋
教育程度高	___	___	___	___	___	___	___	教育程度低
无领导才能	___	___	___	___	___	___	___	有领导才能
	1	2	3	4	5	6	7	

根据说话人的口音判断，他大概是来自哪个国家或属于哪个民族/种族？

本研究项目还包括2009年上半年将进行的一次关于奥运中使用外语交流经历的访谈，如果您有兴趣参加访谈，请留下您的姓名和联系方式（电话号码、电子邮箱等），我们不会泄漏这些信息，并将主动联系您。谢谢！

附录 Ⅱ　录音样本的音段和超音段特征*

1. 录音的分析方法

被分析的英语口音变体有:内圈"标准变体"(内标):英国英语(BE)、美国英语(GAE);内圈种族变体(内族):美国黑人英语(BAE);外圈变体:印度英语(IE);扩展圈变体:中国英语(CE)、日本英语(JE)。口音分析主要包括三个步骤:

(1) 主观听辨。借助 Cool Edit 软件,听辨口音样本,进行语音音素、语流节奏、调核位置、语调升降和流利度的记录描写,并总结出主要的特点。然后由另一位研究者审核听辨。

(2) 客观分析。借助 Praat 软件,分析辅音语图,核查辅音音素的听辨记录描写;在语图上手动测量元音共振峰数据,用 Excel 2010 绘出声学元音图,核查元音音素的听辨记录描写;通过查看语图的音高和音强数据,核查语流中的节奏音步、调核位置和语调升降类型的记录描写。

(3) 综合比较各种记录描写,结合与不同口音特点相关的部分文献,并借助 SPSS 对部分具有足够共振峰数据量的元音音段展开数据分析,总结出各样本的主要特点。

音段特点部分首先呈现音素记录描写和声学元音图,然后进行相关的特点分析报告。单词的音素记音采用国际音标符号,参考发音词典(*Oxford Dictionary of Pronunciation for Current English*;OCE)所提供的英国 RP 或美国 GA 的读音标准,借助附加符号对语音细节进行必要的区分描写;声学元音图以第二共振峰和第一共振峰之间的差值(F2-F1[Hz])为横坐

---

* 本附录涉及的内容,曾以阶段性成果的形式发表以下论文:梁波、林梦茜,2015,初探同心圈英语类型之间的标志性超音段特点——基于对六个朗读样本的对比分析,《语言学研究》(18):158-171。梁波、林梦茜,2016,三大英语类型间的区别性音段特点及其对语音教学的启示,《中国外语教育》(4):3-10。

标,第一共振峰数值(F1[Hz])为纵坐标,以基于样本个值和样本均值的两种模式呈现各个口音样本的元音空间。

超音段特点部分首先呈现语流中的节奏音步、调核位置和语调升降类型的记录描写,然后进行相关的特点分析报告(详见梁波、林梦茜,2015,2016)。

2. 六种英语变体样本的音段和超音段特征

表 II-1　六种口音样本的音段特征比较

音段特点＼口音类型	内标口音		内族口音		外圈口音	扩展圈口音	
	BE 样本	GAE 样本	BAE 样本	IE 样本	CE 样本		JE 样本
r 化特征	一贯非 r 化	一贯 r 化	混杂:5:6	混杂:6:5	混杂:5:6 扩散,[kʰəntʰinjəs]		混杂:6:5
弱化现象	一贯	一贯	混杂:8:3	混杂:6:5	混杂:7:4		混杂:5:7
声学元音空间(单位 Bark²)	宽大 16.98	宽大 13.82	居中 8.81	偏小 4.31	居中 7.74		居中 7.72
元音音位合流	无	无	有:/æ/向/ɛ/	有:/ɪ/向/i/	有:/ɛ/向/æ/,/ɪ/向/i/,/ʊ/向/u/		有:/ʊ/向/u/
擦音 /θ, ð/	稳定	稳定	固定替代	固定替代	混杂		混杂
擦音 /v/	稳定	稳定	稳定	混杂	混杂		稳定
节尾流音 /l/	稳定	稳定	稳定	卷舌化	元音化		元音化/卷舌化
擦音 /h/	稳定	稳定	稳定	稳定	/x/替代		稳定
齿龈塞音卷舌化	无	无	无	很频繁	无		无
鼻音脱落现象	无	无	无	少见 3例 [naɪ(n)ri naɪ(n)], [i(n)spek]	无		无
塞音脱落现象	少见:2例	多见:8例	频繁:14例	有时:4例	有时:6例		有时:5例
齿龈塞音闪音化	无	一贯:7例	常见:4例	无	常见:4例		鲜有:1例
清塞音送气特征	稳定	稳定	稳定	不送偏多 混杂不定	词尾送气 过于明显		不送偏多 混杂不定

表 II-2　六种口音样本的超音段特征比较

超音段＼口音类型		内标口音		内族口音		外圈口音	扩展圈口音	
		BE 样本	GAE 样本	BAE 样本	IE 样本	CE 样本		JE 样本
语调	调群数量	10个	7个	6个	9个	7个		9个
	调群划分	边界合理①	边界合理	边界合理	边界合理	1处边界有误		1处边界有误

---

① 有1处划分值得商榷,但是边界符合语法和语义单元边界。从语义内容来看,调群7已经属于已知的旧信息,进行再次强调的必要性不大,不宜单独划分出来,而最好作为调尾归入调群6里。

(续表)

超音段	口音类型	内标口音		内族口音	外圈口音	扩展圈口音	
		BE 样本	GAE 样本	BAE 样本	IE 样本	CE 样本	JE 样本
语调	调群停顿	符合 RST	符合 RST	不符 RST	不符 RST	不符 RST	不符 RST
	调核音节	符合语法符合语义	符合语法符合语义	符合语法1处不符语义	符合语法1处不符语义	符合语法1处不符语义	1处不符语法1处不符语义
	调型升降	符合法义调型合理	符合法义调型合理	符合法义调型合理	2处不符法义降调为主	3处不符法义全是降调	4处不符法义降调为主
节奏	音节数量①	119 个	121 个	119 个	120 个	120 个	114 个
	音步数量	62 个	60 个	62 个	64 个	69 个	66 个
	音节指数	12.17	11.07	13.42	11.26	10.06	10.63
	音步指数	10.24	8.35	9.55	8.49	10.06	6.81
流利度	朗读时间	23.6 秒/100%	23.9 秒/100%	25.1 秒/100%	24.2 秒/100%	26.5 秒/100%	29.1 秒/100%
	发音时间	20.2 秒/85.6%	20.9 秒/87.4%	23.2 秒/92.4%	21.3 秒/88.0%	24.3 秒/91.7%	25.8 秒/88.7%
	无声停顿	3.4 秒/14.4%	3.0 秒/12.6%	1.9 秒/7.6%	2.9 秒/12.0%	2.2 秒/8.3%	3.3 秒/11.3%
	朗读速度	5.04 音节/秒178 单词/分	5.06 音节/秒178 单词/分	4.74 音节/秒165 单词/分	4.96 音节/秒173 单词/分	4.53 音节/秒161 单词/分	3.90 音节/秒138 单词/分
	发音速度	5.89 音节/秒208 单词/分	5.79 音节/秒205 单词/分	5.13 音节/秒178 单词/分	5.63 音节/秒196 单词/分	4.94 音节/秒175 单词/分	4.42 音节/秒155 单词/分

① 其中 BE 样本漏读了单词"the";BAE 样本漏读了单词"to"和"be";IE 样本漏读 2 个音节([sʌtʃ(s)əkəmstʰæns(ɪz)] 和 [əkɪm(ə)ˈleʃən]);JE 样本漏读了题目"temperature-relieve valve"(6 个音节),单词"be"和 2 个音节([dɪɣaɪs(ɪz)] 和 [əkɪm(ə)ˈleɪʃən]),但是增加了 3 个音节:[(ˀæ)ˀazˌə]、[ɪndɪketˌɪd] 和 [(ˀæ) bɔʃ də]。

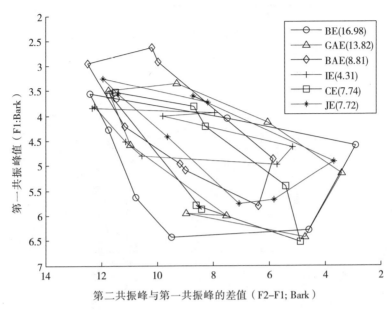

图 II-1 六种口音样本的听觉元音空间比较

附录Ⅲ 各地活动补充工具及培训材料

表Ⅲ-1 2010年上海世博会志愿者培训

志愿者类型 \ 课程类型		基础培训（自学1课时）	专项培训（自学10课时，面授12课时）	岗位培训（园区：自学11，面授30课时）（城市：自学6，面授12课时）	
				一般岗位培训 园区：自学7面授2课时 城市：自学5面授7课时	专业岗位培训 园区：自学4面授28课时 城市：自学1面授5课时
园区志愿者（17门）（自22）（面46）	管理岗位志愿者	《世博会常用知识》《上海世博会常用知识》《志愿者须知》（自1）	《志愿者角色认知与使命》（自1+面2）《大型活动环境下工作》（自2+面4）《跨文化交流》（自1+面2）《应急处置技巧》（自2+面4）《世博外语》（自4）		《团队领导力》（面8）《培训技巧》（自4）
	专业岗位志愿者			《园区概览及片区场馆介绍》（自4+面2）《园区志愿者的一天》（自1）《岗位基本知识和技能》（园区）（自学2+实训）	《特殊人群服务技巧》（面2）《讲解技巧》（面8）《接待礼仪》（面8）《会议服务礼仪》（面2）
一般岗位志愿者					

（续表）

课程类型\志愿者类型	基础培训（自学1课时）	专项培训（自学10课时，面授12课时）	岗位培训（园区：自学11，面授30课时）（城市：自学6，面授12课时）		培训教材
			一般岗位培训 园区：自学7面授2课时 城市：自学5面授7课时	专业岗位培训 园区：自学4面授28课时 城市：自学1面授5课时	
城市志愿者服务站点志愿者（13门）（自17）（面24） 管理岗位志愿者	《世博会常用知识》《上海世博会常用知识》《志愿者常须知》（自1）	《志愿者角色认知与使命》（自1+面2）《大型活动环境下工作》（自2+面4）《跨文化交流》（自1+面2）《应急处置技巧》（自1+面2）《世博外语》（自4）	/	《团队领导力》（面2）	
专业岗位志愿者			《园区概览及片区场馆介绍》（自4+面2）《礼仪养成》（自1+面2）《岗位基本知识和技能》（站点）（面3+实训）	《世博专用英语强化》（自1+面3）	
一般岗位志愿者				/	
课程教材	通用读本		岗位工作手册/口袋指南礼仪读本		培训教材

注：每个课时为45分钟。

图Ⅲ-1 世博志愿者培训材料

补充工具Ⅲ-1 交际意愿头脑风景

Hi, Sweety, would you be so kind to give some answers to one simple communication-related question?

What does "desire to communicate with someone" mean to you?

To put it simply, if there is someone who you wanna talk to, or connect with, or, communicate with, what are the possible exhibition of your willingness to communicate?

Below are some possible answers (please tick what you agree):

◇ Make friends with him/her
◇ Hang out with him/her
◇ Frequently contact him/her
◇ Be supportive to him/her
◇ Receive him/her as a guest
◇ Offer help to him/her

These are what I can think of, so I really need your help now. Do add more please. Anything you can think of is OK. The more, the better.

_____

_____

_____

补充工具Ⅲ-2　英语学习调查问卷

大家好！我们这次调查旨在了解你在英语学习方面的一些情况，以便为教学改革提供指导，请认真填写。调查表由2部分组成。在第一部分，你将分别听到五段英文材料，每段材料播放两遍，每听完一段材料，你将有一分半钟时间回答八个问题（只需根据你的看法进行打分）；第二部分为个人英语学习情况调查。

Part 1

第一段：下面你将听到一段美国黑人发音的英语听力材料。听完后，请阅读下面八个问题，根据你的态度等级进行评分。

<u>Level of agreement（认同等级）</u>

1=非常勉强　2=勉强　3=有点勉强　4=既不勉强也不乐意　5=有点乐意　6=乐意　7=非常乐意

1. To what extent will you be supportive to people in this accent?

非常勉强 | 1 | 2 | 3 | 4 | 5 | 6 | 7 | 非常乐意

2. To what extent do you want to engage in a conversation with people in this accent?

非常勉强 | 1 | 2 | 3 | 4 | 5 | 6 | 7 | 非常乐意

3. To what extent would you like to offer help to people in this accent?

非常勉强 | 1 | 2 | 3 | 4 | 5 | 6 | 7 | 非常乐意

4. To what extent would you like to share experiences or feelings with people in this accent?

| 非常勉强 | 1 | 2 | 3 | **4** | 5 | 6 | 7 | 非常乐意 |

5. To what extent do you wish to cooperate with people in this accent?

| 非常勉强 | 1 | 2 | 3 | **4** | 5 | 6 | 7 | 非常乐意 |

6. To what extent do you want to show your good will (such as sending gifts) to people in this accent?

| 非常勉强 | 1 | 2 | 3 | **4** | 5 | 6 | 7 | 非常乐意 |

7. To what extent do you want to know more about people in this accent?

| 非常勉强 | 1 | 2 | 3 | **4** | 5 | 6 | 7 | 非常乐意 |

8. To what extent do you want to stay together with people in this accent?

| 非常勉强 | 1 | 2 | 3 | **4** | 5 | 6 | 7 | 非常乐意 |

（说明：五段录音每段均配上相同量表，第一段为美国黑人发音的英语听力材料，第二段为英式发音的英语听力材料，第三段为中式发音的英语听力材料，第四段为印度发音的英语听力材料，第五段为美式发音的英语听力材料；量表重复部分省略。）

Part 2

1. Gender: □male □female

2. What accent do you aim at when you are learning English?

(a) Standard British English　　(b) Standard American English

(c) I'm OK with my Chinese accent　　(d) Indian English

(e) American Black English

your reason: _____

3. When you are reading fictions or books, or watching movies about the following culture groups, which one do you prefer to choose?

(a) Great Britain　　(b) the U.S.A

(c) African American groups　　(d) India

(e) others _____

4. Do you have any experience of communicating with a foreigner in English? □Yes □No

If yes, which country is he/she from? _____

5. Do you have any experience of studying abroad? □Yes   □No

If yes, which country and how long have you been there?

Country:_____   Duration:_____

本次调查到此结束,非常感谢您的合作！我们将在后期进行一次关于英语使用和跨文化交际的访谈。如果您对该话题感兴趣,请留下最方便联系上您的方式,请放心,我们不会泄漏这些信息,并将主动与您联系。

Tel:_____   QQ:_____

E-mail:_____

附录Ⅳ 课堂话语标注方法

类型	标注	例子
教师开放性的提问	下划线	What? Who? How many?
教师具体化的提问	双下划线	What's that like? What kind? For example? Have you had similar experience?
教师的思辨式提问	三连点式下划线	Why? Where does that come from? How?
教师的反问、明知故问	着重点式下划线	But we don't know that, right?
讲授(lecturing)	方框	Our feelings towards language varieties or languages are called language attitudes.
打断(interruption)	句号式下划线	WAIT! But...
情感上的反馈(如表扬、鼓励、肯定、共情)	粗线下划线	Very good!
内容上的反馈:作比较	波浪线	Comparing with our Chinese, people from other countries may not do this.
内容上的反馈:个人经历分享	虚下划线	So, like, for me, I don't speak Wuhan dialect.
内容上的反馈:个人观点陈述	粗波浪线	...for translators like Professor 许渊冲... he can find the closest equivalent that even kept the beauty of the language.
内容上的反馈:评价对与错并解释为什么	Arial 字体	...there were some miscommunication but he always can consider both sides and then appropriately express the needs of the both sides...

（续表）

类型	标注	例子
复述、扩展、确认学生的话语	阴影	So when you say the structure of the essay, they are very different. You said that, right?
削弱语气	*斜体加下划线*	I am guessing; maybe/perhaps; may/might
学生对英语变体贴标签式的评价	*斜体*	it is very tender, good-mannered.
学生联想到的事物	**加粗**	I will think of Emma Watson.
学生模仿的英语变体	***斜体加粗***	Like, "today". They always say "DOday".
师生之间有误解的部分	***斜体加粗加下划线***	Language can open up new possibilities.
听不清的部分	(???)	I am an assistant of the professor (???), who…